王少莲 编著

上好高中历史课

下

中外历史纲要

浙江教育出版社 · 杭州

图书在版编目（C I P）数据

上好高中历史课. 中外历史纲要. 下 / 王少莲编著
. -- 杭州 : 浙江教育出版社, 2020.1 (2022.9重印)
ISBN 978-7-5536-9953-0

Ⅰ. ①上… Ⅱ. ①王… Ⅲ. ①中学历史课一高中一教
学参考资料 Ⅳ. ①G633.513

中国版本图书馆CIP数据核字(2020)第168237号

责任编辑 彭 宁　**责任校对** 杨泽斐
美术编辑 韩 波　**责任印务** 陆 江
封面设计 吴思璐

上好高中历史课　中外历史纲要　下
SHANG HAO GAOZHONG LISHI KE ZHONGWAI LISHI GANGYAO XIA
王少莲　编著

出版发行 浙江教育出版社
(杭州市天目山路40号　电话:0571-85170300-80928)
图文制作 杭州兴邦电子印务有限公司
印　　刷 杭州富春印务有限公司
开　　本 710mm×1000mm　1/16
印　　张 15.5
字　　数 278 000
版　　次 2020年1月第1版
印　　次 2022年9月第4次印刷
标准书号 ISBN 978－7－5536－9953－0
审 图 号 GS(2019)4865号
定　　价 50.00元

编 委 会

新课标　新教材　新征程

——为《上好高中历史课　中外历史纲要　下》作序

2017年年底，《普通高中历史课程标准(2017版)》(以下统称“新课标”)颁布后，根据新课标编写的高中历史新教材也进入了试用阶段。浙江省温州市的高中历史教师在王少莲老师的带领下，先行先试，深入研究新课标和新教材，并进行了广泛的试教工作，取得了初步的成果，本书就是王老师团队近年进行试教工作的结晶。我虽然未能亲身参与温州市高中历史教师如火如荼的试教工作，但通过阅读本书，就如同目睹教师积极投身试教工作的场面，为他们的热情所感染，也为他们的成果而高兴。

这是一本用心编撰的教学设计案例集，它在符合教学设计规范的基础上，突出改革意识，力图把新的课程理念渗透到课堂教学中去。每一次课改都会给师生们带来新的东西，这既是机遇，也是挑战。作为中学一线教师，最重要的工作并非进行理论创新，而是通过自身的实践，检验新的课程理论和教学理论，以求达到最好的教学效果。新课标和新教材提出了许多新的理念和内容，温州的高中历史教师们则用自己的实践初步展现了这些理念和内容的落实效果。他们的努力，为教师们深入理解新课改的精神、准确实现新课改的目标，提供了第一手的优质素材。

在本次课改中，历史学科核心素养的概念和理论成为广大历史教师关注的重点。历史学科核心素养是一个非常大的课题，要真正理解和落实是一件非常不容易的事情。我认为，要把历史学科核心素养的精神和内容落实到位，需要从六个方面下功夫。第一，要准确理解历史学科五大核心素养的精髓。要做到这一点，不能只停留在解读新课标的表述上，还需要查找和阅读更多的历史专业书籍，准确把握素养的内涵。第二，要扎实提升历史教师的专业素养。没有教师素养的提高，学生素养的提升是不可能的事情。近十年来，从教育部到各级教育行政部门，都高度重视教师的专业发展，所举办的专业培训也真正做到了高投入、重效果。历史教师应该充分利用这一大好时机，结合历史学科核心素养的要求，切实提高自身的专业素养水平。第三，要从课程的观念、角度和内容去理解课程改革，不能仅仅把课程改革停留在课堂教学的层面。这一方面需要强化国家课程要求和内容的落实，另一方面需要结合自身的资源条件开发校本课程。第四，要抓住课堂教学这个主阵地，向课堂要效率，向课堂要质量，在日常教学中落实历史学科核心素养。第五，要加强对发展性评价的研究。按照新课标的要求，目前单凭传统的纸笔测试已无法完全检测学生的素养水平，教师还需在教学实践中呈现发展性评价的理论和方法。第六，要积极探索在纸笔测试中体现出历史学科核心素养的路径。对这六个方面的研究，必须并驾齐驱，才能实现新课改的初衷，达到良好的效果。

王少莲老师的团队已经在课堂教学设计方面进行了积极的探索。教师们认真钻研新课标，反复研读新教材，结合落实历史学科核心素养的要求，努力在课堂教学实践中体现课改精神，追求理想的改革效果。

对于本次课改，我认为不应该是穿新鞋走老路，不应该是贴上改革的标签实际固守过去的做法，而必须大胆改革，勇于创新，闯出一条新路。近一年来，很多教师问我，我也在苦苦思索的问题是：历史学科核心素养导向的课堂教学，跟过去的课堂教学究竟有哪些不同？哪些做法应该成为教师们共同追求的目标？我的理念大致有五个方面，这五个方面在王少莲老师团队的实践中也较充分地体现了出来。

第一方面是主题引领。主题有别于专题，我把有明确价值导向和价值追求的专题称为主题。历史教育的终极目标是立德树人，学科核心素养的基本原理是在正确的价值观念引导下运用知识和能力解决真实情境中的问题，而历史学科核心素养中的家国情怀和唯物史观等都是与价值观紧密结合的。因此，在课堂教学中，教师们应该非常明确本节课的价值取向是什么，而这主要是通过主题设计呈现出来的。

第二方面是任务驱动。任务驱动是一种让学生在解决问题、完成任务的过程中学习的教学方法和教学理念。核心素养是学生解决问题的综合品质，意味着必须在解决问题的过程中，学生的素养才能体现出来，也只有在解决问题的过程中，学生的素养才能够不断地提升。简单说来，任务驱动的教学设计意味着课堂教学应该是活动课，让学生在实践活动中学习。这是核心素养教学的重要特点之一。

第三方面是情境创设。新课标非常重视情境的教学与评价，并且对情境做了四方面的界定——陌生的、复杂的、开放的和真实的。创设好情境，培养学生在真实的情境下解决问题的能力，是核心素养培养的重要要求。历史学科的许多内容与学生的日常生活结合得并不太紧密，如何在课堂教学中设计好的真实的情境，是一个值得大力研究的课题。

第四方面是问题解决。新课标提到，学生学业考试命题的主要原则之一是“以新情境下的问题解决为重心”。问题解决既与任务驱动有关，也与情境创设相关，还与考试测评相关。既然有了任务驱动，就意味着必须完成某个任务，也就意味着必须有解决问题的过程和结果。因此，在以任务驱动为思路的课堂教学中，学生最终都需要呈现学习成果，只有这样才能体现出学生解决问题的能力和素养。

第五方面是评价反馈。素养能否评价？又该如何测量？这都需要有全新的思路和实践。我们不能仅仅盯着终结性评价，也要研究发展性评价；不能仅仅关注学生纸笔考试的结果，也要看重学生过程性学习的成果；不能仅仅追求选拔性的评价，也要探索课堂教学中的即时评价。

上述理念是一个大的系统，而不是五项互不相干的环节。当前兴起的项目式学习、“做中学”等教学方式，都是对核心素养导向下教学改革的积极探索。王少莲老师团队的教学设计在主题引领、任务驱动、情境创设和分层评价等方面都做出了有益的探索。尽管这些探索还是初步的，但方向是正确的，起步是扎实的，在新教材全面铺开之前交出了一份很好的答卷。相信王少莲老师的团队能够在此基础上稳扎稳打，继续积极创新，为历史学科核心素养的教学和评价闯出一条新路。也期待有更多的历史教师在温州高中历史教师所取得成果的基础上，有效地借鉴利用，举一反三，真正把历史学科核心素养的教学和评价落实到实践中。

黄牧航

2020年1月于华南师范大学

前　言

2014年，教育部颁布了《关于全面深化课程改革　落实立德树人根本任务的意见》，明确要求依据学生发展核心素养体系，修订高中课程方案和课程标准。2015年11月，首届“浙派名师班”培养对象赴首都师范大学学习，笔者在聆听徐蓝教授的讲座后，首次较系统地了解了历史学科核心素养的研究与制定过程，开始认真思考核心素养对中学历史教学的影响。2016年3月，笔者以“基于区域教研的普通高中历史学科核心素养培育路径研究”为名申请浙江省重点教研课题，力图借助温州市的教研力量探寻历史学科核心素养培育的路径。在为期两年半的研究中，各项工作均得到了浙江省高中历史教研员戴晓萍老师的大力支持。在课题组同仁、项目组骨干教师和青年成长组教师的共同努力下，课题成果获得浙江省第八届基础教研成果一等奖，这为本书的编写与出版打下了厚实的基础。

2018年5月，教育部部署在全国11个省份推行依据《普通高中历史课程标准(2017版)》(以下统称“新课标”)编写的高中历史新教材《普通高中教科书　历史　必修　中外历史纲要》(上、下)的试教任务。温州市作为浙江省四个试教单位之一，在戴晓萍老师的指导下，通过网络培训、集中研讨、磨课、试课以及拍摄录像课等方式展开对新教材的试教工作。通过试教，我们深刻体会到，新教材的编写坚持正确的政治导向和价值观引领，注重培育学生历史学科核心素养，回归通史体系，强调历史的时序性及政治、经济、文化等专题相融合，符合历史学科的逻辑思维和学科特点，符合高中学生的认知水平，有助于学生全面了解每个历史时期的主要史实，认识历史发展的特点与趋势。同时，新教材素材内容多样，体现了浓浓的历史味；栏目设置多元，内容丰富精彩，体现了新时代的成就和特色。因此，试教任务完成得非常顺利。

在试教过程中，我们发现有两个问题特别突出：一是课堂教学容量问题，二是对新增内容的理解问题。关于课堂教学容量问题，无论是从单元整体来看，还是从课时内容来看，教师们普遍认为教材内容总体容量过大，涉及史实多，结论性语言多，过程性语言不足，“骨感”有余“丰满”不足。从对学生的问卷调查结果来看，大部分学生亦认为教材内容过多，很多史实只是一个抽象的概念，难以形成具象的认知。而对教师来说，需要花费大量教学时间讲授史实和概念，使得本已紧张的课时更是所剩无几。关于对新增内容的理解问题，无论对经验丰富的骨干教师来说，还是对刚立讲台的年轻教师来说，这都是一项新挑战。

要解决以上问题，笔者认为，需要深刻理解“用教材教，而不是教教材”的理念。本书即是对贯彻该理念的一次尝试。第一部分为“专题设计”，从“课标内容”“专题解读”“重要概念”“专题示例”“推荐阅读”5个方面，剖析新课标设定的10个专题。第二部分为“课时设计”，从“课标要求”“教材分析”“学情分析”“教学目标”“教学过程”5个方面，详细展现了《普通高中教科书　历史　必修　中外历史纲要　下》24课的教学设计。每个课时的教学设计，均经过了真实课堂的检验，希望其中所积淀的史料、所构思的教学环节，能对高中历史教师用好新教材、上好每一堂高中历史课有所帮助。

本书的团队成员，一部分是执教10年左右的骨干教师，一部分是执教不足5年的青年教师。他们的平均年龄在30岁左右，是未来新课标落地、新教材推进的中坚力量。对于他们来说，此时也正是成长的最好时期。笔者相信，他们的经验、努力、智慧和勇气会给新课标、新教材的新征程创造更多的可能，亦会探寻到顺利推进新课改更有效的路径，更会给予培育学生核心素养更平稳的落地空间。

王少莲

2020年1月

目　录

CONTENTS

第一部分　专题设计

第二部分　课时设计

第一部分

专题设计

专题15

古代文明的产生与发展

一、课标内容

知道早期人类文明的产生;了解各文明古国发展的不同特点,并分析、认识这些特点形成的不同时空条件;认识古代各大帝国的区域性影响和不同文明之间的早期联系。

二、专题解读

本单元是世界史部分的第一个单元,展示了古代文明的产生和发展情况。大约距今350万～300万年前,地球上出现了人类。原始社会时期,人类主要依靠采集植物的根茎、果实以及狩猎为主,生产力低下,没有私有财产,也没有阶级。农业和畜牧业产生后,人类从食物的采集者变成食物的生产者。剩余产品的出现,为私有制和剥削的产生创造了条件,促使人类迈入了以阶级的产生、国家的形成和文字的出现为特征的早期人类文明。

世界上最早的文明诞生于西亚的两河流域、埃及的尼罗河流域、南亚的印度河和恒河流域以及中国的黄河、长江流域等地。古代各个文明基本独立发展,表现出明显的多元特征。公元前4000年左右,西亚两河流域首先突破原始公社各自孤立的状态,出现了居民密集的聚落,开始向文明过渡,约公元前2900年,两河下游的苏美尔地区出现一系列城市国家;公元前3100年左右,埃及初步实现统一,建立起比较完善的官僚系统,法老掌握着最重要的权力;公元前6世纪,恒河流域形成一系列国家。

武力扩张是古代文明扩展的重要方式。古代文明各自的扩展,使不同文明区相互连接起来,是大帝国兴起的重要条件。农耕文明的进一步发展,促使农耕文明区出现比较发达的社会分工、相对较高的劳动生产率、复杂的社会组织和管理系统,导致地区性大帝国的产生。公元前6世纪,波斯兴起于伊朗高原,并征服了包括两河流域、埃及、小亚细亚和巴尔干半岛北部在内的广大地区，建立起地跨亚、非、欧三大洲的帝国；公元前4世纪末，马其顿亚历山大入侵波斯，历经10年灭亡了波斯帝国，并进一步向东扩张，征服了印度河流域，建立起地跨亚、非、欧三洲的大帝国，希腊文化得以推广；罗马崛起于意大利中部，在征服意大利之后，接着向地中海地区扩张，把整个地中海变成了罗马的内海，到4世纪末，基督教成为罗马帝国的国教。

波斯帝国、马其顿亚历山大帝国和罗马帝国先后崛起，把欧亚大陆的农耕文明区域逐渐连接起来。不同地区的文明，随着历史的发展不断加强交流，并互相影响。秦汉王朝与罗马帝国建立了经济和文化联系。

一言以蔽之，随着生产力的发展，人类文明在不同时空下从无到有，多元发展，并不断从孤立隔绝走向相互联系。

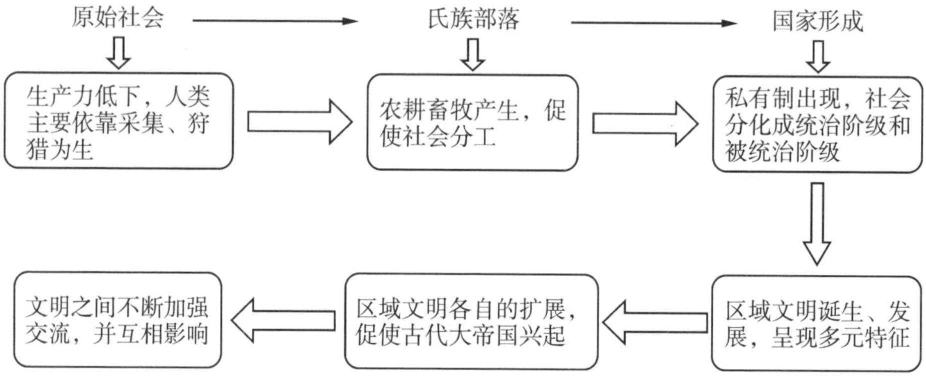

三、重要概念

文明时代　美国民族学家摩尔根在《古代社会》中使用的术语。指继蒙昧时代、野蛮时代之后的人类社会发展的第三个时期，以文字的发明和使用为其始点。恩格斯在《家庭、私有制和国家的起源》中援用此语并增其含义，指随着劳动分工与生产领域的扩大，出现手工业与艺术的时期。人类跨入文明时代，大体上也就是进入阶级社会。

两河流域文明　又称美索不达米亚文明，指西亚底格里斯河和幼发拉底河两河流域平原（因呈弧形，也称新月沃地）上发展出的文明，是世界古文明之一，主要由苏美尔、阿卡德、巴比伦、亚述等文明组成。公元前3000年左右，两河流域最早的居民苏美尔人创造了楔形文字、60进制计数法和圆周分割率。

波斯帝国　公元前553—前330年，西亚古国。波斯人为印欧人的一支，约公元前2000年代中期迁至伊朗高原西南部。早期曾处于米底王国统治下。公元前553年，阿契美尼德王朝居鲁士吞并米底王国并建国，继而向外扩张，先后灭亡吕底亚王国、新巴比伦王国和埃及王国。大流士一世夺取政权，统一全国，实行巩固中央集权的改革。帝国疆域最大时，横跨亚、欧、非三大洲。公元前500年，波斯帝国发动希波战争失败后，由盛转衰，公元前330年被亚历山大帝国所灭。帝国文化受两河流域影响，使用楔形文字。

亚历山大帝国 公元前336—前323年，又称马其顿帝国，由著名的征服者亚历山大大帝开创，其版图东起葱岭与印度河平原，南至波斯湾并包括埃及，西到色雷斯和希腊，北抵黑海及阿姆河，是历史上继波斯阿契美尼德王朝之后第二个地跨亚、欧、非三洲的帝国。其统治基本沿袭了波斯帝国的旧规，继承并改进了波斯的行政区划和管理体制，在原有的基础上并行马其顿军事体系，按照马其顿方式组建陆海军。亚历山大死后，由部将发起的继承者战争连续不断，帝国陷入四分五裂而后灭亡。

罗马帝国 古罗马文明的一个阶段。公元前27年，元老院授予盖乌斯·屋大维“奥古斯都”称号，罗马共和国由此进入帝国时代。罗马帝国极盛时期，疆域西起西班牙、高卢与不列颠，东到幼发拉底河上游，南至非洲北部，北达莱茵河与多瑙河一带，地中海成为帝国的内海，控制了大约500万平方千米的土地，是世界古代史上国土面积最大的君主制国家之一。395年，狄奥多西一世将帝国分给两个儿子，从此罗马帝国一分为二，实行永久分治。476年，西罗马帝国在内忧外患下灭亡；1453年，奥斯曼帝国苏丹穆罕默德二世率军攻破君士坦丁堡，东罗马帝国（拜占庭帝国）灭亡。西罗马帝国灭亡后，欧洲进入了近一千年的中世纪。

四、专题示例

本专题教学的主要立足点是古代文明的产生与发展，主要内容有：理解文明产生的原因及标志，认识农耕畜牧是人类文明产生的前提；理解古代文明的多元特点，认识两河流域文明、尼罗河流域文明、南亚的印度河和恒河流域文明的多元特征；知道古代大帝国兴起的条件，了解不同帝国的特征，认识不同文明交流的意义。

以考古研究发现的原始洞穴壁画、古城遗址等人类早期文化遗存为切入点，了解人类文明产生的原因及其特征。通过认识不同地域所诞生的文明的特征，理解人类文明发展的多元特征，感悟文明的多样性。

通过认知古代世界的大帝国，理解文明的进一步扩展，不同区域的大帝国形成了各具特征的管理体制。同时，帝国的发展又进一步扩张了农耕文明区，促进了不同文明之间的交流往来，文明间的互相影响不断扩大。

在学习过程中，教师需引导学生了解世界历史发展的多样性，理解和尊重世界各国、各民族的文化传统。

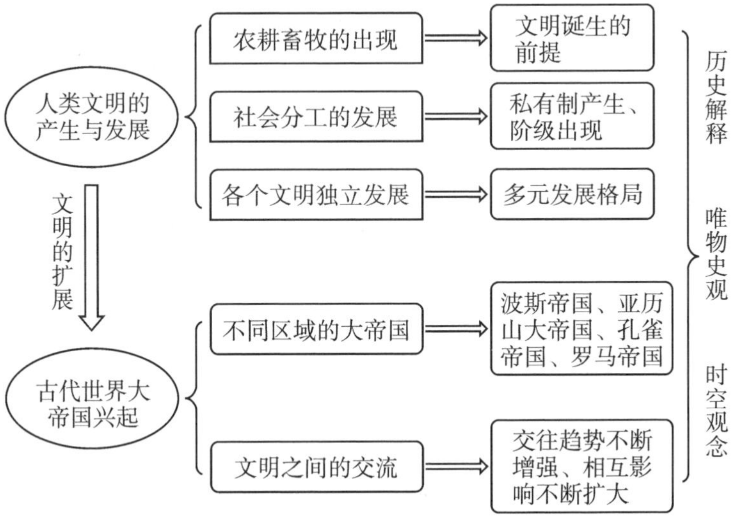

五、推荐阅读

［1］吴于廑，齐世荣. 世界史［M］. 北京：高等教育出版社，1994.

［2］陈衡哲. 西洋史［M］. 沈阳：辽宁教育出版社，1998.

［3］米辰峰. 世界古代史［M］. 北京：中国人民大学出版社，2001.

［4］斯塔夫里阿诺斯. 全球通史：从史前史到21世纪［M］. 吴象婴，等，译. 北京：北京大学出版社，2006.

［5］斯皮瓦格尔. 西方文明简史(上册)［M］. 北京：北京大学出版社，2010.

［6］何顺果. 世界史：以文明演进为线索［M］. 北京：北京大学出版社，2012.

［7］杰里·本特利，赫伯特·齐格勒. 新全球史［M］. 魏凤莲，译. 北京：北京大学出版社，2014.

［8］罗宾·多克. 伊斯兰世界帝国［M］.王宇洁，李晓瞳，译. 北京：商务印书馆，2015.

［9］伯纳德·刘易斯. 历史上的阿拉伯人［M］. 马肇椿，马贤，译. 北京：华文出版社，2015.

［10］马克垚. 世界文明史［M］. 北京：北京大学出版社，2016.

［11］朱寰. 世界古代史(上册)［M］. 北京：高等教育出版社，2016.

［12］雷海宗. 世界古代史纲要［M］. 天津：天津人民出版社，2016.

［13］亨德里克·威廉·房龙. 宽容：人类的解放［M］. 刘梅，译. 北京：中国友谊出版公司，2017.

［14］D.P. 辛加尔. 印度与世界文明［M］. 庄万友，译.北京：商务印书馆，2018.

专题16

中古世界的多元面貌

一、课标内容

通过了解中古时期欧亚地区的不同国家、民族、宗教和社会变化，以及世界其他地区的社会状况，认识这一时期世界各区域文明的多元面貌。

二、专题解读

在世界历史上，5—14世纪一般被称为“中古时期”。这一时期，世界各区域在古代文明的基础上发展出不同的文明类型。在罗马帝国统治过的辽阔大地，最后被分成了三种后续文明：西欧文明、拜占庭文明和伊斯兰文明。此外还有南亚佛教和印度教文明、东亚儒家文明、美洲大陆的印第安文明等。从横向空间上看，本专题呈现的是多元的世界文明；从纵向时间上看，本专题上承古代文明的产生与发展，下启全球联系的建立，既是一种继承，也是一种奠基。

在欧洲，罗马帝国的废墟上产生了西欧封建社会，它的基本特征是封君封臣制度、庄园与农奴制度和基督教神权统治。与此同时，西欧封建社会出现了许多新变化、新进步，如出现新兴的王权集中国家，城市、市民社会的出现和萌芽，大学的建立。中世纪虽有黑暗，但同时也孕育着光明。由东罗马帝国发展而来的拜占庭帝国一度繁荣，其都城君士坦丁堡成为沟通东西方的桥梁。查士丁尼在位期间编订的《查士丁尼法典》使罗马法成为系统、完整的法律体系。俄罗斯在反抗蒙古的斗争中逐渐崛起，到17世纪末，成为地跨欧、亚两洲的庞大帝国。

在亚洲，阿拉伯帝国政治稳定、经济繁荣，成为东西方文化交流的桥梁；突厥人在印度建立了德里苏丹国家；日本大化改新后建立了中央集权制国家，后来幕府掌握了实权。

在非洲，随着农业和对外贸易的发展，东非出现了城市国家，西非的马里和桑海一度强大。

在美洲，在农业和贸易发展的基础上，玛雅人、阿兹特克人和印加人分别创造了玛雅文明、阿兹特克文明和印加文明。

- 中古世界的多元面貌
  - 中古时期的欧洲
    - 西欧封建庄园
    - 西欧的王权、教会与城市
    - 拜占庭与俄罗斯
  - 中古时期的亚洲
    - 阿拉伯帝国
    - 奥斯曼帝国的兴起
    - 南亚与东亚的国家
  - 古代非洲与美洲
    - 古代非洲文明
      - 东非：城市国家出现
      - 西非：马里和桑海
      - 南非：大津巴布韦
    - 古代美洲文明
      - 玛雅文明
      - 阿兹特克文明
      - 印加文明

三、重要概念

中世纪 通常指封建制时代(主要用于欧洲)。“中世纪”一语出现于欧洲文艺复兴时，意指古典(希腊、罗马)文化期与古典文化“复兴”期之间的时代，相当于公元4、5世纪至15世纪。今指介于古代奴隶制与近代资本主义之间的时代。一般以公元476年西罗马帝国灭亡至1640年英国资产阶级革命，为欧洲中世纪之时限。

城市国家 中世纪欧洲的封建制共和国。11世纪以后，一些在贸易上处于有利位置的城市，由于有比较发达的商业和手工业，有较强的财力来建立自己的武装，经过同封建领主的斗争获得了自治权，尔后又获得了对周围农村的统治权，从而建立了城市共和国。一般是兼营商业的小封建主、商人、高利贷者和手工业主统治城市贫民和周围农村农奴的工具，如12世纪到13世纪意大利地区的威尼斯、热那亚、佛罗伦萨，东欧的诺夫哥罗德等。

苏丹 译自阿拉伯语sultan，又译“素丹”，意为“有权威的人”。10世纪始成为统治者的称号。11世纪起为伊斯兰教国家统治者广泛使用。今阿曼苏丹国、文莱达鲁萨兰国的国家元首仍称苏丹。

大化改新 日本古代一次重要的政治、经济改革。公元645年，封建革新派发动宫廷政变，拥立孝德天皇，改元大化。次年起仿照中国唐代制度实行改革：土地收归国有，取消皇族、豪族的私地和部民制，代之以授土和食封；确立行政机构，中央设二官、八省、一台，地方设国、郡、里；统一税制。这一改革打破了贵族的世袭特权，促进了日本社会经济发展，并形成了以天皇为首的中央集权国家。

四、专题示例

本专题教学的立足点是中古世界的多元面貌，可从时序——罗马帝国被分成三种鼎足而立的文明，即西欧文明、拜占庭文明和伊斯兰文明，空间——中古时期的欧洲、亚洲、非洲、美洲等方面，落实时空观念核心素养。

通过观察教材《6—7世纪拜占庭帝国疆域图》《阿拉伯人商业活动示意图》和了解这两大帝国奉行的民族宽容政策，从地理位置、商人的作用和民族政策等角度理解这两大帝国架起东西方文化交流的桥梁，有利于中西文明的联系、交流，落实唯物史观核心素养。

通过史料分析，了解中古时期欧洲、亚洲、非洲、美洲地区的不同文明（特别是西欧文明）社会发展状况，可落实史料实证核心素养。

以中世纪西欧为例，理解中世纪虽有它的“黑暗时期”，但同时有很多光明在孕育着。理解中世纪西欧文明的发展和中世纪对近代欧洲文明的贡献，可结合史料实证落实历史解释核心素养。

在了解中古时期欧亚地区不同文明发展情况的基础上，感受人类文明的多元性，站在全球的角度看待各种文明，尊重各种文明，培养具有国际视野和开放心态的公民，可落实家国情怀核心素养。

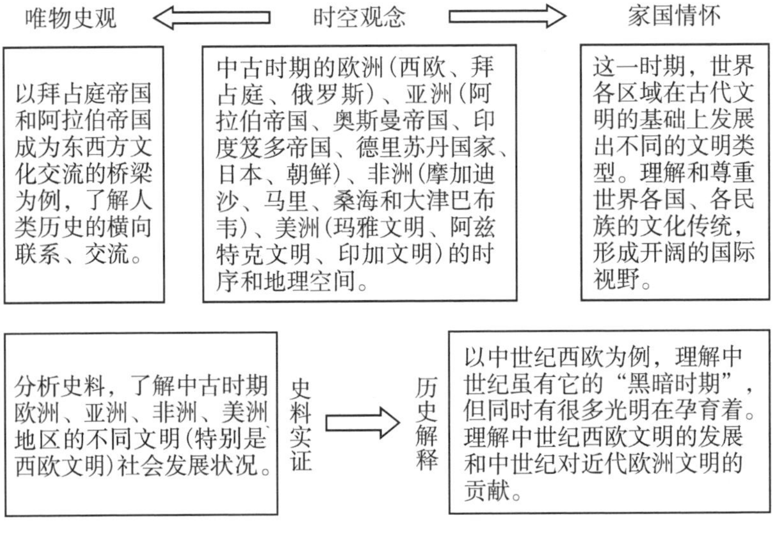

五、推荐阅读

[1] 木宫泰彦. 日中交流史[M]. 胡锡年,译. 北京:商务印书馆,1980.

[2] 吴于廑,齐世荣. 世界史[M]. 北京:高等教育出版社,1994.

[3] 童自觉,路振光. 世界古代史[M]. 北京:高等教育出版社,1999.

[4] 彭树智. 文明交往论[M]. 西安:陕西人民出版社,2002.

[5] 陈乐民. 欧洲文明十五讲[M]. 北京:北京大学出版社,2004.

[6] 王斯德. 世界通史第一编 前工业文明与地域性历史:1500年以前的世界[M]. 上海:华东师范大学出版社,2006.

[7] 陈衡哲. 西洋史[M]. 长沙:岳麓书社,2010.

[8] 林太. 印度通史[M]. 上海:上海社会科学院出版社,2012.

[9] 陈志强. 拜占庭帝国通史[M]. 上海:上海社会科学院出版社,2013.

[10] 戴维·C. 康拉德. 中世纪西非诸帝国[M]. 李安山,译. 北京:商务印书馆,2015.

[11] 吉尔·鲁巴尔卡巴. 玛雅诸帝国[M]. 郝名玮,译. 北京:商务印书馆,2015.

[12] 马克垚. 世界文明史[M]. 北京:北京大学出版社,2016.

[13] 朱迪斯·M. 本内特,C. 沃伦·霍利斯特. 欧洲中世纪史[M]. 杨宁,李韵,译. 上海:上海社会科学院出版社,2018.

[14] 杨俊明. 古代帝国与东西方文明的交流传播[J]. 南通大学学报(社会科学版),2016,32(1).

[15] 史海波. 古代帝国与文明认同[J]. 史学集刊,2018,7(4).

专题17

全球联系的建立

一、课标内容

通过了解新航路开辟所引发的全球性流动、人类认识世界的视野和能力的改变,以及对世界各区域文明的不同影响,理解新航路开辟是人类历史从分散走向整体过程中的重要节点。

二、专题解读

今天地球已成为“地球村”,人类命运共同体的构建逐步加快。回首历史,重温人类历史由分散走向整体的进程,新航路开辟无疑是其中重要的一环。在新航路开辟过程中,分散的文明开始联结在一起,随之而来的是西方对东方的征服即殖民扩张,资本的原始积累到达为工业革命的发生提供了条件。

具体来说,新航路的开辟并非偶然,而是有其内在的动因。其一,寻找资源和可开垦的土地。其二,开辟到亚洲的新商路。奥斯曼土耳其帝国兴起后,逐渐控制了欧洲传统的通往东方的商路,东西方贸易严重受阻,西欧商人迫切需要开辟绕过地中海东岸直通东方的新航路。其三,掠夺金银发财致富。随着西欧商品经济的发展,货币需求量增加,黄金已经成为商品贸易的主要支付手段。欧洲的黄金产量少,因此要从东方掠夺黄金。其四,传播基督教也是欧洲人开启大航海时代的动因之一。15世纪,人类在航海技术、造船水平和地理知识方面取得了长足进步,使远洋航行成为可能,为新航路的开辟提供了必要的条件。西班牙和葡萄牙已经建立中央集权的专制政府,中央政府支持向世界其他地方扩张,并为新航路的开辟提供了物力和财力的保障。

关于新航路开辟的影响,首先,随着新航路的开辟,人类认识世界的视野大大扩展,认识世界的能力不断提高。环球航行的实现,也使人们相信地圆学说,摆脱了神学的偏见,自然科学也随之获得更大的发展。其次,新航路的开辟引发了全球性物种的交流。这个时期的物种交流主要是指动植物、人口的交流，以及病原体的跨区域传播。特别是人口和动物的迁移导致了传染病大流行，给美洲和大洋洲的原住民带来了巨大灾难。再次，新航路开辟后，欧洲主要商道从地中海转移到大西洋沿岸，流通商品的种类增多，不同程度地推动和改变着包括中国在内的社会变化。西欧通过殖民掠夺获取了原始积累的财富，经济快速发展，但西欧国家开展的殖民扩张活动却给那些被殖民地区带来了灾难和痛苦。这些灾难包括美洲的古老文明被消灭、非洲黑人被贩卖等，从而打破了原本相对平衡的多元文明格局。最后，全球海路大通还促进了国际劳动分工的出现。西欧出口手工艺品，美洲等地生产原料，非洲提供劳动力，亚洲提供奢侈消费品和一些日用品……这种国际分工以残酷的剥削为代价，西欧不仅从中获得了巨额利润，而且推动了社会结构的变化。一个重要的现象是：依赖固定地租收入的封建领主经济地位下降，商业资产阶级实力上升，资本主义加速发展，封建制度濒于解体。

- 新航路开辟
  - 动因
    - 寻找资源和土地
    - 开辟到亚洲的新商路
    - 掠夺金银发家致富
    - 传播基督教
  - 条件
    - 航海技术、造船技术提高，地理知识累积
    - 西、葡中央集权专制政府的建立和支持
  - 过程
    - 迪亚士
    - 达·伽马
    - 哥伦布
    - 麦哲伦
    - 其他航线
  - 影响
    - 全球联系的初步建立
      - 资本主义世界市场初显雏形：商业革命和价格革命
      - 白银资本：商品的世界性流动
      - 人口迁移、物种交流
    - 世界格局的演变
      - 西欧崛起：贸易中心转移、资产阶级登上历史舞台
      - 早期殖民扩张：三角贸易

三、重要概念

地圆说　认为大地是球形的学说。相传为古希腊人亚诺芝曼德、毕达哥拉斯及埃拉托色尼所首创。至16世纪初，麦哲伦船队绕地球一周，18世纪英国科学家牛顿以力学理论证明太阳系中各行星之形状，此学说遂为世人所公认。

“三角贸易”　16世纪开始的奴隶贸易。欧洲奴隶贩子满载盐、布匹、朗姆酒等从本国出发，在非洲换成奴隶，沿着所谓的“中央航路”通过大西洋，在美洲换成

糖、烟草和稻米等种植园产品以及金银和工业原料返航。在欧洲西部、非洲的几内亚湾附近、美洲西印度群岛之间，航线大致构成三角形状。由于被贩运的是黑色人种，故又称“黑三角贸易”，历时300多年。“三角贸易”使非洲丧失了近亿的精壮劳动力。奴隶贩子却大发横财，他们回到欧洲后，把这些血腥钱投资于工商业，促进了当地资本主义的发展。

商业革命　16世纪起随着新航路开辟引起的欧洲商业的突然扩张和新的世界市场的兴起。其中，主要的变化是：流通中的商品种类与数量的增多，商路及商业中心的转移，商业经营方式的转变，世界市场的形成。地理大发现后，世界商路和商业中心从地中海区域转移到大西洋沿岸。原来独占欧洲与东方贸易的意大利城市的商业地位日趋衰落。

价格革命　16世纪30年代始于西班牙，后来延及英、法、德等国。16世纪以前的数百年内，西欧的物价除了由于战争或歉收等原因发生短时的波动外，一直是稳定的。随着美洲的发现和新航路的开辟，西班牙等国从殖民地掠回大量金银，导致欧洲物价飞涨。在价格革命中获利巨大的是手工工场主、商人、富裕农民及与市场有密切联系的地主，受到损害的则是雇佣工人、贫苦农民和收取固定地租的封建贵族。价格革命对西欧封建制度的解体和资本主义关系的产生与发展起了加速作用。

世界格局　指国际舞台的主要政治力量从自身的利益出发，在一定历史时期内相互制约所形成的一种稳定的结构状态、一种力量对比态势，包括政治格局、经济格局、军事格局等。

四、专题示例

本专题教学的立足点是全球联系的建立，可从时序——新航路开辟的过程和空间——世界的联结和三角贸易等方面，落实时空观念核心素养。

唯物史观	时空观念	史料实证 历史解释	家国情怀
人类历史发展是有规律的。全球联系正是通过资本主义世界市场和殖民体系的建立而逐步成熟和发展的。	时序上：从15世纪到17世纪航海家们（哥伦布、麦哲伦等人）不断开辟新的航线； 空间上：航海家们开辟的航线所联结的世界各大陆；“三角贸易”的主要区域。	新航路开辟的原因：是资本主义经济发展的重要途径。 新航路开辟的影响：资本主义的原始积累又会引发全球的密切交流与世界格局的演变。	认识世界历史发展的多样性，理解和尊重世界各国各地区的文化传统，拓展国际视野，形成开放的世界意识。

在分析新航路开辟的原因和新航路开辟的影响时，可结合特定时空观念和史料实证，落实历史解释核心素养。

在综合论证全球联系建立的阶段特征时，可从唯物史观的内涵出发，通过史料实证和历史解释落实家国情怀核心素养。

五、推荐阅读

［1］克里斯托·哥伦布. 哥伦布航海日记［M］. 孙家堃，译. 上海：上海外语教育出版社，1987.

［2］张箭. 地理大发现研究：15—17世纪［M］. 北京：商务印书馆，2002.

［3］唐晋. 大国崛起［M］. 北京：人民出版社，2006.

［4］杰里·本特利，赫伯特·齐格勒. 新全球史［M］. 魏凤莲，译. 北京：北京大学出版社，2014.

［5］贾雷德·戴蒙德. 枪炮、病菌与钢铁［M］. 谢廷光，译. 上海：上海译文出版社，2016.

［6］亨利·皮雷纳. 中世纪的城市［M］. 北京：商务印书馆，2016.

［7］波音. 航海、财富与帝国：从经济学角度看世界历史［M］. 北京：群言出版社，2017.

［8］贡德·弗兰克. 白银资本［M］. 刘北成，译. 成都：四川人民出版社，2017.

［9］朱迪斯·M. 本内特. 欧洲中世纪史［M］. 上海：上海社会科学院出版社，2018.

［10］艾尔弗雷德·W. 克罗斯比. 哥伦布大交换：1492年以后的生物影响和文化冲击［M］. 郑明萱，译. 北京：中信出版集团，2018.

［11］彭慕兰，史蒂文·托皮克. 贸易打造的世界：1400年至今的社会、文化与世界经济［M］. 黄中宪，吴莉苇，译. 上海：上海人民出版社，2018.

［12］彭顺生. 哥伦布发现美洲与人类交往［J］. 世界历史，1992(4).

［13］王加丰. “地理大发现”的文化历史背景［J］. 浙江师范大学学报（社会科学版），1993(1).

专题18

西方人文主义的发展与资本主义制度的确立

一、课标内容

通过了解文艺复兴、宗教改革、启蒙运动与资产阶级革命的历史渊源，认识资产阶级革命的发生和资本主义制度的确立，是近代西方政治思想理念的初步实现。

二、专题解读

本专题涉及西方人文主义的发展、资产阶级革命与资本主义制度的建立，从思想文化、政治制度两个角度，阐述了欧洲从中世纪向近现代的过渡转型。欧洲需要走出中世纪的束缚，进一步解放思想，同时确立资本主义政治制度，以支撑欧洲国家自身发展及对外的殖民扩张。西方人文主义的发展奠定了资本主义文明的渊源，资本主义制度的确立扩展是西欧资本主义经济迅速发展的政治前提。

中世纪的欧洲处于基督教神权统治下，受禁欲主义思想影响，人性被极度压抑。14世纪左右开始的文艺复兴，率先冲破神权统治，承认人性自由，使天主教会受到越来越多的质疑。16世纪，德意志的马丁·路德等人开启了宗教改革运动，承认思想自由、信仰自由，进一步传播、发展了人文主义。原本为实现"王权高于教权"、支持宗教改革的封建王权日益强大，而改革后的新教又成为其维护专制统治的精神枷锁。随着人文主义的发展和近代科学的兴起，新兴资产阶级要求摆脱专制王权的束缚，开始追求人权自由和理性主义，启蒙运动得以开展。启蒙思想家用建立在自然科学发展基础之上的理性之光，质疑一切权威，矛头遂直指封建专制制度。

最早兴起于英国的启蒙运动，影响了英国渐进式的政治改革。英国"光荣革命"开创了君主立宪制度之后，启蒙思想家天赋人权、分权的理想，在资产阶级代议制建设中逐渐开始实践。大西洋彼岸的美国人，在独立战争之后，最早实现了以"三权分立"为原则的民主共和制。法国的专制王权比英国更为强大，严重阻碍了资本主义的发展，所以启蒙运动更彻底，资产阶级革命也更猛烈，革命道路跌宕起伏，最终法国融合了英美道路，建立起民主共和制。19世纪，资本主义从英国、法国扩展到德、意、日等国家。

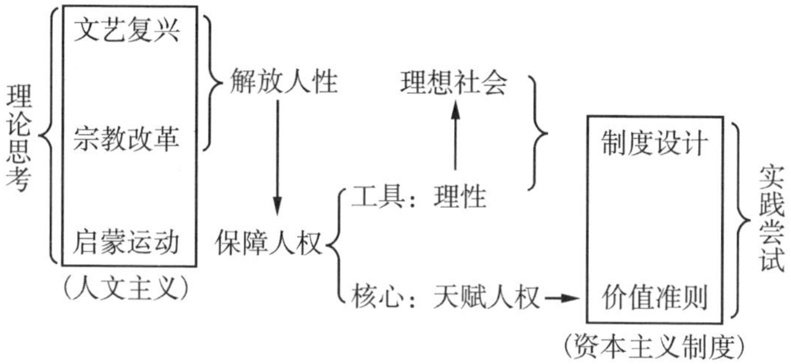

三、重要概念

文艺复兴 14世纪到17世纪中叶的欧洲新兴资产阶级思想文化运动。最初开始于意大利，后扩展到德、法、英、荷等欧洲其他国家。文艺复兴宣扬个性解放，肯定人的价值和尊严，主张用资产阶级的“人道”及纵欲主义反对封建阶级的“神道”和禁欲主义。文艺复兴时期，欧洲的科学、文学和艺术均有重大突破和创新。

人文主义 欧洲文艺复兴时期的主要思潮，反对宗教教义和中古时期的经院哲学，提倡学术研究，主张思想自由和个性解放，肯定人是世界的中心。是资本主义萌芽时期的先进思想，但缺乏广泛的民主基础，有很大的局限性。

宗教改革 16世纪欧洲新兴资产阶级以宗教改革为旗号发动的一次大规模反封建的社会政治运动，主要反对教皇通过教会对各国进行控制以及天主教会内的骄奢腐化。1517年，马丁·路德发表《九十五条论纲》，抨击教皇出售赎罪券，揭开宗教改革的序幕。运动迅即在欧洲许多国家展开，并且形成一些派别。路德提出以《圣经》为信仰的最高原则，强调信徒因信称义。法国加尔文主张废除主教制，建议政教合一的共和政权。英国国王亨利八世与罗马教廷决裂，宣布国王为“英国教会在世唯一最高元首”。宗教改革的直接结果是产生了包括路德宗、加尔文宗和安立甘宗三大宗派的基督教新教，在一定程度上冲击了欧洲封建制度。

启蒙运动 指17—18世纪欧洲资产阶级的民主文化运动，是文艺复兴之后近代西方的第二次思想解放。启蒙运动最初发生在英国，后发展到法国、德国与俄国等国，法国是启蒙运动的中心。启蒙运动的核心思想是理性主义。启蒙思想家猛烈抨击了专制制度及其精神堡垒天主教会，设计、描绘了未来的社会蓝图，开启了民智，为欧美资产阶级革命作了思想上和理论上的准备。启蒙运动传播到世界各地后，成为强大的社会思潮，为民族解放斗争作出了贡献。

理性主义　也译为“唯理论”，与“经验论”相对，是认识论的一种学说，泛指一切崇尚理性、强调理性作用的理论观点或思潮。理性主义是启蒙运动的精神内核，强调独立思考与自主精神。康德在解释启蒙运动中的理性主义时认为，启蒙运动就是人类脱离自己所加之于自身的不成熟状态，而不成熟状态就是不经别人的引导就对运用自己的理智无能为力。只有在启蒙升华之后，人类才拥有独立的人格，这就是理性主义。启蒙思想家认为判断是非的标准应该是人的理性。

资产阶级代议制　指以议会为核心建立起来的政权组织形式，由选举产生议员并组成议会，按三权分立的原则，由议会执行立法职能，并在不同程度上对政府实行监督。17—19世纪，随着西欧社会经济的发展，专制主义的基础受到猛烈冲击，专制制度在民主革命和改革中动摇。英国最先建立代议制，后扩展到法国、德国、美国等主要欧美国家。

四、专题示例

本专题主要阐述了近代西方在思想文化和政治制度上的发展变化。经济基础决定上层建筑，西方近代人文主义的发展及资产阶级代议制的确立，其根本原因是资本主义经济的发展，故可用唯物史观统摄专题，依据五种社会形态理论，阐释西方进入资本主义社会的过程。

教学时，可从“时序：14—18世纪，人文主义不断发展演进；17—19世纪，资产阶级代议制不断扩展”“空间：人文主义从意大利扩展到欧洲其他国家，资产阶级代议制由英国扩展到法、德、美等其他国家”两个方面，落实时空观念核心素养。

在综合论证人文主义与资产阶级代议制的关系时，可通过分析英国《权利法案》、美国《独立宣言》、法国《人权宣言》的具体内容，引导学生探究资产阶级革命的发生和资产阶级代议制的确立发展，是人文主义理论思考，尤其是启蒙运动的政治理念在政治制度构建中的实践尝试，落实史料实证核心素养。

通过本专题的学习，从宏观上把握世界历史发展的进步历程，理解尊重各民族优秀的文化传统和政治制度，从而培养世界意识，落实家国情怀核心素养。

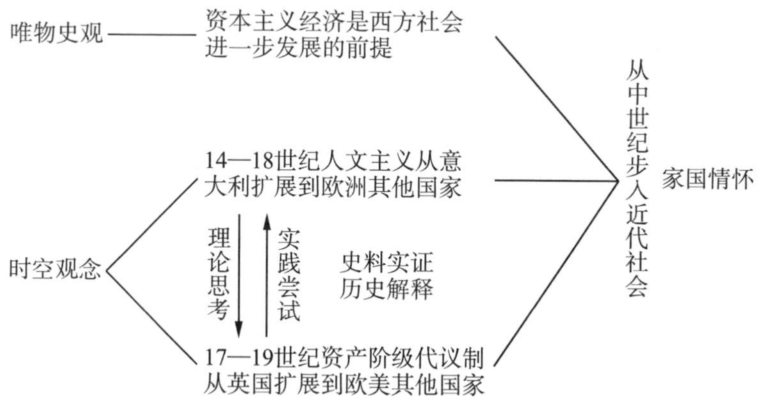

五、推荐阅读

［1］洛克. 政府论［M］. 瞿菊农，叶启芳，译. 北京：商务印书馆，1982.

［2］王德禄，蒋世和. 人权宣言［M］. 北京：求实出版社，1989.

［3］钱乘旦，等. 世界现代化进程［M］. 南京：南京大学出版社，1997.

［4］雅各布·布克哈特. 意大利文艺复兴时期的文化［M］. 北京：商务印书馆，1997.

［5］F. 布吕什，等. 法国大革命［M］. 冯棠，译. 北京：商务印书馆，2000.

［6］朱学勤. 道德理想国的覆灭——从卢梭到罗伯斯庇尔［M］. 上海：上海三联书店，2003.

［7］唐晋. 大国崛起［M］. 北京：人民出版社，2006.

［8］赵林. 基督教思想文化的演进［M］. 北京：人民出版社，2007.

［9］陈衡哲. 西洋史［M］. 长沙：岳麓书社，2010.

［10］阿里奥托. 西方科学史［M］. 北京：商务印书馆，2011.

［11］安托万·普罗斯特. 历史学十二讲［M］. 北京：北京大学出版社，2012.

［12］阿伦·布洛克. 西方人文主义传统［M］. 董乐山，译. 北京：群言出版社，2012.

［13］杰里·本特利，赫伯特·齐格勒. 新全球史［M］. 魏凤莲，译. 北京：北京大学出版社，2014.

［14］劳埃德·斯宾塞，安杰伊·克劳泽. 启蒙运动［M］. 北京：生活·读书·新知三联书店，2016.

［15］托马斯·马丁·林赛. 宗教改革史［M］. 北京：商务印书馆，2016.

［16］卡尔·贝克尔. 论《独立宣言》［M］. 彭刚，译. 北京：商务印书馆，2017.

［17］基佐. 1640年英国革命史 下［M］. 长春：吉林出版集团股份有限公司，

2018.

［18］ 雅克·巴尔赞. 从黎明到衰落：西方文化生活五百年［M］. 林华，译. 北京：中信出版社，2018.

［19］ 朱迪斯·M. 本内特，C. 沃伦·霍利斯特. 欧洲中世纪史［M］. 杨宁，李韵，译. 上海：上海社会科学院出版社，2018.

专题19

改变世界面貌的工业革命

一、课标内容

通过了解工业革命带来的社会生产力的极大发展以及所引起的生产关系的深刻变化,理解工业革命对资本主义世界体系的形成及对人类生活的深远影响。

二、专题解读

在一系列思想解放运动和资产阶级革命后,西欧各国纷纷确立了资本主义制度,工业革命在此基础上产生。工业革命的出现是由一系列的技术变革引起的从手工劳动转向机器生产的重大飞跃,推动了生产力和生产关系的发展。18世纪中叶到19世纪后期,从英国开始,欧美各国相继发生了以蒸汽机和电气为标志的两次工业革命,掀起了工业文明的浪潮,人类社会相继进入"蒸汽时代"和"电气时代",人们的生活方式和社会面貌发生极大改变,奠定了现代世界的基础。工业文明的发展也带来了新的矛盾和问题:世界市场的形成以及列强的殖民扩张导致东西方发展产生巨大差异,逐渐形成了东方从属于西方的世界格局;资产阶级和工人阶级的矛盾日趋激烈,催生了工人运动和社会主义思潮的兴起。

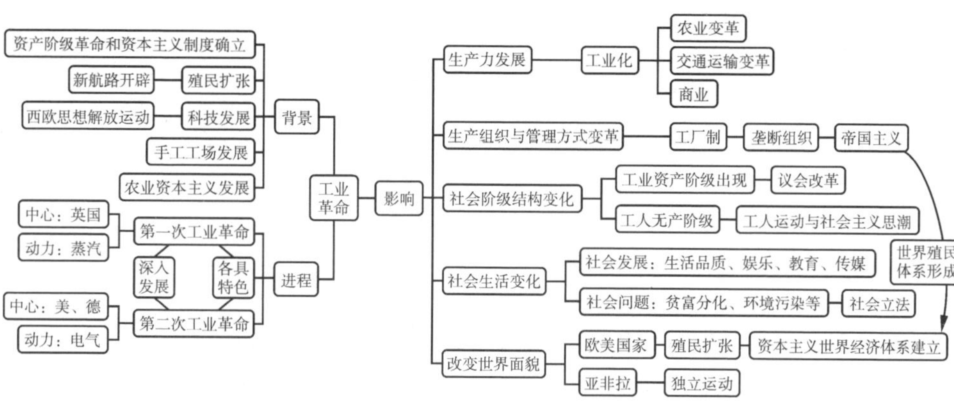

三、重要概念

产业革命　指以手工技术为基础的资本主义工厂手工业过渡到采用机器的资本主义工厂制度的过程。产业革命在18世纪60年代始于英国，从棉纺织业开始，80年代因蒸汽机的发明和采用得到进一步发展，遍及化学、采掘、冶金、机器制造等部门。19世纪，法、德、美等国也相继完成产业革命。产业革命既是生产技术和生产力的革命，也是生产关系的一次重大变革。机器大工业的建立，为资本主义制度奠定了物质技术基础，使资本主义制度最终战胜封建制度而居于统治地位；同时也加强了对工人的剥削，加深了资本主义基本矛盾。

垄断组织　资本主义大企业间联合组成的垄断经济同盟。旨在瓜分和垄断商品销售市场和原料产地，规定垄断价格，加强对外经济扩张，保证高额垄断利润。主要形式有卡特尔、辛迪加、托拉斯、康采恩等。垄断组织有时还跨出国门，建立跨国公司。垄断组织最初以短期价格协定的形式出现于19世纪60—70年代；1873年危机后以分割市场、规定垄断价格或规定生产限额为目的的卡特尔开始广泛发展；到19世纪末20世纪初，在主要资本主义国家，卡特尔成为经济基础，资本主义发展到帝国主义阶段。

工业资产阶级　即现代企业家阶级、资本家阶级。它在工业革命中产生，与现代大工业紧密相连。工业革命中形成的企业家集团，在与工人阶级和土地贵族的对立中，逐渐意识到自己是与贵族和工人完全不同的集团，有着不同的经济和政治利益，形成了自己的阶级意识，在自身的成长和与其他阶级的对立中，1815年工业革命初期出现的企业家集团演变成了一个独立的阶级——工业资产阶级。

资本主义世界经济体系　资本主义生产方式占统治地位的各资本主义国家经济及所属殖民地经济和势力范围的总体。自由竞争资本主义过渡到垄断资本主义阶段后，资本输出的意义突出，商品输出和资本输出的范围迅速扩大，国际垄断同盟形成，帝国主义列强不仅从经济上而且从领土上抢占殖民地，划分势力范围。19世纪末20世纪初，世界被分割完毕，帝国主义与殖民地半殖民地之间以及帝国主义相互间在经济上日益密切地联系在一起，这种经济上的相互联系和相互依存构成了世界范围的经济整体。

四、专题示例

本单元教学可立足“18世纪中叶的英国”这一时空阶段，创设情境，回到历史现场，落实时空观念核心素养。通过各类史料，再现工业革命期间工人生活的变化，理解工业革命对东西方造成的影响，提高史料实证的能力。总结两次工业革命开展的历史意义，归纳其在上层建筑、思想意识、科学技术、文化教育、社会生活各个方面产生的巨大而深刻的影响，思考工业文明发展带来的利弊，从而引导学生树立正确的价值观，涵养家国情怀。

综上所述，本专题可整合为“工业变革”“生活影像”“文明之思”三个部分，并以此制定专题教学思路。

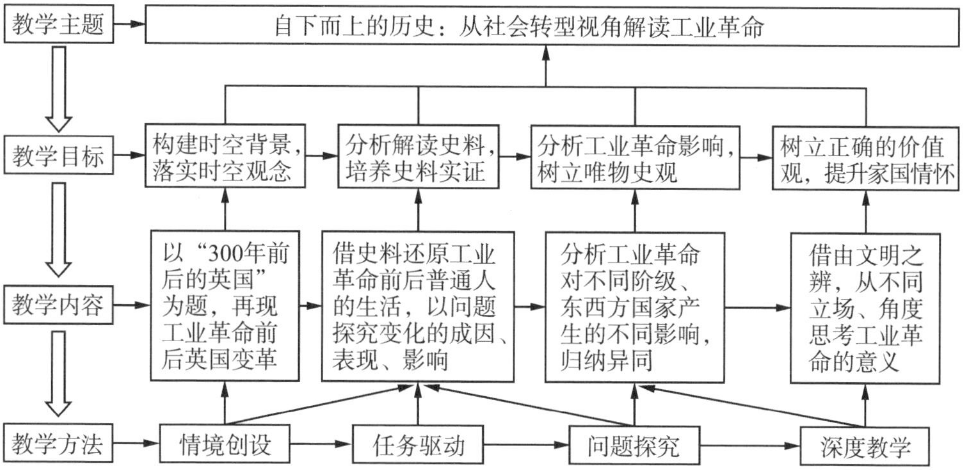

五、推荐阅读

［1］E. 罗伊斯顿·派克. 被遗忘的苦难：英国工业革命的人文实录［M］. 蔡师雄，等，译. 福州：福建人民出版社，1983.

［2］许永璋. 世界近代工业革命［M］. 沈阳：辽宁人民出版社，1986.

［3］卡洛·M.奇波拉. 欧洲经济史第3卷工业革命［M］. 北京：商务印书馆，1989.

［4］保尔·芒图. 十八世纪产业革命：英国近代大工业初期的概况［M］. 北京：商务印书馆，1997.

［5］宋严萍. 英国工业革命时期工业资产阶级研究［M］. 哈尔滨：黑龙江人民出版社，2006.

［6］罗伯特·艾伦. 近代英国工业革命揭秘［M］. 毛立坤，译. 杭州：浙江大学出版社，2012.

［7］埃里克·霍布斯鲍姆. 工业与帝国：英国的现代化历程［M］. 梅俊杰，译. 北京：中央编译出版社，2016.

［8］弗里德里希·恩格斯. 英国工人阶级状况［M］. 天津：天津人民出版社，2017.

［9］钱乘旦，高岱. 英国史新探：工业革命的新视角［M］. 北京：北京大学出版社，2018.

［10］严鹏，陈文佳：工业革命：历史、理论与诠释［M］. 北京：社会科学文献出版社，2019.

专题20

马克思主义的诞生

一、课标内容

通过了解马克思主义产生的时代背景以及马克思、恩格斯的理论探索与革命实践，了解《共产党宣言》的主要内容，理解马克思主义产生的世界意义。

二、专题解读

18世纪中叶到19世纪后期，欧美等地相继发生两次工业革命。工业革命带来社会生产力的极大发展，引起了社会生产关系的极大变化，对资本主义世界体系形成和人类社会生活产生了深刻的影响。在工业革命的影响下，资本主义获得了发展，资本主义制度的弊端也日益凸显，无产阶级和资产阶级的矛盾日益尖锐，工人运动和社会主义思潮兴起。在此背景下，马克思、恩格斯创立了科学社会主义，从此，无产阶级斗争有了强大的思想武器，无产阶级革命进入了新的发展阶段。随着工业革命的深化和资本主义的不断发展，世界殖民体系形成。同时，殖民地半殖民地人民争取民族独立的斗争不断高涨。自19世纪中期起，马克思主义成为西欧工人运动的指导思想，进而影响到东欧、东南欧、亚洲、北美洲和拉丁美洲，成为工人运动与民族民主运动重要的思想武器。

马克思主义的诞生与传播
- 条件
  - 早期工人运动
  - 社会主义思想的萌发
  - 个人因素
- 标志：1848年《共产党宣言》
- 传播
  - 1864年“第一国际”——新阶段
  - 1871年巴黎公社——经验和教训
  - 19世纪中期起，影响扩大
- 继续探索
  - 1848年，投入欧洲革命，继续理论探索
  - 1867年，出版《资本论》

三、重要概念

马克思主义　指马克思和恩格斯所创立的科学理论体系，基本组成部分是马克思主义哲学、政治经济学和科学社会主义。19世纪40年代，马克思和恩格斯研究了欧洲资本主义的政治和经济发展，总结了欧洲工人运动的经验，吸收和改造了人类思想文化的优秀成果，特别是18世纪和19世纪上半期的社会科学和自然科学的成果，创立了自己的科学理论体系。马克思主义用唯物史观阐明了人类社会发展的普遍规律，指明社会发展归根结底是由物质生产决定的，生产力和生产关系、经济基础和上层建筑的矛盾运动是历史发展的动力；用剩余价值理论揭示了资本主义剥削的秘密和资本主义社会存在的基础。唯物史观和剩余价值理论的发现使社会主义由空想变为科学。马克思主义证明了资本主义将被社会主义、共产主义取代的历史必然性。马克思主义始终同国际工人运动和共产主义运动紧密结合在一起，成为各国工人阶级政党的战斗旗帜和指导思想。

《共产党宣言》　马克思、恩格斯为共产主义者同盟起草的纲领。写于1847年12月—1848年1月。宣言是科学社会主义的第一个纲领性文献，揭示了资本主义社会的内在矛盾和发展规律，论证了资本主义灭亡和社会主义胜利的必然性，成为世界各国无产阶级的共同纲领。

第一国际　也称"国际工人协会"。第二国际成立后，才称第一国际。19世纪60年代，随着工人运动日益高涨，各国进步工人要求在国际范围内建立有组织的联系。1864年9月28日，伦敦召开有英、法、德、意、波等国工人参加的国际工人会议，宣告成立国际工人协会。马克思为它起草了成立宣言和共同章程等诸多重要文件。在马克思和恩格斯的领导下，第一国际团结了各国的工人阶级队伍，传播了科学社会主义，开展了对蒲鲁东主义等各种机会主义和分裂主义的斗争，培养了一批优秀的工人运动干部，为欧美各国建立无产阶级政党奠定了基础。1876年因内部分裂而宣告解散。

巴黎公社　1871年法国工人在巴黎建立的无产阶级革命政权。法国在普法战争失败后，资产阶级政府推行的阶级压迫和民族投降政策，激起广大群众的不满。1871年3月18日，巴黎工人举行起义，推翻资产阶级反动统治，建立无产阶级新型政权。由于公社缺乏坚强、正确的领导，未能建立工农联盟，没有及时向凡尔赛发动军事进攻，没有坚决镇压反革命，5月被反革命集团打败。马克思总结公社经验，指出无产阶级必须通过暴力革命打碎资产阶级国家机器，建立有效的无产阶级专政。巴黎公社作为人类历史上第一个无产阶级专政的政权，永载史册。

正义者同盟 指侨居法国的德国政治流亡者和手工业工人于1836年在巴黎建立的国际共产主义秘密组织，是共产主义者同盟的前身。早期受平均共产主义、和平共产主义等的影响较大，主张以少数人的密谋活动建立共产主义社会，实行财产共有共享和平均分配。在马克思和恩格斯的帮助下，盟员逐步接受科学社会主义。1847年1月，马克思、恩格斯受邀参加同盟，为其起草宣言，实现改组。6月，伦敦举行第一次代表大会后，改名为共产主义者同盟。

《资本论》 马克思毕生研究政治经济学的主要成果和最主要的著作。共3卷，第1卷分析资本的生产过程，第2卷论述资本的流通过程，第3卷阐述资本主义生产的总过程。马克思在这部巨著中运用唯物史观和唯物辩证法论述了资本主义社会经济运动的规律，揭示了资本主义的内在矛盾，论证了资本主义将被社会主义取代的历史必然性，为科学社会主义奠定了牢固的科学基础。《资本论》实现了政治经济学的伟大变革，标志着马克思主义政治经济学的诞生。

四、专题示例

本专题教学的立足点是马克思主义的诞生与发展，可通过引入图片和当时的文献，将马克思和马克思主义置于当时的时空条件下考察，落实时空观念和史料实证核心素养。

综合利用各类文献资料，了解19世纪中期的英国资本主义发展的具体状况和真实情境，呈现马克思主义的内容及其与工业革命的联系，落实唯物史观、史料实证、历史解释核心素养。

通过解读史料，深刻理解马克思主义的世界意义，提升史料实证的能力。

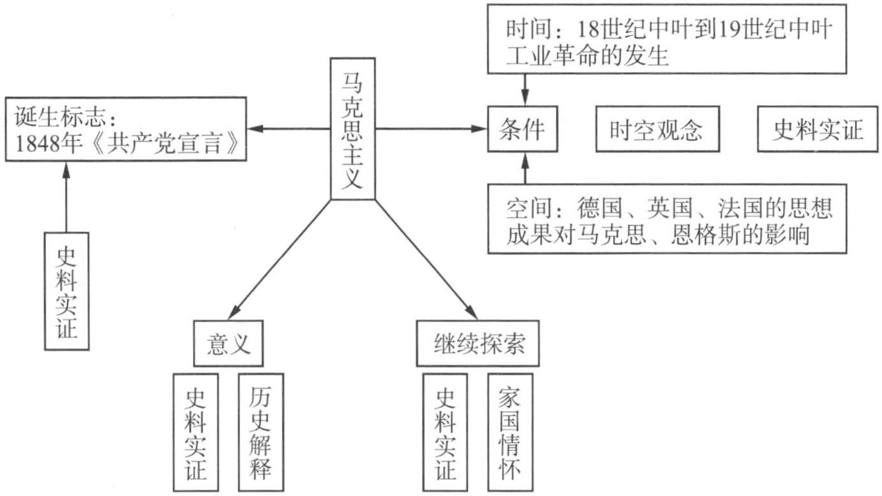

五、推荐阅读

［1］葛锡有，赵郇方，靳辉明，等. 马克思主义诞生史［M］. 长春：吉林人民出版社，1982.

［2］熊子云. 马克思主义形成史［M］. 北京：北京师范学院出版社，1987.

［3］詹兆雄. 科学社会主义导论［M］. 上海：同济大学出版社，2008.

［4］萧灼基. 马克思传［M］. 北京：中国社会科学出版社，2008.

［5］顾海良. 马克思主义发展史［M］. 北京：中国人民大学出版社，2009.

［6］中共中央马克思恩格斯列宁斯大林著作编译局. 马克思恩格斯文集第三卷［M］. 北京：人民出版社，2009.

［7］孔明安. 当代国外马克思主义新思潮研究［M］. 北京：中央编译出版社，2012.

［8］中共中央宣传部理论局. 世界社会主义五百年（党员干部读本）［M］. 北京：党建读物出版社、学习出版社，2014.

［9］马克思，恩格斯. 共产党宣言［M］. 北京：人民出版社，2015.

［10］戴维·麦克莱伦. 马克思传［M］. 王珍，译. 北京：中国人民大学出版社，2016.

［11］习近平. 在纪念马克思诞辰200周年大会上的讲话［M］. 北京：人民出版社，2018.

［12］中共中央马克思恩格斯列宁斯大林著作编译局. 马克思画传：马克思诞辰200周年纪念版［M］. 重庆：重庆出版社，2018.

专题21

世界殖民体系的形成与亚非拉民族独立运动

一、课标内容

通过了解西方列强对亚非拉的殖民扩张、世界殖民体系的建立以及亚非拉人民的抗争，理解世界殖民体系的建立及殖民地半殖民地民族独立运动对世界历史发展的影响。

二、专题解读

从横向看，欧洲殖民者通过殖民扩张不断地将亚非拉变为自己的殖民地半殖民地，进而将亚非拉纳入世界殖民体系，使其沦为资本主义经济的原料产地、商品销售市场和投资场所，成为资本主义世界体系的一部分。

从纵向看，本专题上承第三、四、五单元的相关内容，新航路开辟后，在资本主义的不断发展和工业革命的影响下，欧洲殖民者最终在20世纪初建立了资本主义世界殖民体系；下接第七、八单元，资本主义发展不平衡引发了世界大战，世界大战又进一步激化了殖民者与殖民地半殖民地国家地区的矛盾，引发了亚非拉的民族独立运动。

从专题自身看，主要有三方面的内容。第一方面，讲述16世纪到20世纪初西方列强凭借先进的技术和强大的经济军事实力进行殖民扩张，逐步将亚非拉的大部分地区变为自己的殖民地和半殖民地的基本过程。这既是资本主义世界殖民体系形成的过程，也是资本主义发展和侵略全球的过程。这个过程大致分为三个阶段。第一阶段（16世纪至18世纪末），新航路开辟后，西方国家先后走上殖民侵略和扩张的道路，从葡萄牙、西班牙征服新大陆开始，西欧殖民者不断对亚非拉进行政治控制和渗透，使拉美大部分地区和非洲沿海地区以及东南亚边沿被纳入新生资本主义世界体系，资本主义世界市场和殖民体系初见端倪；第二阶段（19世纪初至70年代），经历工业革命的西欧国家再次掀起殖民高潮，通过扩大殖民地和商品

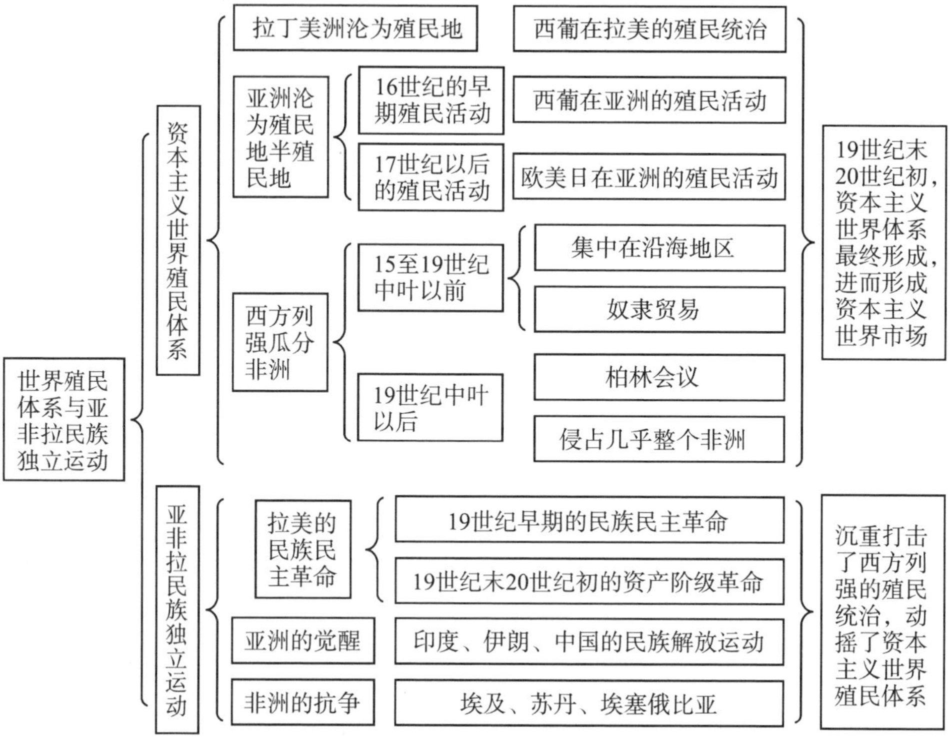

市场等方式向西亚、东亚、南美等地区纵深扩张，使亚非拉地区沦为殖民地半殖民地，进而成为其经济附庸，资本主义殖民体系初步形成；第三阶段（19世纪70年代以后），欧美国家掀起第二次工业革命的浪潮，社会生产力进一步提高，资本主义制度得以完善，进入垄断阶段。欧美和日本纷纷向海外殖民，通过瓜分全球的方式把非洲以及亚洲内陆等广大地区都纳入资本主义世界体系。

第二方面，列强的入侵激化了资本主义列强与殖民地半殖民地的矛盾，殖民地半殖民地人民争取民族独立的斗争不断高涨。从发展历程来看，殖民地半殖民地的民族解放斗争经历从自发阶段到自觉阶段的不同时期。从纵横向来看，拉丁美洲最先爆发资产阶级民族解放运动，使大部分地区一度摆脱了欧洲的殖民统治；19世纪末20世纪初，亚非拉反殖民运动此起彼伏，中国、土耳其、印度、埃及、墨西哥等国家地区在民族资产阶级政党的领导下，发动了一系列资产阶级革命运动或改革运动，沉重打击了西方的殖民统治。

第三方面，资本主义世界殖民体系的建立及殖民地半殖民地民族独立运动对世界历史发展的影响。资本主义世界殖民体系的建立对世界历史的发展产生了双重作用。西方殖民者将殖民地半殖民地国家与地区变成它的商品市场、原料产地和投资场所，在摧毁了原有的文明、财富的同时，也瓦解了这些国家与地区自然经济的基础，使旧社会的结构瓦解。同时，西方殖民者传播的先进的生产方式，客观上也促进了殖民地半殖民地国家地区的经济发展，推动世界历史向前发展。近代殖民地半殖民地的民族独立运动沉重打击了西方国家的殖民统治，动摇了资本主义殖民体系。

三、重要概念

殖民地 是指一个国家在国外占领或掠夺，同时把本国大批居民迁移至此居住和开发的地区。在世界历史上，殖民地曾以多种不同的方式存在于世界许多地区，特别是在古代地中海和中世纪欧洲，比如古希腊时期雅典诸城邦在爱琴海沿岸及岛屿，通过移民而建立的城邦殖民地。近代殖民地，主要是指15世纪以后直到20世纪初期，遭受西方资本主义国家(主要是西欧国家以及后来的俄国、美国、日本等)侵略，丧失了国家主权和民族独立地位，从而在政治、经济、文化等各方面都由西方殖民宗主国统治与支配的地区。

殖民主义 就其概念而言，有广义和狭义之分。广义的殖民主义表现为一种历史现象和一个独具特色的发展阶段，狭义的殖民主义代表着一系列的政策观念和行为方式等。从广义上讲，殖民主义作为世界近现代历史发展整体进程中的一个组成部分，它体现的是1500年以后全球市场经济形成的过程中，世界范围内发达国家与欠发达国家之间不断发展变化的关系，表现为一个相应的社会发展阶段。一般来说，殖民主义是适应西方资本主义发展要求产生的，但要比资本主义更早退出历史舞台。从狭义上讲，殖民主义指的是在现代世界体系中，西方宗主国为维护中心与外围地区的不平等关系而制定的，反映了一定历史发展阶段特色的方针和政策。它在政治、经济和思想文化上对中心和外围地区产生了深远的影响，既打断了这些国家、地区的社会发展进程，肆意剥削和掠夺了这些国家、地区的社会财富，又在客观上具有一定的社会改造的作用，在这些国家、地区为“西方式的社会奠定了物质基础”。

殖民体系 即帝国主义殖民体系。帝国主义所统治、控制的殖民地、半殖民地的总称，是世界资本主义体系的一个组成部分。19世纪末20世纪初，世界领土被帝国主义列强瓜分完毕，整个世界被区分为进行压迫的帝国主义国家和处于殖民地、半殖民地附属状态的被压迫国家，后者形成帝国主义殖民体系。1917年，俄国十月革命的胜利动摇了帝国主义的基础，指明了被压迫民族争取解放和走上独立的正确道路，引发了帝国主义殖民体系的深刻危机。第二次世界大战后，中国新民主主义革命的胜利和亚非拉民族解放运动的迅猛发展，加速了帝国主义殖民体系的崩溃。从第二次世界大战结束到现在，绝大多数殖民地、被保护国都取得了政治独立或彻底的解放。

民族解放运动　指殖民地、半殖民地人民和一切被压迫民族反对殖民主义、帝国主义和霸权主义，争取和维护民族独立和解放的革命运动。因具有资产阶级民族民主革命的性质，故亦称“民族民主运动”。随着帝国主义殖民主义体系的形成，殖民地、半殖民地无产阶级和民族资产阶级的出现，被压迫民族的反抗逐渐发展为具有全民规模的，有领导、有组织的形式，这就是现代的民族解放运动。第一次世界大战的爆发，尤其是俄国十月社会主义革命的胜利，动摇了帝国主义统治的基础，使无产阶级革命斗争同被压迫民族的解放运动联合起来，从此，民族解放运动成为无产阶级社会主义世界革命的组成部分。第二次世界大战以后，民族解放运动空前高涨。中国人民革命的伟大胜利，使国际阶级力量的对比进一步发生了有利于革命人民的重大变化。国家要独立，民族要解放，人民要革命，已成为不可抗拒的历史潮流。到1977年，亚非拉以及其他地区先后有80多个国家摆脱了殖民统治，取得了独立，并在国际事务中起着愈来愈大的作用。它们同其他地区的发展中国家一起组成第三世界，已成为推动世界历史车轮前进的革命动力。

四、专题示例

本专题的主要内容是资本主义世界殖民体系的形成和亚非拉地区民族运动的兴起和发展，一是西方列强不断将亚非拉大部分地区变为自己的殖民地和半殖民地，建立资本主义世界殖民体系；二是西方列强的殖民侵略激化了民族矛盾，导致亚非拉地区人民争取民族独立的斗争不断高涨；三是资本主义世界殖民体系的建立及亚非拉民族独立运动对世界历史发展的影响。

教学时，通过时空定位，引导学生从整体感受世界殖民体系形成过程和亚非拉地区民族独立运动的时空范围，以落实时空观念核心素养。

通过史料分析，引导学生了解不同时期亚非拉地区的不同国家、民族和地区沦为殖民地半殖民地的历史过程和殖民者的殖民方式，了解亚非拉地区的民族独立运动历程和争取斗争的不同方式，理解资本主义世界殖民体系的建立及亚非拉民族独立运动对世界历史发展的影响，以落实历史解释和史料实证核心素养。

学生在了解亚非拉地区沦为殖民地半殖民地的基础上，整体感知世界殖民体系形成的过程及其双重影响和亚非拉民族独立运动的影响，以落实历史解释和家国情怀核心素养。

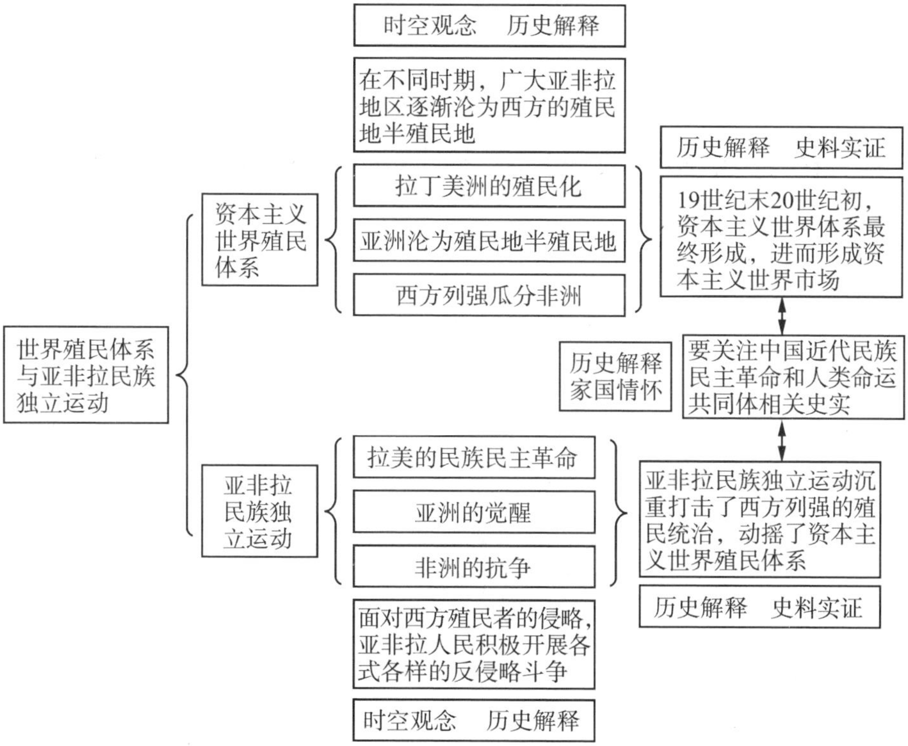

五、推荐阅读

［1］王助民，等. 近现代西方殖民主义史（1415—1990）［M］. 北京：中国档案出版社，1995.

［2］高岱，郑家馨. 殖民主义史总论卷［M］. 北京：北京大学出版社，2003.

［3］艾瑞克·霍布斯鲍姆. 帝国的年代：1875—1914［M］. 北京：中信出版社，2017.

［4］高岱. “殖民主义”与“新殖民主义”考释［J］. 历史研究，1998(2).

专题22

世界大战、十月革命与国际秩序的演变

一、课标内容

通过了解两次世界大战，理解20世纪上半期国际秩序的变动；了解列宁领导的十月革命爆发的原因、过程，理解十月革命的世界历史意义；理解两次世界大战之间亚非拉民族民主运动对国际秩序的影响。

二、专题解读

本专题的纵向时间范围为20世纪上半叶，这一时期是世界现代史的开端。从横向空间上看，本专题表现为国际秩序的冲击、调整和重建。发生在这一时段关乎人类历史发展动向的重要历史事件有：两次世界大战、十月革命及亚非拉民族民主运动。这些具体的历史要素带来了一个重要结果：欧洲资本主义列强支配世界的局面受到挑战，国际秩序发生了深刻演变。

具体来说，19世纪以来的国际秩序在20世纪上半叶受到挑战的表现为：

以欧洲为中心的国际格局被突破。19世纪，欧洲在国际舞台处于支配地位。20世纪初，欧洲之外的两个资本主义新兴大国——美、日崛起，并在美西战争和日俄战争中取胜，使欧洲的主宰地位受到挑战；欧洲国家内部，后起之秀因不满老牌资本主义国家的权威，发起了两次世界大战，欧洲成为两次世界大战的主战场，战争使得欧洲成为“一具优雅的尸体”。一战后，华盛顿体系建立，与凡尔赛体系并存，从而使欧洲的主宰地位受到挑战。二战后，国际格局从以欧洲为中心走向美苏对峙两极格局。

国际关系中资本主义一统天下的局面消失，产生了不同社会制度国家长期共存的新型国家关系。一战期间诞生了世界上第一个社会主义国家——苏俄，为世界注入了新鲜的血液。后来，苏俄扩大自己的影响力，组建了苏维埃社会主义共和国联盟。在反法西斯战争中，苏联发挥了极其重要的作用。

两次世界大战之间的亚非拉民族民主运动延续到二战后，促使殖民体系崩溃，开创了国际秩序更加平等独立的新局面。

国际关系的组织化和法制化。1919年国际联盟的成立使世界出现了职能广泛的普遍性国际组织。尽管它在实践上存在着种种问题，但它还是反映了历史的进步，体现了国际秩序的组织化和法制化。国联解体后，1945年建立的联合国克服了国联的缺点，并逐渐成为广泛而有效的普遍性国际组织。

两次世界大战导致以欧洲为中心的世界秩序发生变化，而发生在一战期间的十月革命改变了20世纪的世界格局，两次世界大战期间的亚非拉民族民主运动沉重打击了帝国主义和殖民主义，动摇了世界殖民体系，成为影响国际秩序的重要因素。

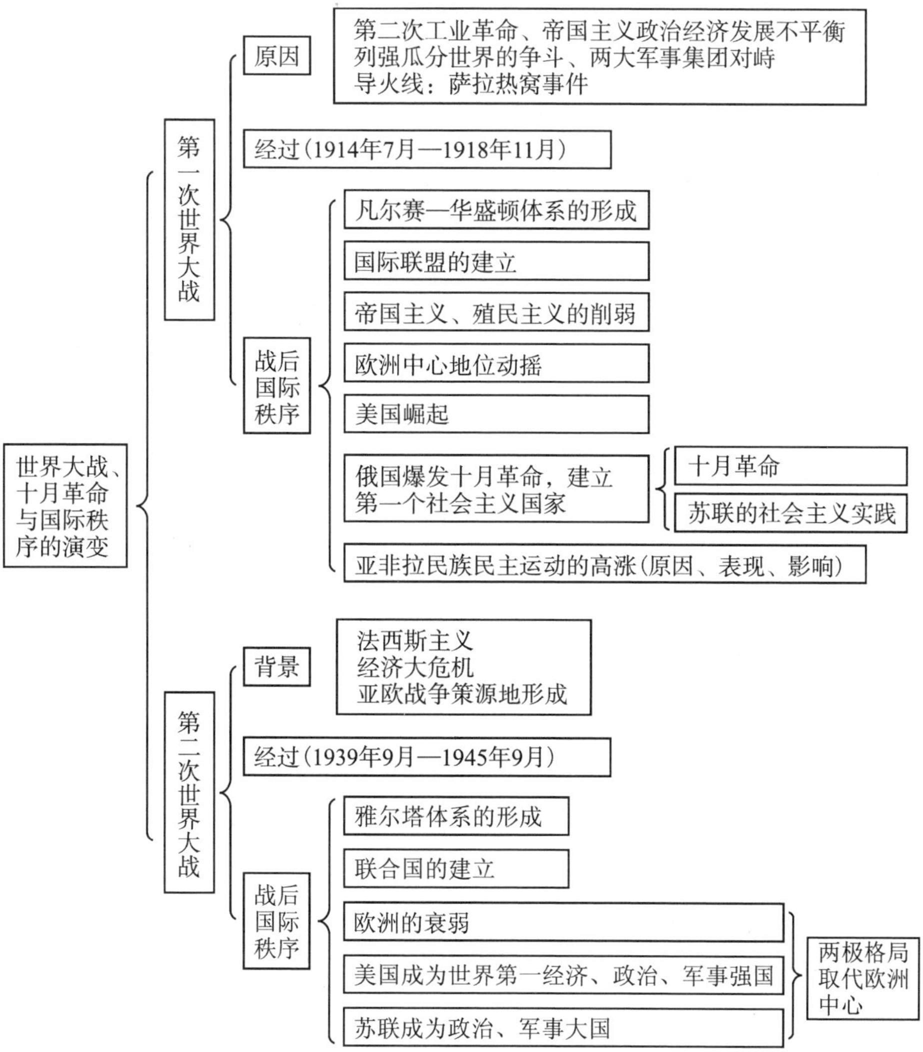

三、重要概念

国际体系　是由诸多相互作用的国际行为体组合而成的整体,国际范围内由各行为体(主要是国家)之间的相互联系与作用所形成的具有特定结构与功能的统一体。

凡尔赛—华盛顿体系　第一次世界大战后形成的帝国主义国际新秩序。1919年,战胜国在巴黎召开凡尔赛会议,英、法、美等战胜国同战败国德国签订了《凡尔赛条约》,又同德国的盟国签订了一系列条约。《凡尔赛条约》和这些条约围绕着对战败国领土及其殖民地再分割等问题构成了凡尔赛体系。1921—1922年,帝国主义国家为了对战后远东和太平洋的殖民地和势力范围进行再分割,召开了华盛顿会议。会上美、英、法、日等九国签订了《九国公约》等条约,构成了华盛顿体系,实质是对凡尔赛体系的补充。凡尔赛—华盛顿体系确立了一战后帝国主义在世界的统治秩序。该体系暂时调整了战胜国之间的关系,但列强之间的均势很快就被打破,该体系在二战前夕瓦解。

雅尔塔体系　1945年2月4日至11日,苏、美、英三国政府首脑斯大林、罗斯福、丘吉尔在克里米亚半岛的雅尔塔举行了会议,讨论了关于击败法西斯德国,铲除德国军国主义和纳粹主义,分区占领德国和柏林,苏联对日作战以及战后世界的安排等问题,签订了《雅尔塔协定》,发表了《克里米亚声明》。雅尔塔会议与之前的开罗会议、德黑兰会议和之后的波茨坦会议所缔结的一系列条约和协定,建立了战后1945至1991年间的国际体系,被称为雅尔塔体系。雅尔塔体系以建立和维护世界和平为主要目标,倡导不同社会制度国家间的共处与合作。但是,雅尔塔体系也是大国相互妥协的产物,带有明显的强权政治色彩,严重损害了一些国家的利益。在雅尔塔体系下,世界进入了冷战时代。1989年的东欧剧变和1991年的苏联解体,标志着两极格局瓦解,也象征着雅尔塔体系最终瓦解。

四、教学示例

本专题教学的立足点是两次世界大战导致国际秩序的演变,故可以从“时间—战争、革命”和“空间—秩序”等自然时空入手,构建时空关联,落实时空观念核心素养。

在分析两次世界大战、十月革命、亚非拉民族民主运动的原因时,可以从时空观念的社会时空出发落实历史解释核心素养。

在分析两次世界大战、十月革命、亚非拉民族民主运动对国际秩序的影响时,可贯穿唯物史观，从战后的国际体系、战后的国际组织、资本主义与社会主义、殖民主义与民族民主运动等方面来落实历史解释、史料实证核心素养。

在分析十月革命的影响时，感受社会主义道路的创新；在分析苏联的社会主义实践时，树立坚持中国特色社会主义道路的自信，涵养家国情怀。

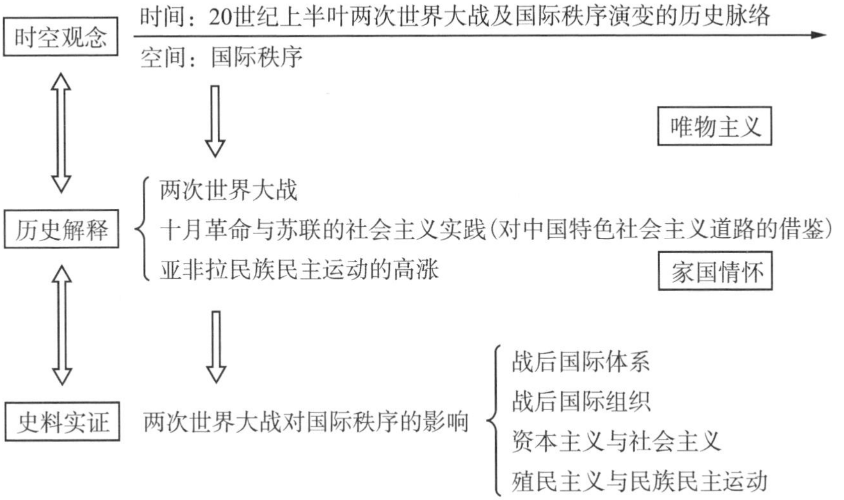

五、推荐阅读

[1] 人民出版社. 苏联国民经济建设计划文件汇编[M]. 北京：人民出版社，1955.

[2] 马克思，恩格斯. 德意志意识形态[M]. 北京：人民出版社，1961.

[3] 霍华德·弗·克莱因. 墨西哥现代史[M]. 天津：天津人民出版社，1978.

[4] 梁守德，等. 民族解放史[M]. 北京：北京大学出版社，1985.

[5] 朱庭光. 法西斯主义与第二次世界大战[M]. 北京：华夏出版社，1988.

[6] 柳植. 苏联社会主义道路研究[M]. 西安：陕西师范大学出版社，1989.

[7] 王金存. 苏联社会主义经济七十年[M]. 北京：北京出版社，1992.

[8] 林承节. 印度近现代史[M]. 北京：北京大学出版社，1995.

[9] 齐世荣，廖学盛. 20世纪的历史巨变[M]. 北京：人民出版社，2000.

[10] 周尚文，叶书宗，王斯德. 苏联兴亡史[M]. 上海：上海人民出版社，2002.

[11] 陈之骅. 苏联兴亡史纲[M]. 北京：中国社会科学出版社，2004.

[12] 保罗·肯尼迪. 大国的兴衰[M]. 陈锦彪，等，译. 北京：国际文化出版公司，2006.

[13] 齐世荣. 世界通史资料选辑·现代部分 第三分册[M]. 北京：商务印书

馆,2007.

［14］中国社会科学院近代史研究所. 顾维钧回忆录[M]. 北京:中华书局,2013.

［15］托洛茨基. 俄国革命史[M]. 北京:商务印书馆,2014.

［16］丹尼尔·R. 布劳尔. 20世纪世界史[M]. 洪庆明,译. 上海:东方出版中心,2015.

［17］马克思·加罗. 欧洲的陨落:第一次世界大战简史[M]. 闫文昌,等,译. 北京:民主与建设出版社,2017.

［18］徐蓝. 试论第二次世界大战后国际秩序的建立与发展[J]. 世界历史,2003(6).

［19］李兴. 论十月革命与世界体系问题[J]. 俄罗斯东欧中亚研究,2007(5).

［20］徐蓝. 第二次世界大战史研究的新进展[J]. 历史研究,2015(4).

［21］于沛. 十月革命和世界历史进程[J]. 史学理论研究,2016(3).

［22］阎学通. 无序体系中的国际秩序[J]. 国际政治科学,2016(10).

［23］于滨,封帅. 十月革命百年之后——世界秩序与西方认同的解体与重构[J]. 俄罗斯研究,2018(1).

［24］王建朗. 浅议二战后国际秩序设计的几个特点[J]. 近代史研究,2013(6).

专题23

冷战与20世纪下半期世界的新变化

一、课标内容

通过了解第二次世界大战后资本主义、社会主义与第三世界国家的变化，认识其发展中的成就与问题；通过了解冷战时期的典型事件，认识冷战的基本特征，理解冷战的发生、发展与世界格局变化之间的相互影响。

二、专题解读

本专题主要讲述了第二次世界大战后到20世纪90年代的世界面貌。第二次世界大战后，世界发生了深刻变化。资本主义国家加强了对经济的宏观调控，不断在市场主导和政府调节之间寻求平衡，迅速恢复和发展了经济。与此同时，“福利国家”与社会运动也以不同的方式推动着资本主义国家改善统治手段和方法。社会主义在战后一度获得大发展，形成社会主义阵营。但苏联和东欧社会主义国家在战后进行的改革发生方向性错误，最终导致解体与剧变，社会主义事业遭受重大挫折。中国特色社会主义建设取得举世瞩目的成就，证明了社会主义的强大生机与活力。20世纪40年代起，战后世界殖民体系渐趋崩溃，广大发展中国家在获得政治独立后，现代化建设成就显著。

冷战是二战后整个20世纪下半期世界的总体局势。在消灭法西斯这个共同敌人后，战时同盟的基础不复存在，美国的全球扩张战略和苏联的保障国家安全战略之间发生激烈碰撞，成为冷战爆发的根本原因。然而在经历了二战的惨痛经历后，人类更加珍惜来之不易的和平。虽然这一时期呈现出整体紧张的态势，但美苏双方在柏林危机、古巴导弹危机等关键问题的处理上都呈现出谨慎的态度，尽量避免危机升级，新的世界大战始终没有发生，整体维持了和平的状态。正是在这样相对稳定的世界局势下，人类文明沿着资本主义和社会主义两条道路发展，相互借鉴、吸收，从而推动了人类的整体进步。

二战后，民族解放运动高涨，独立的国家希望保持民族独立，恢复和发展经济，不愿卷入两强相争之中，于是这些国家选择联合。虽然这些国家总体实力无法与美苏相较，内部发展也存在着种种问题，但其联合与发展对两极格局也产生了冲击，在国际事务中发挥着越来越重要的作用。

持续近半个世纪的冷战，是战后国际关系的重要现象，在冷战形成的两极格局中，孕育着世界多极化的发展趋势。苏联解体导致两极格局崩溃，持续近半个世纪的冷战也随之结束。随着冷战结束，两极格局中出现的多极化趋势更加不可逆转。

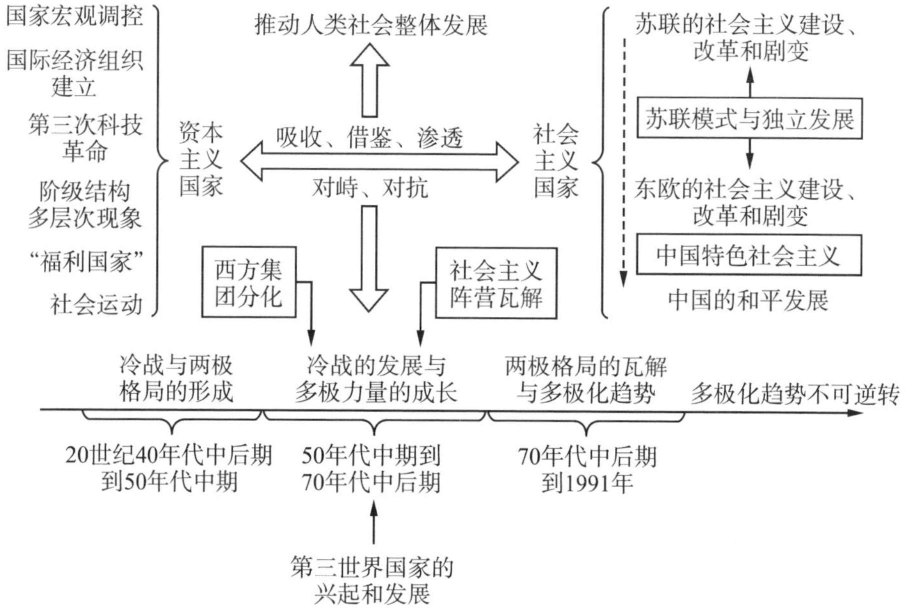

三、重要概念

冷战　国家或国家集团之间非直接战争的敌对行为。在当代国际政治中，冷战特指二战后美国和苏联之间的对抗状态。冷战初期主要表现为：意识形态上，以美国为代表的资本主义国家和以苏联为代表的社会主义国家之间的对立；军事上，以美国为首的北大西洋公约组织和以苏联为首的华沙条约组织之间的对立；政治上，西方国家对东方国家渗透、颠覆和东方国家的反渗透、反颠覆；经济上，西方国家对东方国家的遏制和东方国家的反遏制之间的对立。1991 年苏联解体，标志着冷战结束。

宏观调控　指国家采取经济、法律、行政等手段，对市场经济进行间接调控，以保持经济总量的基本平衡，促进经济结构的优化，保证国民经济持续、稳定、协调发展。它是克服市场经济固有弊端的不可缺少的政府行为。政府宏观调控的内容和手段主要有制定经济和社会发展的战略、计划、方针和政策,协调部门、地区、企业之间的发展计划和经济关系,制定经济法律、法规和必要的管理条例,推行税收和各种福利措施等。

“福利国家” 意指致力于“全民福利”,是垄断资产阶级为了巩固其政治统治、缓解阶级矛盾而提出的一种政策主张,即建立一种由国家通过其有关职能部门和机构广泛提供福利和社会保险的社会。20世纪30年代以来,因世界经济危机而流行于欧洲一些国家及美国。以福利经济学和凯恩斯主义为理论支柱,把资产阶级国家描绘成“全民国家”,把国家垄断资本主义政策说成是“全民谋福利”的政策。认为国家应实行适当的赋税政策,以重新分配国民收入;实施所谓社会福利政策,如社会保险、失业津贴等,以保障人民生活,并采取刺激投资和消费的“反危机”措施,以保证“充分就业”和经济繁荣。

四、专题示例

本专题教学的主要立足点是让学生通过了解美苏之间的力量对比、互动关系,解释冷战起源这一关键问题;通过了解二战后国际格局演变过程中的典型事件,认识冷战期间不同阵营之间既“冷”又“热”的状态,从而理解冷战的含义及其基本特征;通过了解不同类型国家的重要发展与变化,能够综合分析二战后不同类型国家的发展与局限,两极格局下新兴力量的崛起,认识国际力量对比的变化,从而增强对世界多极化趋势的认识。

以克莱顿五月备忘录的内容为切入点,认识与理解马歇尔计划提出的背景,折射美苏关系在二战后初期的状态;以马歇尔计划提出后各方的态度、反应为抓手,设计问题链,按时序梳理出美苏以及东西欧之间的互动关系,从而让学生理解历史是合力的结果,认识冷战起源这一关键问题。

通过对古巴导弹危机和柏林危机等关键事件的解读,认识美苏双方的主要态度、应对方法及危机处理结果,从而了解冷战的基本特点,即美苏双方在进行激烈对抗的同时,又总是努力寻求妥协渠道,具有始终避免直接军事对抗的自我控制机制,这也使得人类社会在相对长期稳定和平的环境下得以整体发展。

通过对“福利国家”“不结盟运动”等概念的解读,认识在冷战过程中,不同阵营、不同制度的国家相互借鉴、吸收,从而推动世界发生深刻变化;在这一过程中,西欧、中国和第三世界等国家和地区的发展对两极格局造成了冲击,世界多极化趋势孕育于两极格局中且不可逆转。

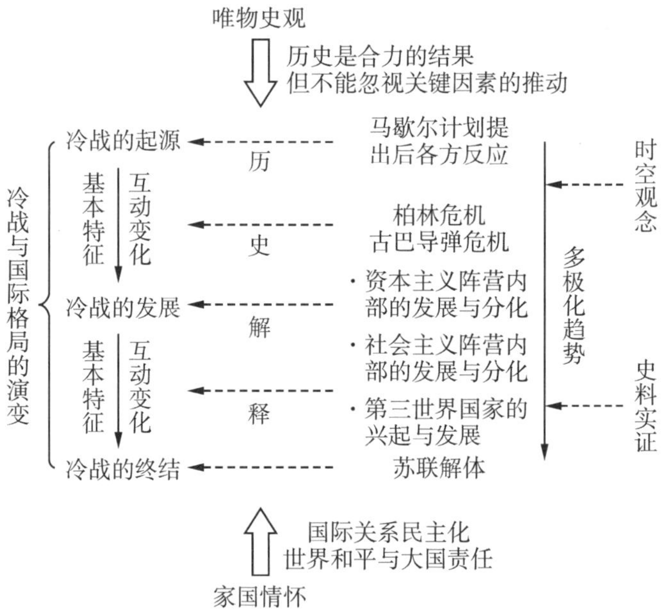

五、推荐阅读

［1］刘金质. 冷战史(1945—1991)［M］. 北京:世界知识出版社,2003.

［2］徐崇温. 当代资本主义新变化［M］. 重庆:重庆出版社,2004.

［3］陈之骅,马龙闪. 苏联兴亡史纲［M］. 北京:中国社会科学出版社,2004.

［4］齐世荣,廖学盛. 20世纪的历史巨变［M］. 北京:学习出版社,2005.

［5］斯塔夫里阿诺斯. 全球通史:从史前史到21世纪［M］. 吴象婴,等,译. 北京:北京大学出版社,2006.

［6］大卫·科兹,弗雷德·威尔. 来自上层的革命——苏联体制的终结［M］. 曹荣湘,等,译. 北京:中国人民大学出版社,2008.

［7］余伟民. 世界通史·第三编:现代文明的发展与选择——20世纪的世界史［M］. 上海:华东师范大学出版社,2009.

［8］沈志华. 一个大国的崛起与崩溃——苏联历史专题研究(1917—1991)［M］. 北京:社会科学文献出版社,2009.

［9］梅尔文·P. 莱弗勒. 人心之争:美国、苏联与冷战［M］. 孙闵欣,等,译. 上海:华东师范大学出版社,2012.

［10］王新谦. 马歇尔计划:构想与实施［M］. 北京:中国社会科学出版社,2012.

［11］张长伟,周义顺. 从传统到现代:西方社会福利观的演变与转型［M］. 北

京:中国社会出版社,2013.

［12］ 弗兰克·萨克雷,约翰·芬德林. 世界大历史:1900至反恐战争[M]. 冯志军,译. 北京:新世界出版社,2014.

［13］ 文安立. 全球冷战——美苏对第三世界的干涉与当代世界的形成[M]. 牛可,等,译. 北京:世界图书出版公司,2014.

［14］ 陆南泉. 苏俄经济改革二十讲[M]. 北京:生活·读书·新知三联书店,2015.

［15］ 周艳辉. 当代资本主义多样性与制度性调适 [M]. 北京:中国编译出版社,2015.

［16］ 约翰·刘易斯·加迪斯. 长和平——冷战史考察[M]. 潘亚玲,译. 上海:上海人民出版社,2018.

［17］ 沈志华,等. 冷战启示录:美苏冷战历史系列专题报告[M]. 北京:世界知识出版社,2019.

［18］ 徐蓝. 20世纪国际格局的演变——一种宏观论述[J]. 历史教学,2013(20).

［19］ 韦宗友. 殖民体系、后殖民体系与大国崛起[J]. 国际展望,2013(6).

［20］ 李向前. 浅析二战后发达资本主义国家政治制度的新变化[J]. 经济研究导刊,2015(1).

专题24

当代世界的发展特点和主要趋势

一、课标内容

通过了解冷战结束后世界多极化、经济全球化、社会信息化、文化多样化的发展特点,以及出现的全球性问题,认识人类社会面临的机遇与挑战,理解和平、发展、合作、共赢成为时代潮流;牢固树立构建人类命运共同体意识,共同担当,同舟共济,共促全球的和平与发展。

二、专题解读

从时间上看,本专题与专题23“冷战与20世纪下半期世界的新变化”在时间上相互交融,都讲述了二战后世界发展的历史。从主题上看,本专题更侧重于世界多极化、经济全球化、社会信息化、文化多样化的发展趋势,和平与发展的时代特点。

从具体内容上看,随着冷战的结束和两极格局的消失,美国成为世界上唯一的超级大国,希望建立由美国主导的单极世界;在欧洲共同体基础上成立的欧洲联盟,继续向经济和政治一体化迈进;苏联解体后,俄罗斯联邦取代了苏联在联合国的地位,在国际事务中的作用依然举足轻重;日本在保持经济大国的同时,进一步谋求成为政治乃至军事大国;中国进一步改革开放,坚持和平发展,积极开展多边外交。总之,进入21世纪,国际力量的对比趋于平衡,世界呈现出多极化的发展趋势并深入发展。此外,第二次世界大战后,美国凭借世界第一强国的实力,推动建立了国际货币基金组织、世界银行和关贸总协定,进一步推动了世界经济全球化进程。进入21世纪,社会信息化已经成为不可逆转的时代潮流,正在使人类社会发生极其深刻的变化。当今世界有200多个国家和地区,2500多个民族,6000多种语言,不同历史文化背景的人们,共同创造了丰富多彩的世界,推动世界文化多样化的持续发展。随着世界多极化、经济全球化、社会信息化、文化多样化的深入发展,全球治理体系和国际秩序变革加速推进,各国间相互联系和依存日益加深,国际力量对比更趋平衡，和平发展的大势不可逆转。

二战后，尽管发生了冷战和多次局部战争，但是半个世纪以来，没有发生过新的世界大战，一些局部冲突也得到相对稳妥的政治解决。正是在这样相对稳定的世界局势下，世界范围内的经济、政治、社会、科技、文化等各方面都获得了惊人的发展，极大地改变了各国和整个世界的面貌，使和平与发展成为时代的主题。但今天的世界并不安宁，世界面临的不稳定性、不确定性突出，如世界经济增长的动力依然不足、南北差距和贫富分化日益严重、地区热点问题此起彼伏、海洋权益和极地资源争夺日益激烈、霸权主义和强权政治依然存在，此外，核扩散、恐怖主义、网络安全、重大传染病、跨国刑事犯罪、气候变化等非传统安全威胁持续蔓延。面临这一系列全球性问题，一方面，二战后建立的主要国际组织，如联合国、国际货币基金组织、世界银行、世界贸易组织等，仍然发挥着全球治理的作用；另一方面，改革原有的全球治理机制，加强国际协调，已经成为国际社会共同关心和正在解决的问题。在此形势下，中国倡导并坚持推动构建人类命运共同体，是中国对世界和平与发展、对全球治理体系改革和建设提供的中国方案、中国智慧和中国力量。

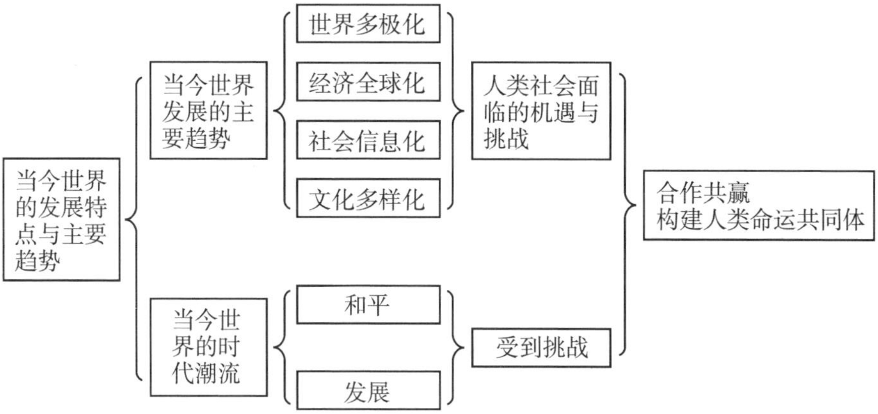

三、重要概念

世界多极化　“极”指的是综合国力强、对国际事务影响大的国家或国家集团。“化”是指一种发展趋势，并非指现实，表明在多极格局形成之前有一个相当长的过渡期(或叫转换期)。世界多极化是指一定时期内对国际关系有重要影响的国家和国家集团等基本政治力量相互作用而朝着形成多极格局发展的一种趋势，是主要政治力量在全球实力分布状态的反映。

经济全球化　指世界经济活动超越国界，通过对外贸易、资本流动、技术转移、提供服务、相互依存、相互联系而形成的全球范围的有机经济整体，是商品、技术、信息、服务、货币、人员等生产要素跨国跨地区的流动，简单地说，也就是世界经济日益成为紧密联系的一个整体。经济全球化是当代世界经济的重要特征之一，也是世界经济发展的重要趋势。

社会信息化　指发展以计算机为主的智能化工具为代表的新生产力，建立有组织的信息网络体系，促进信息交流和知识共享，提高经济增长质量，推动经济社会向高效、优质发展转型的历史进程。

20国集团　是一个国际经济合作论坛，于1999年9月25日由八国集团(G8)的财长在华盛顿宣布成立，属于布雷顿森林体系框架内非正式对话的一种机制，由原八国集团以及其余12个重要经济体组成。宗旨是为推动已工业化的发达国家和新兴市场国家之间就实质性问题进行开放及有建设性的讨论和研究，以寻求合作并促进国际金融稳定和经济的持续增长。20国集团成员涵盖面广，代表性强，该集团的国内生产总值占全球经济的90%，贸易额占全球的80%，因此已取代G8成为全球经济合作的主要论坛。

上海合作组织　是中华人民共和国、俄罗斯联邦、哈萨克斯坦共和国、吉尔吉斯共和国、塔吉克斯坦共和国、乌兹别克斯坦共和国于2001年6月15日在中国上海宣布成立的永久性政府间国际组织。2017年6月，印度和巴基斯坦加入。成员国总面积为3018.9万平方千米，人口约16亿。目前，上海合作组织已成为人口最多、地域最广、潜力巨大的跨区域多边综合性组织，为维护地区安全稳定、促进共同发展繁荣做出了重要贡献。

“一带一路”　指“丝绸之路经济带”和“21世纪海上丝绸之路”。“一带一路”不是一个实体和机制，而是合作发展的理念和倡议，是充分依靠中国与有关国家既有的双多边机制，借助既有的、行之有效的区域合作平台，旨在借用古代“丝绸之路”的历史符号，高举和平发展的旗帜，积极主动地发展与沿线国家的经济合作伙伴关系，共同打造政治互信、经济融合、文化包容的利益共同体、命运共同体和责任共同体。

四、专题示例

本专题教学的立足点是和平与发展的时代潮流与世界多极化、经济全球化、社会信息化、文化多样化的发展趋势。

教师引导学生从时间和空间上梳理二战后世界的时代潮流和世界发展主要趋

势的演变历程，落实时空观念核心素养；通过史料分析，了解二战后世界的时代潮流和世界发展主要趋势的演变原因，时代潮流与主要趋势之间的关系，以及世界多极化、经济全球化、社会信息化、文化多样化之间的关系，和平与发展之间的关系，理解生产力和生产关系、经济基础和上层建筑的辩证关系，落实唯物史观、历史解释和史料实证核心素养；通过分析当今人类社会面临的机遇与挑战，归纳合作共赢和创建人类命运共同体的必要性，落实历史解释核心素养，涵养家国情怀。

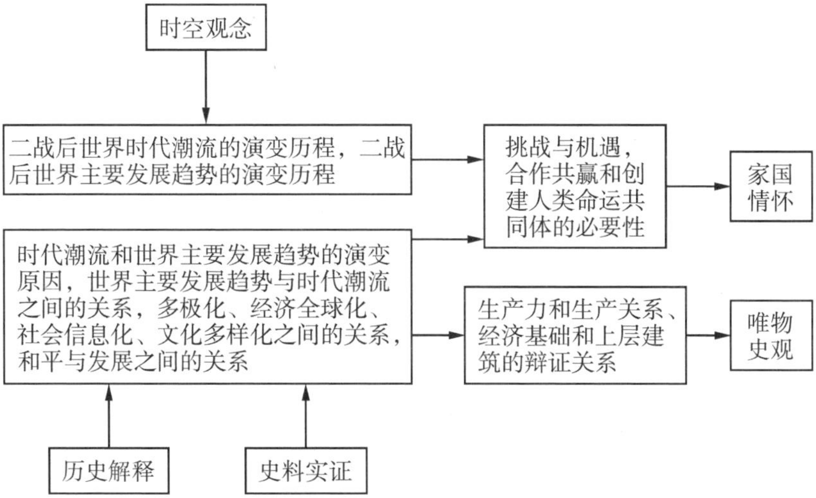

五、推荐阅读

[1] 金重远. 20世纪的世界[M]. 上海：复旦大学出版社，2000.

[2] 齐世荣. 20世纪的历史巨变[M]. 北京：人民出版社，2000.

[3] 蓝庆新. 当代世界经济[M]. 大连：东北财经大学出版社，2014.

[4] 阮宗泽. 人类命运共同体：中国的“世界梦”[J]. 国际问题研究，2016(1).

[5] 杨守明. 时代主题的演变与中国的和平发展[J]. 当代世界与社会主义，2016(10).

[6] 陈锡喜. “人类命运共同体”视域下中国道路世界意义的再审视[J]. 毛泽东邓小平理论研究，2017(2).

[7] 张历历. 习近平人类命运共同体思想的内容、价值与作用[J]. 人民论坛，2017(7).

[8] 张云飞. 为何要构建人类命运共同体[J]. 人民论坛，2017(13).

［9］戴兆国，韩旭. 人类命运共同体：思想资源与时代意义［J］. 华东师范大学学报（哲学社会科学版），2019（4）.

［10］葛传根. 构建人类命运共同体：从愿景到现实的伟大实践［J］. 学习时报，2019（8）.

第二部分

课时设计

第1课

文明的产生与早期发展

一、课标要求

知道早期人类文明的产生;通过了解各文明古国发展的不同特点,分析、认识这些特点形成的不同时空条件。

二、教材分析

本课主要讲述文明的产生和古代文明的多元特点。农耕畜牧的产生,是人类迈向文明的前提。阶级的产生、国家的形成和文字的出现是文明诞生的基本标志。最初的文明诞生于西亚的两河流域,北非的尼罗河流域,中国的长江、黄河流域,南亚的印度河和恒河流域,以及巴尔干半岛南部和爱琴海的部分岛屿上。古代各个文明基本上独立发展,受到地理和历史环境的影响,又表现出明显的多元特征。

三、学情分析

学生在初中时已学习过文明的产生、世界几大古文明的基础知识,习得一定的历史学习方法。在本课,教师需创设情境,引导学生对比、分析世界几大古文明,理解古代文明的多元特点,以及其形成的时空条件,认识文明的多元特征。

四、教学目标

1. 通过史料分析,认识农耕畜牧的产生是人类迈向文明的前提。

2. 通过列表归纳,知道古代西亚、古代埃及、古代印度和古代希腊的文明概况。

3. 通过整理古代西亚、埃及、印度、希腊文明的共性,理解阶级产生、国家形成和文字的出现是文明诞生的基本标志。

4. 通过分析文明产生的过程，理解生产力决定生产关系、经济基础决定上层建筑。

5. 通过分析地图和史料，了解古代西亚、埃及、印度和希腊文明的多元特点和不同区域的自然地理环境，理解自然环境和社会环境对各文明的影响。

教学重点：各文明古国发展的不同特点。

教学难点：理解时空条件对古代文明多元特点的影响。

五、教学活动

（一）教学主题

认识古代文明的多元特点，理解时空条件对文明多元特点的影响。

（二）教学过程

导入

图1　埃及金字塔

图2　《汉谟拉比法典》

图3　古印度摩亨佐·达罗遗址

图4　雅典公民大会讲台遗址

“一方水土养一方人。”文明的发展总是会受到不同时空条件的影响，上述四张图片展示了不同区域文明的不同成果。

设计意图：迅速切入本课的主题，直观感受各个文明发展的不同成果，从而激发学习兴趣。

学习任务1：古代文明的共性。

学生活动：阅读教材，通过列表归纳，整理古代西亚、古代埃及、古代印度、古代希腊的文明表现；根据表格，归纳不同区域文明的共性表现。

表1　早期文明地区的文明表现

文明地区	文明表现
古代西亚	统一的国家，君主专制制度，《汉谟拉比法典》，楔形文字，《吉尔伽美什》，洪水和方舟传说，60进位制，战车和车轮
古代埃及	统一的国家，官僚系统，法老制度，金字塔，神话和文学故事，象形文字，太阳历，数学（计算圆周率，开平方根），纸莎草
古代印度	一系列国家，种姓制度，婆罗门教，佛教，《摩诃婆罗多》《罗摩衍那》，犍陀罗的建筑和雕刻，天文，历法，数学（创造1—9，发明了0，提出按位计值的方法），医学，十进制
古代希腊	城邦，寡头政治和民主政治，文学（神话，悲、喜剧），历史学（希罗多德、修昔底德），哲学（苏格拉底、柏拉图、亚里士多德）

教师活动：补充引导。世界上最早的文明诞生于西亚的两河流域，埃及的尼罗河流域，南亚的印度河和恒河流域，中国的黄河、长江流域，以及欧洲巴尔干半岛南部和爱琴海的部分岛屿上。文明是个抽象的概念，它不像历史事件，有具体发生的时间，文明代表了人类发展的阶段。学习文明就需要把抽象的文明具体化。从表格中，可以看出古代文明有国家、君主制度、阶级、文字、艺术等共性的表现。因此，在研究的基础上，国际学界普遍认为阶级的产生、国家的形成和文字的出现是文明诞生的基本标志。

设计意图：通过归纳表格，知道古代西亚、古代埃及、古代印度和古代希腊的文明概况；通过归纳古代西亚、古代埃及、古代印度、古代希腊文明的共性，理解阶级产生、国家形成和文字的出现是文明诞生的基本标志。

学习任务2：文明的产生。

材料1　由于实行了农业灌溉，食物的来源也比过去更有保障。食物的增加意味着人口的增长……人口的增长使某些村落发展成城市。农业生产率（提高）使食物有了剩余，能够供养新产生的祭司阶级、士兵和官吏。

——摘编自斯塔夫里阿诺斯《全球通史》

学生活动：阅读材料，概括材料1的主要观点，分析农业和畜牧业对文明产生的影响。

学生活动：农业的产生使人类从食物的采集者变成食物的生产者。随着农业的发展，出现了农业和手工业的分工。食物来源的增加使人口增加，出现早期城市。随着社会分工的发展和劳动生产率的提高，出现了剩余产品，为私有制和剥削的产生创造了条件。在阶级矛盾和部落战争的双重作用下，逐渐出现了政府、军队和监狱等强制机关，国家开始形成，同时文字产生。

教师活动：可以整理为“农业、畜牧业的产生（生产力发展）→社会分工（生产关系出现）→剩余产品（生产力进一步发展）→私有制、阶级、国家、文字出现（文明产生）”的发展线。农业和畜牧业的产生是文明产生的前提，社会分工是生产力发展的结果，而文明产生则是经济发展的结果。从文明产生过程可推出生产力决定生产关系、经济基础决定上层建筑的结论。

设计意图：通过分析史料，理解人类迈向文明的前提是农耕畜牧的产生；通过对文明产生过程的分析，理解生产力决定生产关系、经济基础决定上层建筑。

学习任务3：古代文明的多元特点。

学生活动：阅读表1，指出体现各个文明区域个性的文明表现。

学生活动：古代西亚出现了《汉谟拉比法典》；古代埃及出现了法老制度；古代印度宗教文化发达，产生了婆罗门教和佛教；古代希腊形成了小国寡民的城邦，诞生了城邦民主政治。

教师活动：补充说明。古代西亚发明了最古老的文字——楔形文字，诞生了最早的史诗——《吉尔伽美什》，著名的洪水和方舟传说，发明了战车和车轮；古代埃及发明了象形文字，制定了世界上第一部太阳历，利用发达的数学成就建造金字塔；古代印度犍陀罗有高超的建筑和雕刻艺术，创造了从1到9的数字，发明了0，提出了按位计值的方法。

材料2

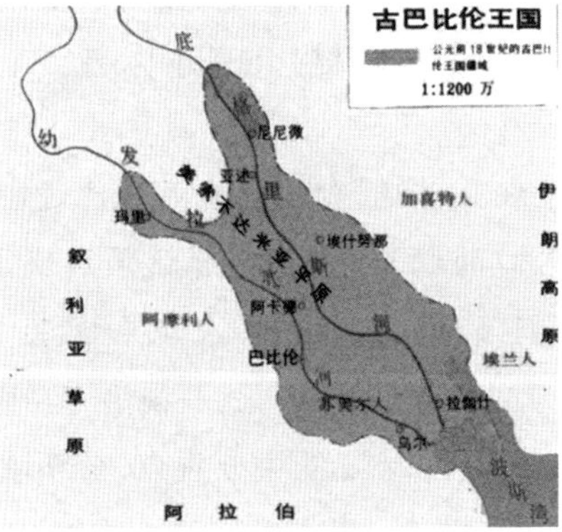

图5　古巴比伦王国

材料3　对每年洪水泛滥的恐惧，加之永远存在的外族入侵的威胁，使苏美尔人深深地感到，仿佛自己正无依无靠地面对着许多无法控制的力量。有一首苏美尔人的诗写道：“只有人，他的寿命不会很长，无论他做什么，只是一场虚无。”美索不达米亚人的人生观带有恐惧和悲观色彩，这反映了自然环境的不安全……人与人之间的关系也充满了不安全感，所以，美索不达米亚人试图通过编制完备的法典来消除各种潜在的冲突。

——摘编自斯塔夫里阿诺斯《全球通史》

问题设计：简述两河流域的自然环境，并分析自然环境对两河流域文明产生的影响。

学生活动：两河流域地势平坦，极易受到外族入侵；洪水泛滥，易造成自然灾害；人与人之间的关系也充满不安全感，从而需要法典来消除各种潜在的冲突。

教师活动：除了自然环境，我们还应该认识到古巴比伦的社会环境。古巴比伦风俗庞杂，民族众多，汉谟拉比把各地的法律、各民族的习惯风俗整理起来，才有了这样一部系统的《汉谟拉比法典》。

材料4

图6 古代埃及

材料5 自然屏障使它受到特别好的保护，不受外界的干涉……因此埃及文明是稳定而保守的。此外，它还是一个自信而乐观的文明，这一定程度上是因为与每年会爆发毁灭性的、不可预测的洪水的底格里斯河不同，尼罗河是一条温顺的、可预测的大河……埃及没有任何与美索不达米亚的法典相应的法律。法老作为神王，其权力易被神化，他的话就是法律。

——摘编自斯塔夫里阿诺斯《全球通史》

材料6 法老被认为是神之子，古埃及人赞扬他说："威令在你的口中，认知在你的心中，而你的舌头可以产生正义。"

——刘文鹏《古代埃及史》

问题设计:比较古代埃及与两河流域自然环境的不同,分析古代埃及的自然环境对其文明造成的影响。

学生活动:在埃及的周围有很多自然屏障,比如沙漠、瀑布、海洋;与洪水泛滥的底格里斯河不同,尼罗河是一条温顺的、可以预测的大河。古代埃及的自然环境使古代埃及文明变得稳定而保守,自信且乐观,并没有产生与两河流域法典相应的法律。

教师活动:古代埃及的法老制度是尼罗河流域未产生法律的一个重要社会环境。强大的君权有效地填补了因缺乏法律而带来的权力真空。由于法老被认为是神的儿子、神在人间的代表,掌握着政治、经济和军事等最重要的权力,因而他的话就是法律。

材料7 古代印度居民所感受到的大自然的可怖的威力,比较其他地区的人更为深刻。印度地方在雨季当中常有热带风暴发生,当此之时,狂风暴雨数日不停。同时,洪水经常爆发,引起河决,水灾乃遍及于整个平原地带,雨季过后,旱灾蝗灾又相继而来……大自然的毁灭力量给予古代印度居民不可磨灭的印象,在人还无力战胜自然、控制自然之时,这种恐惧情绪自然地表现为宗教性的崇拜,将各种自然现象人格化、神奇化起来,想象它为各种的神,于是出现了各种神话和传说。

——雷海宗《世界古代史纲要》

材料8 当他们分割普鲁沙时,……其口为婆罗门,由其双臂造成罗惹尼耶,其双腿变成吠舍,从其双脚生出首陀罗。

——崔连仲等《古印度吠陀时代和列国时代史料选辑》

材料9 在进入印度之前,雅利安人分为军事贵族或武士、从事祭祀的僧侣和普通牧民三类群体……(征服印度后)那些被征服的印度原住民和沦为卑微奴隶的人被视为最低贱的等级……随着奴隶制的发展和社会分化,等级的差别逐渐以制度的形式被确立下来。四种社会群体分别成为种姓制度中的四级种姓,即婆罗门、刹帝利、吠舍、首陀罗。

——朱寰等《世界古代史》

问题设计:阅读材料7,分析自然环境对印度文化的影响。

学生活动:频繁的自然灾害带来了恐惧情绪,人们将各种自然现象神化,使印度成为宗教产生和发展的沃土。

问题设计:阅读材料8,阐述在印度婆罗门教神话中不同种姓的人的地位与身体的部位之间的关系,并指出婆罗门教与种姓制度之间的关系。

学生活动:种姓越高的人在身体的部位越高。婆罗门教的说教,为种姓制度提供了理论和宗教基础。

问题设计：阅读材料9，综上分析印度种姓制度产生的自然原因和社会原因。

学生活动：军事征服与社会分化，成为种姓制度产生的社会原因；频繁的自然灾害促成宗教的发展，成为种姓制度产生的自然原因。

材料10

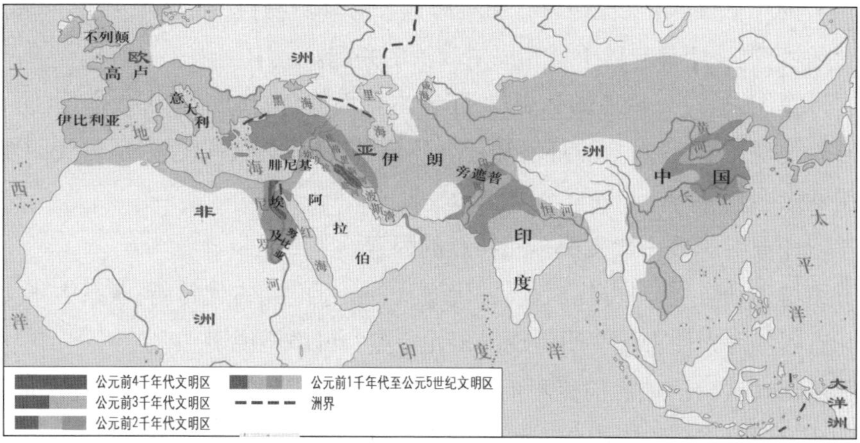

图7　古代主要文明示意图

材料11　埃及因为肥沃的尼罗河河谷带来的粮食剩余而变得繁荣。不过，尼罗河也是埃及历史中统一的因素。在古代，尼罗河是从一个地方到另一个地方旅行的最快方式，这使交通运输更加便捷。

——斯皮瓦格尔《西方文明简史》

材料12　半岛山多平原少，夏季雨少，土壤不甚肥沃，不利于农业的发展，粮食自给常有困难，地少人多被迫导致海外移民……殖民活动大大促进了希腊世界的商品经济和外贸市场。

——米辰峰《世界古代史》

材料13　据估计，当时希腊共有300多个城邦，其中90%左右的小邦都是弹丸之地，人口不过几千，面积不过几十平方千米或更小。这些“袖珍”国家的规模还不如今日中国一个中等乡镇。所以，在如此特殊的国情下产生的政治制度具有某些空前绝后的特殊性就是情理中之事。

——米辰峰《世界古代史》

问题设计：阅读材料10、11，简述古代希腊自然环境与古代西亚、古代印度、古代埃及的不同之处。

学生活动：古代西亚、古代印度、古代埃及地势平坦，靠近大河，土地肥沃，陆上交通便利，有利于地区性大国的兴起；而希腊位于半岛上，山多平原少，土地不肥沃，陆上交通不便，海岸线曲折，海上交通便利。

问题设计：阅读材料12、13，分析地理环境对古代希腊文明的影响。

学生活动：政治上，古希腊的地理环境不利于地区性大国的兴起，而有利于小国寡民的城邦；经济上，不利于农业发展，导致希腊人从事航海业和海外贸易。小国寡民有助于平民获得政治权利，而航海业和海外贸易有助于古代希腊形成宽松的社会环境，这一切都有助于城邦民主政治的兴起。

设计意图：通过分析地图和史料，了解古代西亚、古代埃及、古代印度、古代希腊的自然地理环境，理解自然环境和社会环境对古代西亚、古代埃及、古代印度、古代希腊的影响。

学习任务4：影响古代文明多元特点的因素。

分组讨论：通过学习古代西亚、古代埃及、古代印度、古代希腊，联系中华文明，你认为有哪些因素使古代文明呈现出多元特点？试举例说明。

学生活动：(1)河流。河流不但可以为农业提供用水，还可以起到连接地区交通的作用，促进地区性大国的兴起。古代埃及、古代西亚、古代印度和古代中国均位于大河流域，为农业大国。(2)地形。平坦的地形客观上有助于古代国家的统一，而古代希腊多山少平原，陆上交通不便，不利于地区性大国的兴起，形成了众多城邦。(3)宗教。婆罗门教的教义为印度种姓制度提供了理论基础。(3)经济类型。古代西亚、古代埃及、古代印度和古代中国农业发达，人民安土重迁，客观上有利于集权国家的建立。古代希腊商业发达，形成了宽松的社会环境和自由、开拓的民族性格，有利于民主政治的兴起。

教师活动：要求小组代表展示探讨结果，组织小组间互动评价，并补充引导。

小结：农耕畜牧的产生，是人类迈向文明的前提。受不同地理环境和社会环境的影响，世界各文明基本独立发展，呈现出多样性的特征。早期文明犹如几座孤岛，但农耕文明的优势使其具备扩张潜能，文明区域不断扩大，一些地区性大帝国正在酝酿中。

（三）板书设计

农业、畜牧业的产生
（生产力）
⇩
社会分工（生产关系）
⇩
国家、文字、阶级（文明）

- 古代西亚：《汉谟拉比法典》
- 古代埃及：法老制度
- 古代印度：种姓制度
- 古代希腊：民主政治

⇦ 影响 ― 自然环境、社会环境

（四）核心素养水平划分

水平1：能够归纳表格，知道古代西亚、古代埃及、古代印度和古代希腊的文明概况；能够知道农耕畜牧的产生，是人类迈向文明的前提；能够认识古代印度种姓制度的宗教色彩。

水平2：能够分析文明产生的过程，理解生产力决定生产关系、经济基础决定上层建筑；能够整理古代西亚、埃及、印度、希腊文明的共性，理解阶级产生、国家形成和文字的出现是文明诞生的基本标志；能够通过分析地图和史料，了解古代西亚、古代埃及、古代印度、古代希腊的自然地理环境。

水平3：能够理解古代希腊《汉谟拉比法典》、古代埃及法老制度产生的原因；能够理解军事征服、社会分化和婆罗门教的教义，是印度种姓制度形成的原因；能够理解古代希腊城邦民主政治产生的原因；能够理解自然环境对古代西亚、古代埃及、古代印度、古代希腊文明的影响。

水平4：能够了解世界历史文明发展，感悟古代文明的多元特点；能够综合分析、比较古代西亚、古代埃及、古代印度、古代希腊文明，对影响古代文明多元特点的因素做出合理的解释。

第2课

古代世界的帝国与文明的交流

一、课标要求

了解各文明古国发展的不同特点，并分析、认识这些特点形成的不同时空条件；认识古代各大帝国的区域性影响和不同文明之间的早期联系。

二、教材分析

本课叙述了古代文明的发展与古代世界大帝国建立、发展之间的相互联系，主要由三目内容构成：古代文明的扩展、古代世界的帝国、文明的交流。

随着古代文明的不断发展，农耕文明如古代埃及文明、西亚文明等获得了稳步扩大范围和影响的潜能，对周边地区的希腊文明有着潜移默化的影响；而海洋文明的代表希腊文明也通过移民的方式对外扩展，由此地中海地区的三大文明不断交流、融合，逐步推动着该区域一些地区性大帝国的诞生。

公元前6世纪末，波斯的大流士建立了地跨亚、非、欧三大洲的帝国。公元前4世纪下半叶，亚历山大又自希腊发起大规模的东征，再次建立地跨亚、非、欧三大洲的帝国。公元前3世纪，孔雀帝国逐步统一南亚，并推动了佛教的传播。继亚历山大后，古代罗马于公元前3世纪中叶对地中海地区又进行了长达一个多世纪的血腥扩张，建立了自小亚细亚到不列颠的空前庞大的大帝国。这些古代大帝国在其兴亡盛衰、传承演变的过程中，逐渐扩张并连通了欧亚大陆的文明。因此，古代帝国既是人类早期文明发展过程中的历史产物，也极大地推动了人类文明的交往。

随着历史的发展，东西方文明不断接触、交流与融合，通过思想、文化和技术等方式交流，汉王朝和罗马帝国通过丝绸之路进行贸易往来，使东西方文明互相补充，相得益彰，推动人类历史由分散走向整体。

三、学情分析

学生在初中已学习了古代埃及、古代两河流域和古代印度文明,对亚历山大帝国、罗马帝国、孔雀帝国等历史知识有简单的了解,但是对这些帝国的统治方式、发展历程等了解得不是很透彻,对古代文明的扩展和各文明间的交流方式、交流内容的认识不太深刻。因此,本课需要教师创设情境,引导学生认识各帝国发展带来的区域性影响和不同文明的早期联系。

四、教学目标

1. 通过时空定位,认识古代埃及、古代巴比伦、古代亚述、古代希腊等古国的空间扩展;通过史料阅读,分析古代农耕文明对其扩张的影响。

2. 运用时间轴和古代帝国示意图,认识波斯帝国、亚历山大帝国、罗马帝国等古代主要大帝国的区域性范围,了解文明古国更替的过程;通过阅读、分析史料,掌握古代世界各大帝国的统治措施,分析其取得区域发展的原因,运用文明史观认识其对世界文明发展带来的区域性影响。

3. 通过解读史料,了解早期文明交流的内容和方式,认识不同文明间的早期联系,形成古代世界由区域文明向整体文明演进的整体史观;通过学习秦汉王朝和罗马帝国的交往,了解中国古代的对外交流,涵养家国情怀。

教学重点:认识古代各大帝国的建立及其带来的区域性影响。

教学难点:理解文明交流的内容和方式。

五、教学过程

(一) 教学主题

从古代大帝国的建立与区域扩展中,理解其对古代文明的影响,认识文明的发展与联系。

(二) 教学过程

导入

材料1　见图1。

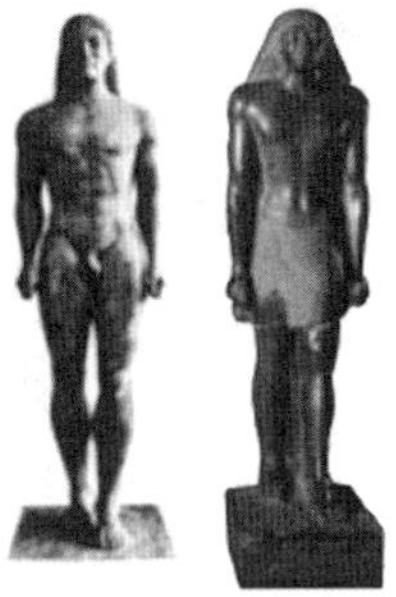

图1　早期希腊雕刻与古代埃及雕刻。两者在发式、表情、站立姿势等多方面存在明显的相似之处,显示了希腊雕刻对埃及雕刻的借鉴

材料2　如果希腊的天才没有这些基础,它并不一定能够创立任何可与其实际成就相比的东西……我们无权无视希腊天才的埃及父亲和美索

不达米亚母亲。

——摘编自萨顿《科学史和新人文主义》

问题设计：根据材料1、2，指出古代希腊文明受到哪些文明的影响，并举例说明。

学生活动：观察图片，根据图片和文字材料解读信息。

教师活动：引导分析。古代希腊文明的发展受到古代埃及文明和古代西亚文明的影响。希腊的冶铁技术起源于西亚，希腊人的神话受到西亚神话的影响，等等。

设计意图：通过展现早期希腊雕刻和古代埃及雕刻的图片，激发学生的学习兴趣；直观的图片信息与文字信息结合，从细节着眼，以小见大，让学生发现古代埃及文明和古代西亚文明对古代希腊文明的影响。

学习任务1：通过区域图，认识古代文明的扩展、交流与影响。

问题设计：根据教材，简述古代埃及文明和古代西亚文明分别是如何扩展的。

学生活动：古代埃及文明主要向叙利亚和巴勒斯坦扩展，鼎盛时期还曾到达两河流域，并与西亚地区的大国争霸。古代西亚文明从两河流域南部向周边地区扩展；古巴比伦王国首次实现了两河流域的统一，把势力扩展到地中海东岸。

问题设计：指出古代埃及和古代西亚文明所依赖的主要经济形式，并概括其扩展的优势。

学生活动：位于大河流域，属于农耕文明区；农耕文明的优势是其扩展的潜能。

教师活动：根据第1课所学内容可知，农耕文明社会分工发达，劳动生产率高，社会组织与管理系统健全，具备稳步扩大和影响的潜能。古代西亚文明还通过军事征服扩大了统治范围。

材料3

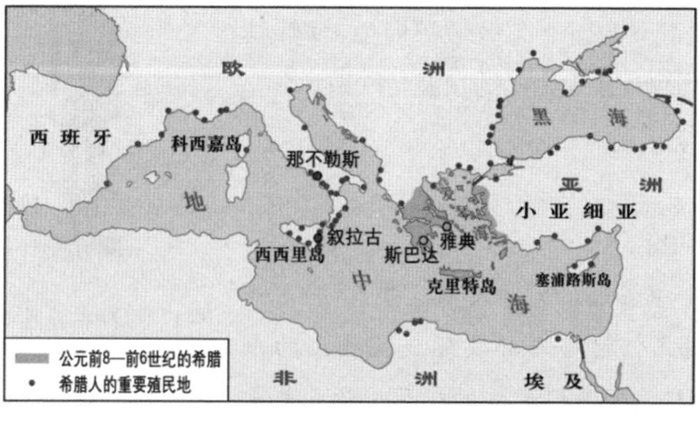

图2　古希腊人在地中海和黑海地区的殖民示意图

问题设计：古代埃及文明和古代西亚文明深刻地影响了古希腊，古希腊是否也对其他文明有影响呢？

学生活动：根据图2，简述希腊文明对外的扩展情况。

教师活动：古代希腊人以移民方式扩大影响。他们利用自己的组织能力、航海技术和武器，向地中海和黑海周边地区殖民。在200年左右的时间里，他们在东起黑海东岸、西到西班牙的广大地区建立了数量众多的城邦国家。

问题设计：结合所学知识，分析希腊文明的扩展方式与其他文明有何不同。

学生活动：根据第1课内容可知，古代希腊位于地中海沿岸的半岛之上，属于海洋文明，陆上交通不便，不利于地区性大国的兴起，因此其经济方式是发展工商业和海外贸易，对外扩展以移民为主。

教师活动：早期三大文明——古代埃及文明、古代西亚文明和古代希腊文明之间有一些交流和联系，结合教材，简述其交流过程，并在纸上（最好是在地图上）标注出来。

学生活动：归纳各种文明的影响内容，并在纸上标注其方向与内容。

教师活动：补充说明。早期文明范围的扩展，使得它们之间的交流得以加强，地中海附近欧、亚、非的不同文明地区得以连接起来，从而使一些大帝国特别是地中海沿岸地区的兴起具备了一定的可能性和条件。

设计意图：通过解读地图和史料，引导学生认识早期文明的扩展范围，农耕文明和海洋文明扩展方式的不同，以及文明扩展的影响，为认识地中海地区一些大帝国的兴起奠定了基础。

学习任务2：通过史料解读，认识波斯帝国、亚历山大帝国、罗马帝国的建立及其对文明发展的影响。

教师活动：公元前6世纪到公元5世纪，先后兴起了一些大帝国。指导学生绘制历史年表，梳理帝国的大致发展历程。

学生活动：绘制历史年表。

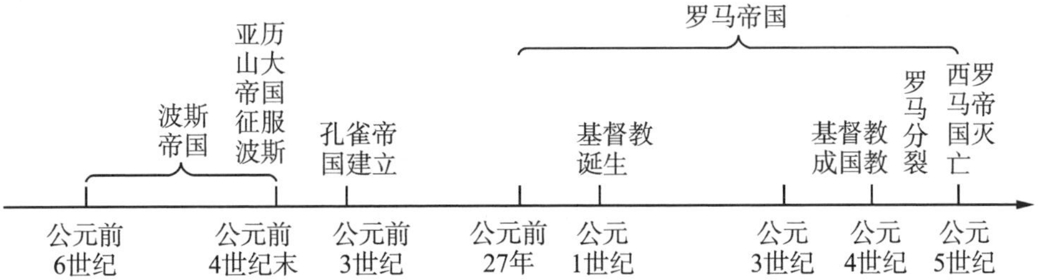

材料4　波斯帝国是两河流域文明、尼罗河文明的继承者和发扬者……（它）

有统治庞大帝国的制度文明(政治制度、军事制度、经济制度等)。

——杨俊明《古代帝国与东西方文明的交流传播》

材料5　大流士的改革,有助于权力的集中和对地方的控制,因此这一时期专制统治日益强化,国力臻于鼎盛,成为当时世界上首屈一指的奴隶制大帝国;修筑驿道、统一币制也在客观上促进了帝国境内各地区间的经济联系和商贸往来。辽阔的版图和相对稳定的政局还为广泛的文化交流奠定了基础。

——沈坚等《前工业文明与地域性历史——1500年以前的世界》

问题设计:阅读材料4并结合所学知识,分析波斯文明为什么是两河流域文明、尼罗河文明的继承者。

学生活动:波斯帝国征服了两河流域、埃及、小亚细亚等地区,建立起地跨亚、欧、非三大洲的帝国,承继了这些区域的文明,因此说其是两河流域文明、尼罗河文明的继承者。

问题设计:阅读材料4、5并结合教材,指出波斯"统治庞大帝国的制度文明"的主要内容,并谈谈这些"制度文明"的区域性影响。

学生活动:这些制度指的是在中央建立君主专制制度,在地方实行行省制,从中央到地方的官僚体系和税收体系,修筑驿道,统一币制等。

教师活动:引导学生结合材料思考这些制度的影响。政治上,波斯加强了君主专制统治,巩固了波斯人对被征服地区的统治;经济上,税收系统的设置、修筑驿道、统一币制等,为波斯帝国的发展打下了经济基础;文化上,促进了波斯帝国内部的相互联系和相互交往,促进了中亚、西亚地区各民族的融合和文化交往。由此可见,波斯帝国的建立与统治,大大促进了中亚、西亚地区的文明交流,使其成为"两河流域文明、尼罗河文明的继承者"。

材料6　印度人曾说敬畏希腊科学家"像敬畏神灵一样"。

——杨俊明《古代帝国与东西方文明的交流传播》

材料7　在中国南京……有一个南朝皇帝的墓葬,陵墓早已被毁坏了,但是保留着一些地面遗迹,其中一根石柱带有明显的希腊雕刻艺术的特征,有希腊式风格的柱头。

——钱乘旦《西方那一块土》

教师活动:希腊文化受到西亚、埃及文化的影响,而希腊文化也曾经传播到东方,请结合教材思考哪一时期希腊文化的传播最为兴盛。

学生活动:亚历山大时期着力于推广希腊文化。

材料8　亚历山大征服造成东西文化的第一次大交流,希腊文化,包括美术、戏剧、生活方式甚至是希腊语言等，传播到东方许多地区。

——钱乘旦《西方那一块土》

问题设计：阅读材料8并结合教材，分析希腊文化的推广与亚历山大的哪些措施有关。

学生活动：军事上，亚历山大灭亡了波斯帝国，并进一步向东扩张，征服了印度河流域，继波斯之后再次建立了地跨亚、非、欧三洲的大帝国。政治上，地方实行行省制，任用马其顿人和希腊人担任主要职务；文化上，推广希腊文化。

教师活动：当然，希腊化文明时代的到来，也与亚历山大统治时期的中央措施有一定的联系。亚历山大继承波斯帝国的基本制度，宣布君权神授，将政治、军事等大权集于一身。政治的统一，有利于思想的统一。希腊化时期是沟通东西方文化大交流、大融合的时期。这从某种程度上说明大帝国的建立，不仅有利于内部文明的交流，也推动了文明的扩展，因此亚历山大曾说“把世界当作自己的家乡”。

材料9 希腊文化之所以能传播整个中东，主要是由于亚历山大大帝对中亚和印度河流域进行了举世闻名的东征……比希腊文化的影响要持久得多的是基督教和大乘佛教这两大世界性宗教的影响。基督教争取到了整个欧洲，佛教赢得了大部分亚洲。

——斯塔夫里阿诺斯《全球通史》

问题设计：阅读材料9并结合所学知识思考，佛教和基督教分别诞生于何处？它们能够成为世界性宗教分别与哪些帝国的扩展有关？

学生活动：佛教诞生于亚洲的印度，成为世界性宗教与孔雀帝国的扩展有关；基督教诞生于中东的巴勒斯坦，成为世界性宗教与罗马帝国的扩展有关。

材料10 所有的货物，所有现存的和曾经存在的东西，贸易、航海、农业、金属加工，任何曾经创造出来或者生长出来的东西，都在这里汇合。这里看不到的东西，肯定不存在于这个世界上。

——晏绍祥《世界上古史》

材料11 德国著名法学家耶林说：“罗马三次征服世界，第一次是以武力，第二次是以宗教，第三次是以法律，而第三次征服也许是其中最为和平、最为持久的征服。”

——依迪丝·汉密尔顿《罗马精神》

材料12 帝国时期罗马的城市建设取得了很高的成就……它的建筑奇观被许多更小的行省城市所效仿。当罗马人走进一个有广阔沼泽地带的英国或者置身于古埃及的文化区时，他们可能会发现几乎一样精确的城市建筑和城市空间。

——张晶晶《论帝国晚期罗马城市建设的特点及其影响》

材料13　拉丁语是罗马帝国的官方语言……拉丁语的权力，与罗马帝国的扩张、基督教的传播和人文主义在西欧的兴起有关……一跃成为全世界最为普及的科学和文字符号。

——唐晓琳《语言的权力——拉丁语对欧洲统一的影响与作用》

问题设计：结合材料10、11、12、13，简述罗马帝国时期在文明交流方面的其他表现。

学生活动：罗马帝国时期，罗马在商业贸易、法律、建筑、语言等方面也进行了文明的交流与扩展，使交流内容更加丰富。

材料14

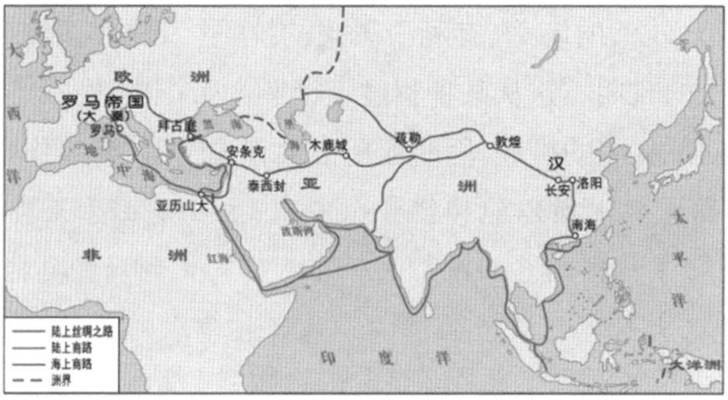

图3　罗马帝国与汉朝交往的主要路线示意图

学生活动：结合图3，思考罗马帝国对文明发展的作用。

教师活动：引导思考。罗马帝国的建立使文明交流的范围进一步扩大，不仅加速了罗马帝国统治区域内的文明交流，还连接了其他古代文明，甚至加强了与中国的联系，促进了欧亚大陆之间的交往。

问题设计：结合教材思考，罗马帝国的繁荣得益于哪些原因？

学生活动：罗马帝国先后征服从西班牙到两河流域的整个地中海周边地区，使地中海成为罗马的内海；地中海地区经济联系的加强；奴隶和广大平民的辛勤劳动；贸易的发展；等等。

学生活动：根据材料14和所学知识，思考波斯帝国、亚历山大帝国和罗马帝国之间的相似点，分析它们对人类文明进步的作用。

教师活动：补充引导。三大帝国的相似之处是：都通过征服和扩张建立庞大帝国；疆域都包括地中海东部，地跨欧、亚、非三大洲；都实行行省制度；等等。波斯帝国继承了两河流域文明、尼罗河文明，推动了亚、非、欧三大洲的文明交往；亚历山大帝国着重推广希腊文明，推动“希腊化时代的到来”；罗马帝国时期不仅增加了文明交往的程度，也进一步扩大了文明联系的范围。

设计意图：通过时间轴，初步梳理本课大帝国发展的脉络，培养时空观念核心素养；通过史料解读，分别认识波斯帝国、亚历山大帝国和罗马帝国的建立、统治方式和对文明扩展的作用；分析、比较三大帝国，形成整体认知，落实“大帝国带来的区域性影响”这一教学重点。

学习任务3：回顾梳理，认识古代文明交流的表现和总体趋势。

材料15　和帝永元九年，都护班超遣甘英使大秦，抵条支。……自安息西行三千四百里至阿蛮国。从阿蛮西行三千六百里至斯宾国。从斯宾南行渡河，又西南至于罗国九百六十里，安息西界极矣。自此南乘海，乃通大秦。

——范晔《后汉书·西域传》

问题设计：指出材料15所反映的交流方式。结合本课，概括古代文明交流的表现形式，并尝试分角度进行归纳。

学生活动：材料15反映了东汉与大秦外交上的往来。古代文明交流的表现形式有雕刻、字母文字、冶铁、农耕、神话等，古代帝国建立后，又进一步促进了宗教思想、商业贸易、外交等的往来。

教师活动：经济上的表现有农耕技术、冶铁技术、商业贸易等；文化上的表现有雕刻艺术、字母文字、神话等；思想上的表现有佛教、基督教等宗教传播；政治上的表现有外交往来、战争等。

问题设计：结合所学知识，说说人类文明之间交往的总趋势是什么。

学生活动：总趋势是交往不断增多，互相影响也不断扩大。

材料16　西罗马帝国留下了丰富的遗产，最显而易见的是有形的遗迹——圆形剧场、竞技场、庙宇、沟渠、公路和桥梁。还有就是语言方面的遗产——欧洲的罗曼诸语言。罗马法如前所述，至今仍大量存留在欧洲和南北美洲许多国家的法律体系中。

——斯塔夫里阿诺斯《全球通史》

教师活动：从横向看，古代帝国促进了文明的交往，在当时不断扩大影响；从纵向看，古代帝国对后世也产生了深远的影响，增加了历史的厚度。

设计意图：通过回顾本课内容，总结古代文明交流的主要形式，感悟世界文明的发展趋势，形成世界文明从区域文明向全球文明的发展趋势的认识，同时感受到文明交往对后世的影响，培养学生的整体史观。

小结：古代文明不断扩展，不论是农耕文明还是海洋文明，都以征服、殖民等方式扩大了各自的影响范围。在文明的交流过程中，古埃及的雕刻艺术，西亚的农耕与冶铁技术、神话、字母文字，不断对外彰显生命力。渐渐地，更大区域范围内的大帝国也逐步兴起。大帝国的建立，从横向看，不仅促进了帝国内部的统一、繁荣，而且加强了与更大区域间的联系，增加了广度；进一步增加了交流内容，丰富了内涵。从纵向看，也对后世影响深远，增加了深度，推动人类文明从分散逐步走向整体。因此，人类文明发展的总趋势就是在不断增加交流，不断扩大影响。

（三）板书设计

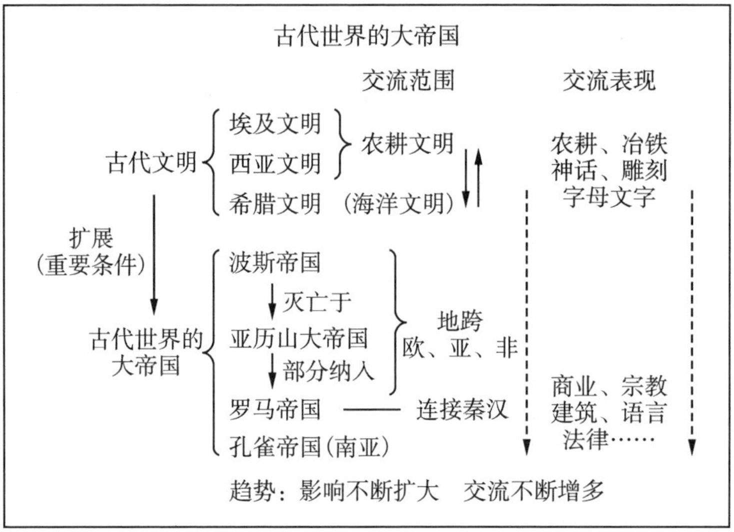

（四）核心素养水平划分

水平1：能够辨识古代文明的区域，认识古代各帝国的区域范围与大致时间；能够尝试用不同类型的史料认识古代文明的发展；能够认识农耕文明带来的影响、古代文明扩展对大帝国形成的作用、古代帝国带来的区域性影响等；能够尊重和认同世界古代文明。

水平2：能够利用历史年表认识古代各帝国的发展脉络；能够认识文字、图片、地图等不同类型史料的价值；能够根据相关史料认识古代各大帝国的区域性影响和不同文明之间的交流范围和交流方式；能够尊重和理解世界古代文明。

水平3：能够对波斯帝国、亚历山大帝国、孔雀帝国的时期进行概括，说出罗马帝国的发展历程，对大帝国的区域有一定的辨析能力；能够利用不同类型的史料，认识古代文明交流的表现，多角度认识古代文明的交往；能够通过史料认识各大帝国推动文明交往的原因，形成古代世界由区域文明向整体文明演进的整体史观意识。

水平4：能够辨析和比较古代大帝国的发展时间和区域位置；能够比较分析不同的文字史料；能够在本课基础上提出更多关于文明交往的历史认识；形成古代世界由区域文明向整体文明演进的整体史观意识；对中国古代对外交流有一定了解，培养爱国情怀。

第3课

中古时期的欧洲

一、课标要求

通过了解中古时期欧亚地区的不同国家、民族、宗教和社会变化，以及世界其他地区的社会状况，认识这一时期世界各区域文明的多元面貌。

二、教材分析

本课由三个子目组成：西欧封建庄园，中古西欧的王权、教会与城市，拜占庭与俄罗斯。

随着罗马帝国一分为二，西罗马帝国于476年灭亡，欧洲进入中世纪。西欧在罗马帝国的废墟上逐步进入封建社会。自给自足的庄园是西欧中世纪农村基本的经济和社会组织，集中体现了西欧封建经济制度的主要特征：农奴劳动和地租剥削。随着西欧生产力的提高和商品经济的发展，城市复兴，新兴的市民阶层与封建领主之间的矛盾加剧，促使以国王为首的中央集权势力与市民阶层联合，使得英、法等国形成了等级君主制。等级君主制是西欧封建制度的显著特征之一。在中世纪的西欧，王权与教权相互依存，又相互竞争。在东欧，东罗马帝国即拜占庭帝国，继承了罗马帝国的遗产，这一时期的《民法大全》集罗马法之大成，对西欧和世界历史的发展都具有重要影响。俄罗斯也在逐渐崛起，后成为地跨欧、亚两洲的大帝国。这两个帝国都属于封建大国，在其发展过程中体现出了中央集权的特征，这是与西欧封建制度的不同之处，也是理解“中古时期世界各区域文明的多元面貌”的关键之处。

三、学情分析

经过初中的学习，学生已知道一些基本概念，如中世纪、法兰克王国、封君封臣制度、中世纪城市、西欧封建庄园、农奴制度等；已初步理解中世纪西欧封建社会的主要特点，在经济上表现为封建庄园的出现和城市的兴起，在思想上表现为基督教处于统治地位。本节课增加了很多概念和知识点，如城市自治、拜占庭的繁荣、俄罗斯的崛起等，对学生的思维训练也提出了更高要求，如认识西欧封建制度的产生与特征，把握中世纪西欧的政治、经济和文化之间的关系，理解在文明历史悠久、联系相对密切的欧亚大陆上，各地区的文明也保持着鲜明的地区特色等。

四、教学目标

1. 通过示意图的方法，梳理西欧封建制度的形成、拜占庭的兴衰、俄罗斯的崛起。

2. 通过观察西欧中世纪庄园图片的方法，了解中世纪庄园的布局，理解庄园的特征；通过阅读分析史料，理解中世纪城市兴起对西欧经济、政治、文化发展的影响。

3. 通过对比西欧的封建制度和拜占庭与俄罗斯的中央集权制度，理解在文明历史悠久、联系相对密切的欧亚大陆上，各地区的文明也保持着鲜明的地区特色。

教学重点：认识西欧封建制度的产生及特征，城市的兴起及影响。

教学难点：认识中古时期欧亚大陆上区域文明的多元面貌。

五、教学过程

（一）教学主题

从西欧封建制度、拜占庭帝国的兴衰与俄罗斯的崛起认识中世纪欧洲文明的多元面貌。

（二）教学过程

导入

材料1　《5世纪西罗马帝国的崩溃》《5世纪末的欧洲》（历史地图，略）。

设计意图：通过历史地图，让学生初步感受本节课要学习的时空范围，引出主题。

学习任务1：理解中世纪封建庄园的基本特征。

材料2　我们希望，在我们的王国里每个自由人必须按他的意愿从我们或我们的忠臣中，选择一个领主。而且我们命令，如无正当理由，任何人都不得离开他的领主，任何人也不得接纳他们，除非通过在我们诸先王时已成为惯例的方式。我们也希望你们知道，我们要把权力赐予我们的忠臣们，而且我们绝不愿对他们做任何违反理性的事。我们也告诫你们以及我们的其他忠臣把权力授给你们的附庸，对他们绝不做任何违反理性的事。我们希望，我们罗退尔、路易和查理每人的臣民，不论他在谁的王国内，除非发生（希望不致发生）次王国受侵而为保卫国家，致使该王国的全民必须一起前去打退入侵的情形，都应跟随他的领主反对敌人，或执行他的其他要求。

——姜德福《世界史文献选读》

学生活动：阅读材料2，结合教材内容，用图示法梳理法兰克王国封建制度的内容。

教师活动：引导分析。

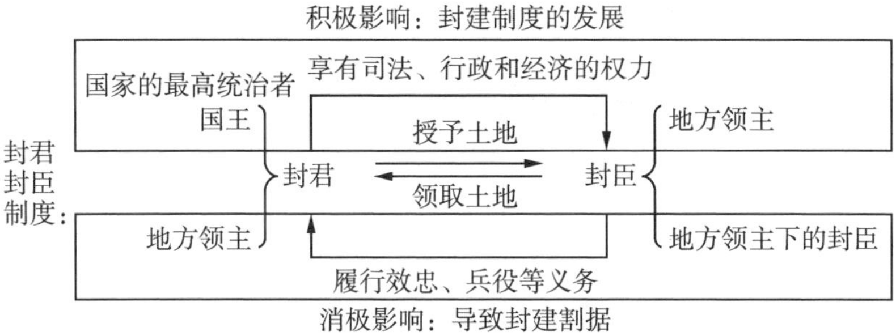

材料3

图1 一个中世纪庄园的图解

问题设计：仔细观察图片，从中可以获得哪些关于欧洲中世纪庄园的信息？并进一步思考欧洲中世纪庄园的特点。

学生活动：观察图片，思考分析，可以获得以下有关欧洲中世纪庄园的信息：中世纪庄园有土地（播种地、休耕地、公共草地）、村庄、城堡、动物、磨坊、果园、铁匠铺、教堂、神父住的房子、谷仓等。庄园的特点概括有：①庄园内的领主自营地，由农奴耕种，由领主直接经营；农民份地，具体分为自由农份地和农奴份地，自耕自收。②庄园内实行轮耕制，由领主决定。③庄园设有法庭，由领主或管家主持，当时的法律制度应该是不完善的，有利于领主。④庄园基本上可以实现自给自足。

由以上分析可进一步归纳庄园的基本特点：耕作方式——轮耕制；剥削方

式——以劳役地租为主；阶级关系——领主占有土地，通过地租剥削农奴，农奴对领主有依附关系；经济性质——自给自足的经济实体；社会职能——中古西欧基本的农村经济组织。

设计意图：通过归纳封君封臣制度，观察中世纪庄园图片，理解中世纪庄园的性质、经济特征等深层次的信息，深化对中世纪西欧封建制度的理解。

学习任务2：分析城市的复兴与影响。

材料4　人口的增长，以及农业、采矿业、渔业和林业产量的提高，都相应地促进了商业和城市的发展。10世纪时，虽然欧洲各地已可见到商人，但他们经营的商品绝大多数是奢侈品。不过，到14世纪时，商业已从日常生活的边缘发展到日常生活的中心。当时交换的货物有：英格兰的原羊毛，佛兰德的用英国羊毛制成的毛织品……虽然当时从事商业的人只占总人口的一小部分，但中世纪末期商业的巨大发展，对整个社会产生了重要影响。城市作为地方贸易和地方行政中心，开始慢慢地出现。意大利在这方面居领先地位，拥有威尼斯阿马尔菲和那不勒斯这样的商业中心……

——斯塔夫里阿诺斯《全球通史》

问题设计：结合材料4，思考中世纪城市兴起的原因。

学生活动：中世纪生产力在社会各个方面都有明显的提高，商业的复兴带动城市的兴起，封建主的支持。

结合“城市的空气使人自由”这句名言解读：城市里居住着的“人”包括封建主、手工业者和商人，还有教士、从庄园逃出来的农奴等，“自由”指每一个自由民都享有他应该享受到的权利，不受剥削和奴役。城市的自由掌握在封建领主、教士手中，领主试图剥削手工业者和商人，教士试图通过宗教和经济手段控制人；市民通过武装暴动、谈判等手段取得自治。

材料5　1070年在法国曼恩地区的勒芒，由于伯爵杰弗里经常对市民进行勒索，以小手工业者为主的城市居民共同宣誓决定成立“公社”，结束了杰弗里及其他领主的统治。

——朱明《略论中世纪法国城市的“自由”》

材料6　《英王亨利二世给予林肯城之特许状》：任何人在林肯城城内按土地保有权购买土地，保有之达一年零一日，无人反对，购买土地之人又能证明在此期间内，有申请权之人确在英格兰境内，但未提出异议，则予将准许此人将来按照保有此项土地，一如其过去，不受任何干扰与迫害。

——郭守田《世界通史资料选辑·中古部分》

材料7 法王路易七世(1131—1180年在位)曾先后向城市颁发了25份自治特许状,以争取城市对王权的支持。路易九世执政期间,为加强中央集权,削弱地方割据势力,实施了一系列司法、财政和军事改革。腓力四世在与罗马教廷的斗争中占据上风,成功迫使天主教士纳税。1302年4月,腓力四世为了争取社会各阶层的广泛支持,加强自身地位,在巴黎圣母院召开了法国历史上第一次“三级会议”。

——摘编自朱迪斯·M.本内特等《欧洲中世纪史》

材料8 对13世纪有抱负的青年而言,他们已不满足于狭隘的庄园生活,不满足于当地的小店铺……大学是他们避开这些而向往的最佳地方,大学能够提供给他们实现抱负的机会,带给他们一切荣誉。

——叶楠《中世纪西欧城市对14世纪文艺复兴的影响》

问题设计:随着城市的兴起,中世纪西欧封建制度出现了哪些新特征?

学生活动:通过阅读材料5、6,可见在城市与封建领主的斗争中,法国国王会采取支持城市的态度。原因在于国王受贵族割据威胁,需通过城市加强自己的实力。城市向国王缴纳赎金,国王给予城市特许状,对双方而言都有好处:城市能得到国王的保护,不再受封建领主的压迫,有利于商业的发展;国王可以获得城市的经济和人力支持,打击贵族,完成统一事业。阅读材料7可见,随着城市的兴起,中世纪西欧封建制度出现了一些新的特征:王权加强,王室领地逐渐扩大,国家逐渐统一,议会产生。阅读材料8可见,城市的发展还带动了文化的发展,给人们的生活带来新气象。

设计意图:通过解读原始文献,引导学生思考城市与封建领主斗争的原因、手段、影响等,理解中世纪西欧封建社会出现的新特征。

学习任务3:分析拜占庭帝国的建立与影响,了解俄罗斯的建立与扩张。

材料9 《6—7世纪的拜占庭帝国和斯拉夫人》(历史地图,略)。

问题设计:结合地图,概述6—7世纪拜占庭帝国的地理特点和疆域变迁历程。

学生活动:(1)地理特点。拜占庭帝国处于欧、亚、非三洲的重要交会点。(2)疆域变迁。①帝国始建于395年。②527年查士丁尼继位,555年去世。这一时期帝国对外扩张,短时间内几乎统治着整个地中海沿岸。③6世纪中期以后,帝国版图不断缩小。7世纪中后期,帝国失去大片土地,仅有小亚细亚和巴尔干半岛等地区。1453年,帝国灭亡。

问题设计:结合材料和教材,分析查士丁尼统治时期帝国版图扩大的原因。

学生活动:①查士丁尼完善了罗马人的法律,有利于缓和国内矛盾;②帝国境内工商业发达,提供有力的支持;③东罗马帝国继承罗马帝国部分有效管理欧、亚、非三大洲国土的经验。

材料10　正是由于拜占庭传教士的努力，斯拉夫人不仅接受了东正教信仰，而且接受了由拜占庭人创造的文字，从此奠定了斯拉夫文化发展的基础，开始了斯拉夫人文明化的进程。……拜占庭文化在东欧的传播具有深远的意义，不仅使斯拉夫人世界得到文化启蒙，加速了斯拉夫人各民族国家的形成和发展，而且逐步形成了以君士坦丁堡为中心的东正教世界，奠定了近现代东欧文化区域的基本格局。

——陈志强《拜占庭帝国通史》

问题设计：阅读材料10，简述拜占庭文化对斯拉夫人产生的巨大影响，以及俄罗斯民族国家的形成过程。

学生活动：拜占庭文化影响了斯拉夫人的文化，如在宗教上接受了东正教，促进了斯拉夫文明化的进程；更重要的是，加速了斯拉夫各民族国家的形成与发展，其中一个典型国家叫作俄罗斯。

俄罗斯发端于9世纪建立的基辅罗斯，深受拜占庭帝国的影响，后在13世纪中期被蒙古征服。在反对蒙古统治的过程中，莫斯科公国兴起，并在16世纪初成为以莫斯科为中心的统一国家。1547年，伊凡四世加冕为沙皇，他加强中央集权，对外扩张，促使俄罗斯实力逐步增强，最终在17世纪末成为跨越欧亚两洲的帝国。

设计意图：通过分析拜占庭帝国对俄罗斯的影响，学生可初步感受到在中世纪的东欧建立起的国家凸显出的是中央集权的特征，与西欧的封建制度存在差异。

材料11　《1500年的欧洲》（历史地图，略）。

学生活动：阐述对中世纪欧洲历史发展的认识，互动交流。

教师活动：对学生的认识进行互动评价。中世纪即将结束的时候，英国等西欧国家的边界已经与今天大致相同。如英国正处于亨利七世的统治下，议会制与中世纪的君主制交融在一起。而此时，拜占庭帝国已不复存在，俄国正处于伊凡三世的统治之下，他自诩为拜占庭帝国的继承人。各个土地发展出适合自己民族、国情的制度，显现出欧洲大陆在中世纪多元的发展道路。

（三）板书设计

中古时期欧洲（5—14世纪）
- 西欧：封建社会
  - 经济：庄园、农奴制度→商品经济发展
  - 政治：封君封臣制度→王权加强
  - 文化：
    - 封建教会
    - 大学的兴起
- 区域文明的多元面貌（↑西欧　↓东欧）
- 东欧：中央集权
  - 拜占庭帝国：扩张→混乱→复兴→灭亡
  - 俄罗斯：发展→统一→帝国

（四）核心素养水平划分

水平1：能够认识到中世纪西欧封建社会、拜占庭帝国与俄罗斯帝国的发展是生产力发展的结果；能够辨识中古欧洲历史地图与史料中的时间和空间表达方式；在解答城市兴起原因等问题时，能够依据史料尝试多渠道获取信息；能够理解中古时期城市兴起的影响，并同西欧封建制度等历史知识建立联系。

水平2：能够利用历史地图、图片和文献史料，对中古时期欧洲封建制度的形成、拜占庭帝国的兴衰、俄罗斯帝国的崛起等加以描述；在论述问题的过程中，能够尝试运用史料作为论据论证自己的观点，如查士丁尼统治时期帝国版图扩大的原因；能够使用相关历史术语，对拜占庭帝国的影响等问题作出自己的解释，并能够在叙述中将史实陈述与历史解释联系起来；能够通过本课学习，增强对欧洲中世纪文明成就的认同感。

水平3：能够从生产力与生产关系、经济基础与上层建筑的辩证关系来理解中古时期西欧封建社会的产生与发展、拜占庭帝国的兴衰与俄罗斯帝国的发展历程；能够分辨史料中对封建制度影响的不同历史解释，尝试从多方面说明导致这些不同解释的原因并加以评价；能够认识到各区域文明发展的特殊性使人类文明的发展具有多样性。

水平4：能够在具体的时空框架下对西欧封建制度的产生及内涵进行分析，并做出合理的解释；能够在学习过程中表现出对中世纪欧洲社会变化的反思，从历史中汲取经验教训，更全面客观地认识现实社会问题。

第4课

中古时期的亚洲

一、课标要求

通过了解中古时期欧亚地区的不同国家、民族、宗教和社会变化，以及世界其他地区的社会状况，认识这一时期世界各区域文明的多元面貌。

二、教材分析

本课主要通过讲述阿拉伯帝国、奥斯曼帝国和南亚与东亚的国家，反映中古时期的亚洲面貌。阿拉伯帝国政治稳定、经济繁荣，成为东西文化交流的桥梁；13世纪奥斯曼土耳其兴起，逐步征服小亚细亚，后灭亡拜占庭帝国，深刻影响了欧洲和亚洲的历史发展；突厥人在印度建立了德里苏丹国家；日本大化改新后初步形成律令制国家，后来幕府掌握了实权。在西亚及南亚地区，伊斯兰文明兴起并不断发展扩大，而在东亚地区的国家则更多受到中国儒家文明的影响。

三、学情分析

学生在初中时已学习过日本的大化改新、武士阶层，伊斯兰教的兴起、阿拉伯帝国的扩张及阿拉伯文化等内容的基础知识，具备一定的史实基础。本课内容不管在地域上还是时间上，跨度都非常大，且相互之间联系并不密切，没有明显的主线贯穿，教师需引导学生形成整体认知。

四、教学目标

1. 通过阅读教材，归纳梳理中古时期亚洲不同国家的基本史实。

2. 能够厘清各国在宗教、政治、社会变化等方面的内容。

3. 通过史料阅读及分析，深刻理解国家相互交流对本区域及跨区域的影响，进一步感悟中古时期亚洲地区的多元面貌，体会文明之间的交流与碰撞。

教学重点：理解阿拉伯人在东西方交流中扮演着重要角色，了解奥斯曼土耳其兴起对欧洲和亚洲历史的深刻影响，感悟日本大化改新及幕府体制对日本社会发展的影响。

教学难点：既要理解各文明之间的相互影响，又要体会不同文明的多元面貌。

五、教学过程

（一）教学主题

了解伊斯兰文明与东亚儒家文明，理解各文明之间的相互影响，并体会不同文明的多元面貌。

（二）教学过程

导入

材料1

图1 《阿里巴巴与四十大盗》图书封面

展示《阿里巴巴与四十大盗》图片。《阿里巴巴与四十大盗》的故事出自阿拉伯最有代表性和影响最大的文学作品《一千零一夜》。

问题设计：一方水土养育一方文化，对于孕育出《一千零一夜》这样优秀作品的阿拉伯帝国你了解多少呢？

学生活动：7世纪初，穆罕穆德创立伊斯兰教。622年，穆罕默德迁居麦地那，建立政权。632年，阿拉伯半岛基本统一。7世纪中期起，阿拉伯人大规模向外扩张，到8世纪中期建立起地跨亚、非、欧三洲的大帝国。

教师活动：由于其独特的地理位置，阿拉伯帝国的兴起改变了周边许多民族的发展进程，在中古时期的历史上产生了非常重要的影响，尤其是在东西方文化交流传播中扮演了重要角色，《一千零一夜》的故事就分别来自印度、埃及、波斯和两河流域等地。阿拉伯人是如何融合各地文化并进行传播的？又对东西方文化产生了哪些影响？

设计意图：通过学生耳熟能详的寓言故事，联系阿拉伯文化最具代表性的作品《一千零一夜》，引导学生思考其背后的文化基因，为后续探究阿拉伯文化传播及其影响打下基础。

学习任务1：了解阿拉伯文化的传播及其影响。

材料2

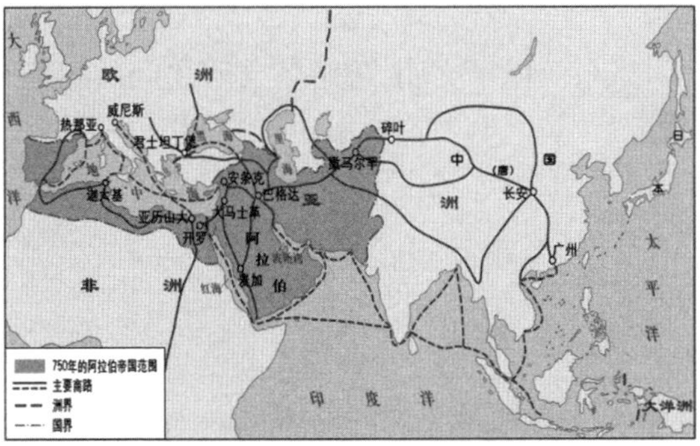

图2　阿拉伯人商业活动示意图

材料3　以阿拉伯人对外征服为先导而涌动的“东学西渐”的文化浪潮，通过西班牙、西西里岛这两个重要的媒介区域而流向欧洲，将阿拉伯伊斯兰文化乃至印度的数学知识、中国的造纸术传播过去，对西欧基督教文明的发展与演进产生了重大影响……阿拉伯的寓言与童话集《卡里来与笛木乃》与名著《一千零一夜》传到西欧后也颇受青睐，对日后文艺复兴时期的文学创作有相当的影响。

——摘编自张启明《世界文明史快读》

教师活动：阅读材料2、3并联系教材，概述阿拉伯文化传播的途径。

学生活动：阿拉伯文化传播的主要途径是对外贸易及扩张。

问题设计：阿拉伯人通过各种途径将阿拉伯文化传播到世界广大地区，阿拉伯文化的传播产生了什么影响？

学生活动：阿拉伯人继承了被征服地区的文化，融合东西方文化，在文学、艺术、科学和思想等领域取得重要成就。同时，阿拉伯商人和旅行家成为东西方文化交流的桥梁。在阿拉伯人的对外征服中，伊斯兰教逐渐传播到阿拉伯半岛以外的地区，深刻影响了被征服地区的宗教信仰和文化发展。

设计意图：展示图片及相关史料，让学生理解阿拉伯人在东西方交流中所起到的重要作用，进一步感悟不同文明交流、碰撞所产生的影响。

学习任务2:探究阿拉伯文化繁荣的原因。

教师活动:阿拉伯人在伊斯兰教兴起之前不过是生活在阿拉比亚地区的游牧民族,却能够后来居上,在科学和人文等各方面迅速超越欧洲人,成为中世纪文明的领头羊。

材料4　随着帝国向各个方向的扩张,越来越多的民族成为帝国的居民:叙利亚人、伊拉克人、波斯人、埃及人、哥特人、柏柏尔人、印度人……他们分别来自不同的文明圈。其中,叙利人作为拜占庭的长期臣民,隶属于希腊文明圈;而伊拉克人和波斯人则长期在波斯帝国统治下,受到波斯文明的熏陶和同化,帝国东陲的印度人则处于佛教盛行的印度文明圈中。不同文明圈的来客,为创造一种新的文明提供了原料。

——林檝《帝国的崛起与没落》

材料5　伊斯兰教自从穆罕默德创立开始,就反对家族、氏族、部族的界限,致力于一个人人皆为兄弟姐妹的伊斯兰世界……只要异教徒交纳人丁税,就可以保持自己的信仰,这无异于允许阿拉伯帝国内部多样文明的存在。早期游牧的阿拉伯人由于不存在成型的文明,所以不具有坚守传统的强大惰性,很容易接受外来的事物而且外来文明的程度普遍较高。

——摘编自林檝《帝国的崛起与没落》

问题设计:依据材料4、5并结合教材,分析阿拉伯帝国文化繁荣的原因。

学生活动:第一,伊斯兰教的教义允许不同文明的存在,支持宗教信仰自由;第二,阿拉伯帝国民族的构成多元,阿拉伯人广泛吸收希腊、波斯、印度等文明成果;第三,阿拉伯文化尚未成熟,容易接受外来文化。

教师补充:阿拉伯帝国发达的商业活动同样促进了文化的繁荣。

设计意图:让学生认识到尊重不同民族文化对繁荣本民族文化起着积极的促进作用;通过分析阿拉伯帝国文化繁荣的原因,感悟阿拉伯帝国无愧于"东西方交流的桥梁"的称号,培养学生的历史解释核心素养。

学习任务3:了解奥斯曼的崛起。

教师活动:阿拉伯帝国盛极而衰,最终消亡于历史长河中。同样信奉伊斯兰教的奥斯曼崛起于小亚细亚,灭亡拜占庭帝国,建立起地跨亚、非、欧三洲的大帝国。

材料6

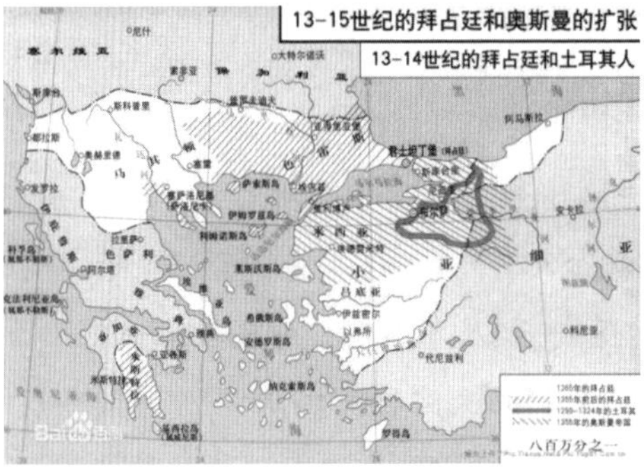

图3　13—15世纪的拜占庭和奥斯曼扩张图

图4　15世纪奥斯曼的扩张图

材料7　奥斯曼帝国在臻于鼎盛时,的确是一个十分庞大的帝国。它的中心地带是土耳其的小亚细亚,但大多数人口是由南面的穆斯林阿拉伯人和西面的巴尔干半岛上的基督教徒构成。奥斯曼帝国地跨三大洲,拥有人口5000万,而那时英国人口只有500万。无怪当时的基督教徒对这一不断扩张的奥斯曼帝国都很敬畏,把它形容成“一团日益旺盛的火焰,不管遇上什么,都紧紧抓住,并继续燃烧下去”。

——斯塔夫里阿诺斯《全球通史》

问题设计:阅读材料6、7并结合教材,分析奥斯曼帝国的建立对东西方经济文化交流的影响。

学生活动:拜占庭帝国被奥斯曼所灭,深刻影响了欧洲和亚洲的历史发展,奥斯曼帝国的首都伊斯坦布尔成为东西方经济文化交流的中心。然而,奥斯曼帝国控制了连接亚欧的商路,对过往商品征收重税,使东西方之间的贸易受到一定影响。

设计意图:深化学生对奥斯曼崛起的认知,感悟基督教文明与伊斯兰文明的碰撞,理解不同文明交流往来的重要意义。

学习任务4:了解中古时期南亚地区的社会发展。

教师活动:南亚次大陆所处的印度地区,在11世纪受到突厥人入侵,到13世纪时,突厥人在北印度地区建立起德里苏丹国家,伊斯兰文明在南亚进一步发展。

材料8　德里苏丹国是伊斯兰教国家,其行政管理体制与传统的印度政治制度不同。德里苏丹国的上层统治阶级都是来自印度以外的封建主。信奉伊斯兰教的突厥人、阿富汗人和波斯人组成的军事贵族集团成为这个国家的社会基础。

——童自觉、路振光《世界古代史》

材料9 德里苏丹的统治对印度历史发生深远的影响。侵入印度的伊斯兰教统治者既具有统治阶级和侵略者的特征，又带有浓厚的宗教色彩。他们自认为所进行的是反对不信教者的“圣战”，所以对待印度教徒十分残酷。

——童自觉、路振光《世界古代史》

教师补充：笈多帝国时期，印度教逐渐发展成为印度的主要宗教。因此，德里苏丹国家的建立不仅仅体现在政治制度上的改变，更体现在宗教信仰的冲突。

问题设计：德里苏丹国家的行政管理体制具有哪些特征？其对印度的统治又产生了哪些影响？

学生回答：德里苏丹国家最高统治者称苏丹，拥有最高行政、立法、司法和军事权力；地方划分为行省，行省总督由苏丹任命，重要职位由穆斯林担任。德里苏丹的统治对印度历史产生了深远影响。首先，德里苏丹国家的统治阶级均为外来的封建主，因此阶级矛盾十分尖锐。其次，德里苏丹的宗教政策大大激化了印度教信徒与伊斯兰教信徒之间的矛盾，加剧了双方的冲突。最后，伊斯兰教在印度广泛传播，并与印度教相互影响。

设计意图：通过归纳德里苏丹国家的行政管理体制，让学生理解德里苏丹国家既完全不同于印度原有的政治体制，又影响着印度长期以来的宗教信仰，从而尝试解读南亚次大陆宗教问题的历史由来。

学习任务5：感悟儒家文明在东亚的传播并了解日本的幕府体制。

教师活动：在中古时期西亚地区，崛起了穆罕默德创立的伊斯兰教和阿拉伯帝国，伊斯兰文明开始席卷世界。而在东亚地区，儒家文明影响深远，中国的近邻日本、朝鲜和越南等国都长期受到儒家文化的熏陶。

材料10 遣唐使从舒明天皇二年(630)八月派遣犬上三田耜(即推古天皇二十二年的遣隋使犬上御田锹)开始，到宇多天皇宽平六年(894)九月停派为止，前后共任命过十九次(其中包括迎入唐使一次，送唐客使三次)，其间历二十六代、二百六十四年。

——木宫泰彦《日中文化交流史》

问题设计：唐朝时，日本多次派遣唐使来华学习，这对日本的历史发展产生了什么影响？

学生活动：646年，日本孝德天皇颁布改新诏书，开始改革，模仿隋唐律令制度建立了中央集权制国家，史称“大化改新”。日本遣唐使汲取盛唐文化，提高了日本的文化艺术水平，也密切了中日联系，增强了中日之间一衣带水的情谊。

教师活动：日本模仿中国，建立起中央集权制后，取得了长足的发展，但是到

10世纪时，日本的中央集权体制开始瓦解，新的管理体制在战争中孕育。

材料11　12世纪，日本的中央集权制为封建制所破坏和取代。一个原因是，国司们过于喜爱京都的优美，往往将自己的权力、职责委托给地方部属。另一原因是，强大的地方家族和佛教团体总是渴求着土地，并常以暴力夺取土地。于是，自耕农们或者逃亡北部边境地区，或者将自身连同土地寄托给庄园主。这使他们可以免除赋税，但付出的代价是自己转沦为农奴。12世纪末，纳税土地仅占全部耕地的10%甚或10%以下，地方政权已由新兴的农村贵族接管。

——斯塔夫里阿诺斯《全球通史》

材料12　一种封建关系在农村贵族和他们的随从即"侍"（字面含义是"为人服务者"）之间发展起来。这种关系以一种理想化的道德规范即"武士道"为基础。侍有一些特殊的法定权利和礼仪上的权利，作为回报，他们须绝对服从其主子的调遣。到12世纪末，一个封建领主脱颖而出，从天皇那里取得了征夷大将军称号，并有权指定自己的继承人。

——斯塔夫里阿诺斯《全球通史》

问题设计：联系材料11、12并结合所学知识，思考日本从中国学习的中央集权制为什么会瓦解，新的管理体制又具有哪些特征。

学生活动：第一，中央政府将权力及职责下放（地方政府权力扩大）；第二，土地兼并现象严重，庄园体系形成；第三，武士集团日益强大。新的管理体制为幕府体制，具备以下特点：首先以天皇为首的朝廷只保有名义上的中央政府称号，实权由以将军为首的幕府掌握；其次，武士与将军结成主从关系，成为将军的家臣；最后，将军赐予武士官职和俸禄，武士对将军宣誓效忠，并承担纳贡和兵役等义务。

设计意图：解读史料让学生感受到中古时期中国对日本历史发展的重要影响，加强对中华儒家文明的认同感，同时理解、掌握日本独具特色的幕府体制的历史由来及其特点，领略不同的政治文明的差异。

小结：中古时期的亚洲，出现了阿拉伯帝国、奥斯曼土耳其帝国、德里苏丹和日本等国。伴随着阿拉伯帝国的崛起，阿拉伯人璀璨的文化在人类文明史上留下了浓墨重彩的一笔。东西方文化在交流中不断发展，伊斯兰教逐渐成为影响世界的大宗教。同样信奉伊斯兰教的奥斯曼土耳其的崛起深刻影响着中古世界的走向，灭亡拜占庭帝国，控制东西方传统商路，这都深深影响着亚洲和欧洲的历史发展。南亚的印度在突厥人入侵之后，建立起德里苏丹国家，伊斯兰文明在南亚日益发展壮大。东亚则深受中国儒家文明的影响，中日间的交流往来，促成了日本的大化改新，使日本建立起中央集权制国家。在历史车轮的前进中，日本孕育出具有本国特色的幕府体制。一言以蔽之，中古时期的亚洲文明多元，交相辉映。

（三）板书设计

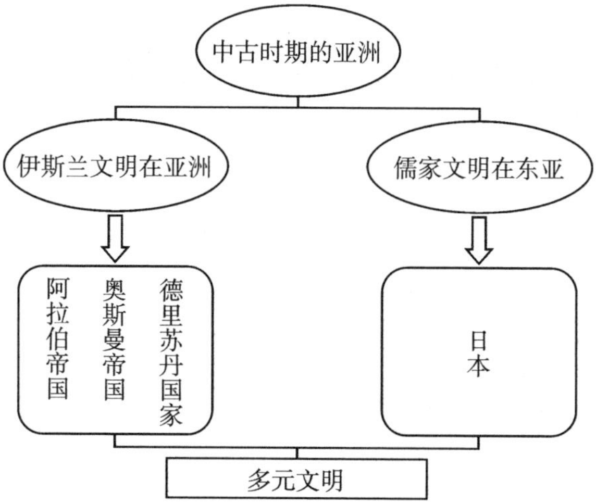

（四）核心素养水平划分

水平1：了解中古分期，能够从教材和教师呈现的材料中提取有关信息；能够说出这一时期阿拉伯帝国、奥斯曼帝国、印度、日本的基本状况。

水平2：能够通过观察历史地图，简单描述阿拉伯帝国、奥斯曼帝国及德里苏丹等国的发展状况；能够归纳整理阿拉伯帝国、奥斯曼帝国、德里苏丹、日本的政府架构；能够初步认识阿拉伯帝国及奥斯曼帝国在东西方交流中的重要地位；能够理解日本幕府政治的特点及影响。

水平3：能够对中古时期亚洲各地区的发展有着整体的认知和概括的说明；能够选择、组织和运用相关材料并使用相关历史术语，结合时空观念核心素养，准确掌握中古时期亚洲各地区的相关史实；能够深刻理解并感悟伊斯兰教兴起对东西方世界的影响，认识伊斯兰文明是世界文明的重要组成部分；能够体会儒家文明对东亚各国的影响，了解中古时期亚洲地区的多元面貌。

水平4：能够体会中古时期亚洲地区的多元面貌所蕴含的意义，感悟不同文明的交流与碰撞；能够史论结合、实事求是地论述历史与现实的问题，学会尊重不同文明的特性，认识人类文明的多元面貌。

第5课

古代非洲与美洲

一、课标要求

通过了解中古时期欧亚地区的不同国家、民族、宗教和社会变化，以及世界其他地区的社会状况，认识这一时期世界各区域文明的多元面貌。

二、教材分析

本课主要介绍4—16世纪的非洲史和美洲史。第一目内容主要叙述这一时期的非洲历史，首先，重点讲述以阿克苏姆王国为例的非洲东部沿海国家、地区经济发展状况；其次，教材从政权演变、对外贸易和文化交流等角度分析了加纳、马里和桑海三大西非帝国的历史；最后，教材概述了位于非洲南部的大津巴布韦国家从兴至盛的历史面貌。在第二目中，教材将视野转至美洲，分三部分介绍了印第安人的文明成就。第一，教材简述玛雅文明在农业、建筑、文字、数学等方面的成就；第二，教材从政治管理、农业发明及城市基础设施建设等视角描述了阿兹特克文明；此外，在印加文明这部分，教材重点讲述印加帝国的行政管理措施，展示了其鼎盛时期的历史概况。

三、学情分析

初中教材对非洲、美洲历史部分多以“阅读卡”的形式出现，点到即止，学生并未形成对这一段历史的具象认知，缺乏一定的知识储备。但是，经过高中一个多学期的通史学习，学生基本上能够自主运用表格、时间轴梳理一国历史发展之脉络，初步养成比较相关历史事物异同的学习意识。另外，本课内容对学生来说较为新鲜，他们会有较强的兴趣去主动学习。本课教学中，教师需要在学生积极性的基础上，创设情境，引导学生理解某些难度较大的问题，如东非和西非国家各自的特点、西非桑海帝国和印加帝国的异同等。

四、教学目标

1. 在地图中指出中古时期非洲、美洲主要国家的地理位置，并运用时间轴，梳理非洲、美洲主要国家的历史发展脉络。

2. 结合材料和教材，分析东非、西非等国家的主要特点，通过列表法比较桑海帝国和印加帝国的异同，并理解地理环境对非洲历史产生的影响。

3. 概述中古时期主要大洲的社会发展状况，认识这一时期世界文明的多元面貌。

教学重点：理解东非、西非等国家的主要特点，古代美洲文明的主要表现。

教学难点：理解地理环境对某一国家或地区历史发展的影响。

五、教学过程

（一）教学主题

通过中古时期的非洲与美洲历史认识世界文明的多元面貌。

（二）教学过程

导入

材料1

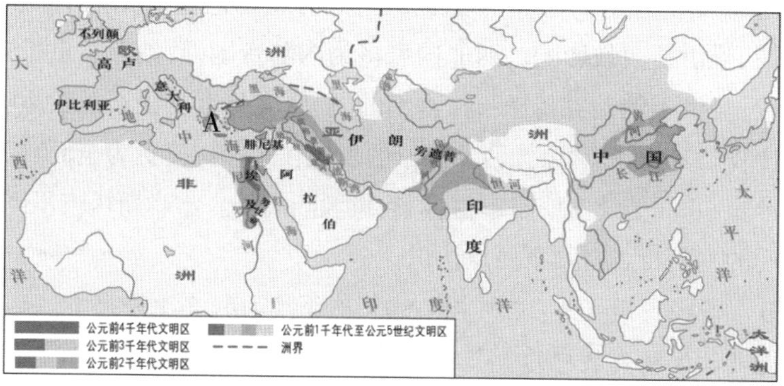

图1 古代主要文明示意图

教师活动：世界历史的面貌是多元的，四大文明古国、波斯帝国、亚历山大帝国、罗马帝国等都在世界历史上闪现过耀眼的光芒。

问题设计：当西罗马帝国灭亡之后，在地图中A处，哪一国家逐渐兴起？其存续时间如何？

学生活动：拜占庭帝国，其存续时间为395—1453年，这一千多年的时间大致即中古时期的历史阶段。

设计意图：利用地图，回顾所学知识，体现时空素养，并顺势引出本课时空定位。

学习任务1：认识非洲文明。

材料2　《古代非洲国家示意图》（历史地图，略）。

学生活动：观察教材中的《古代非洲国家示意图》，辨别阿克苏姆王国、加纳王国、马里王国、桑海王国以及大津巴布韦王国的空间位置；绘制时间轴，梳理上述5个国家的大致发展历程。

材料3　（摩加迪沙）是一个大得没边的城镇。它的居民有很多骆驼和绵羊，他们每天要杀上百头骆驼。它的居民是有能力的商人。这座城市有无与伦比的手工制作的布匹，这些布匹以这个城市命名，被运到远至埃及和其他地区。

——伊本·白图泰《伊本·白图泰游记》

材料4　伊斯兰教促进苏丹（黑人之国）的文化生活，随着古兰经学校的建立，识字的人越来越多，学者们在廷巴克图的大学里从事最高深的研究，自由出入穆斯林世界的其他大学……此外，西非帝国的行政管理较为先进，其中，桑海王国最为突出，它划分为界限明确的几个省，各省均设有总督。

——斯塔夫里阿诺斯《全球通史》

学生活动：阅读材料3、4，分析东非和西非国家各自所具有的主要特点。

教师活动：补充引导。东非出现城市国家，种植园艺业，环印度洋贸易发达，沿海城市繁荣，受伊斯兰教影响。西非国家多为内陆帝国，政治上注重扩张征服、实行中央集权；经济上控制穿越撒哈拉沙漠的贸易；文化上受伊斯兰教影响，文化繁荣。综合比较二者的特点，可知西非国家的发展较东非国家更为全面、综合。

教师补充：非洲传统文明是丰富多彩、斑驳陆离的。学者斯塔夫里阿诺斯对非洲传统文明的主要特点有如下两点认识：

材料5　观点1：历史上，非洲与亚欧大陆隔绝的程度十分严重。这一与世隔绝至今仍是非洲大陆发展中的一个首要而又持久的因素。

观点2：与通常的看法相反，在欧洲扩张之前的时期中，非洲绝不是与世隔绝的，自7世纪以来，外部联系和内部关系开始增多。

——斯塔夫里阿诺斯《全球通史》

问题设计：材料5中，观点1与观点2的主旨分别是什么？

学生活动：自主思考，抓住观点中的关键词。

教师活动：观点1认为非洲文明是封闭的、与世隔绝的，观点2认为非洲文明是开放的、与外界有联系。

材料6 撒哈拉沙漠是一大屏障、一大分隔者,而地中海相比之下却是一条连接的大道。历史上,北非人与地中海盆地周围其他诸民族的相互影响之所以超过他们与沙漠屏障以南地区诸民族的相互影响,其原因就在于此……沿尼罗河上游的是巨大的苏德沼泽地。这些沼泽地在历史上构成了一个可怕的障碍。而未被港湾、海湾和内海破损的、平直的海岸线,也使非洲大陆难以接近……这一地理环境还有助于说明,欧洲人侵入非洲较其侵入美洲,在时间选择上何以存在着反常的差别……在美洲被开发、被殖民化以后的几个世纪中,非洲仍是一块“黑暗的大陆”。到1865年美国南北战争结束时,非洲还只是沿海地区和内陆几个不重要的地区为人们所知晓,甚至到1900年时,大约还有四分之一大陆未被开发。

——斯塔夫里阿诺斯《全球通史》

材料7 公元1世纪,基督教传入非洲,成为阿克苏姆王国国教。

——马克垚《世界文明史》

问题设计:你同意材料5中的哪一观点?如果同意观点1,请结合材料6,分析地理环境对非洲历史的影响;如果同意观点2,请结合材料7与教材,举例说明非洲文明的外部联系和内部关系。

学生活动:选择其中一则观点,开展讨论,在材料6、7与教材中寻找相关依据。

教师补充:对于观点1,我们概括材料6后会发现,撒哈拉沙漠与苏德沼泽地使得非洲大陆内部各地区之间的联系较少,相互影响较少;平直的海岸线使得非洲与其他大陆的联系困难,较少受到其他大洲文明的影响,保持独立发展,并持续到近代以来,导致非洲现代化进程慢于美洲。对于观点2,外部联系的例子包括伊斯兰教、基督教传入非洲,影响非洲历史文化发展,10—15世纪东非国家发展环印度洋对外贸易,8—15世纪西非诸国控制穿越撒哈拉沙漠的贸易以及1324年曼萨·穆萨带领商队前往麦加等;内部关系的例子有,西非居民班图人扩展到撒哈拉以南地区,7—9世纪时成为当地主要居民。

设计意图:利用地图和时间轴,使学生梳理、明了非洲国家的主线知识,培养时空观念核心素养;利用多则史料,培养史料实证、历史解释等核心素养,从不同角度深化学生对非洲文明的认识。

学习任务2:认识美洲文明。

材料8 《美洲文明分布示意图》(历史地图,略)。

学生活动:观察教材中的《美洲文明分布示意图》,辨别玛雅文明、阿兹特克文明、印加文明等的空间位置;阐述上述三大美洲文明的大致发展历程。

学生活动:以表格形式,梳理教材内容,认识美洲三大文明的特色。

教师活动：比较中世纪非洲文明与美洲文明，分析形成差异的原因是什么。

材料9　伊斯兰教促进苏丹（黑人之国）的文化生活，随着古兰经学校的建立，识字的人越来越多，学者们在廷巴克图的大学里从事最高深的研究，自由出入穆斯林世界的其他大学……此外，西非帝国的行政管理较为先进，其中，桑海帝国最为突出，它划分为界限明确的几个省，各省均设有总督。

——斯塔夫里阿诺斯《全球通史》

图3　坐落于廷巴克图的迪京格热伯清真寺

材料10　印加人在全国修建密集道路网，全长一万多千米……凭借崇山峻岭建成梯田系统，培育出多种农作物，掌握纺织技术，能用浇铸法制造金属器具……同时，他们研究天文历法，采用“结绳记事”，设立“知识之家”教育体系……1533年，西班牙殖民武装攻占库斯科，印加帝国逐渐走向灭亡……

——马克垚《世界文明史》

问题设计：西非桑海帝国与美洲印加帝国有哪些异同？

学生活动：结合材料9、10与教材，以表格形式梳理桑海帝国与印加帝国的异同。

<table>
<tr><th>帝国</th><th>同</th><th>异</th></tr>
<tr><td>西非桑海帝国</td><td rowspan="2">①历史发展：16世纪初鼎盛，随后遭遇外来入侵逐渐衰落；
②历史地位：当地霸主，强大帝国；
③政治：实行中央集权，在地方划分政区并设立长官，加强对地方的管理；最高统治者为国王；
④社会：重视公共设施建设，完善道路系统；
⑤文化：注重教育，文化繁荣。</td><td>经济上重视对外贸易，控制撒哈拉沙漠的商路和黄金交易。</td></tr>
<tr><td>美洲印加帝国</td><td>经济上凭借环境优势发展农业、手工业；政治上，国家权力更为集中。</td></tr>
</table>

问题设计：桑海帝国和印加帝国在经济方面的侧重点分别是什么？请结合两个国家各自的地理环境特点，说明其原因。

学生活动：小组合作讨论，结合地理知识分析。

教师活动：桑海帝国重视对外贸易，印加帝国注重发展农业。事实上，各大洲发展道路的选择与其地理环境息息相关。西非地区气候干旱，不宜大规模发展农业，但因桑海帝国靠近撒哈拉沙漠，黄金资源丰富，因此控制了撒哈拉沙漠的商路和沿途的黄金交易，以对外贸易促进本国经济发展。美洲印加帝国气候湿润，借助崇山峻岭开发梯田，在农业发展方面具有得天独厚的优势。二者地理环境不同导致生产力发展水平的不同，最终导致两国选择不同的经济发展道路。

设计意图：通过地图，结合表格梳理历史，简洁明了；在比较两地不同文明中直观感受世界文明的多元面貌；重点引导学生结合地理知识分析相关历史问题，强化对历史的理解，提高历史解释能力，体现唯物史观。

学习任务3：认识世界文明的多元面貌。

问题设计：整合本单元的学习，你认为世界文明呈现出哪些特点？

学生活动：概括中古时期欧洲、亚洲、非洲与美洲的历史发展状况，思考问题。

教师活动：世界文明呈现出多样性、多元化等特点，各大洲文明之间有所联系，相互影响，又各不相同，特色鲜明。

设计意图：宏观总结本单元内容，重点引导学生感受世界文明的多元面貌，理解和尊重世界各国文化传统。

小结：不同的地理环境，对区域社会发展的影响各不相同。古代非洲和美洲各有其独特的历史面貌，世界文明是多元化的。在全球统一的历史时期开始之前，各区域文明并不是孤立、分散的，而是相互联系、相互影响的。随着对世界文明的进一步了解，我们将愈发理解和尊重世界各国文化传统，这也正是历史这门学科带给我们重要而有益的启迪。

（三）板书设计

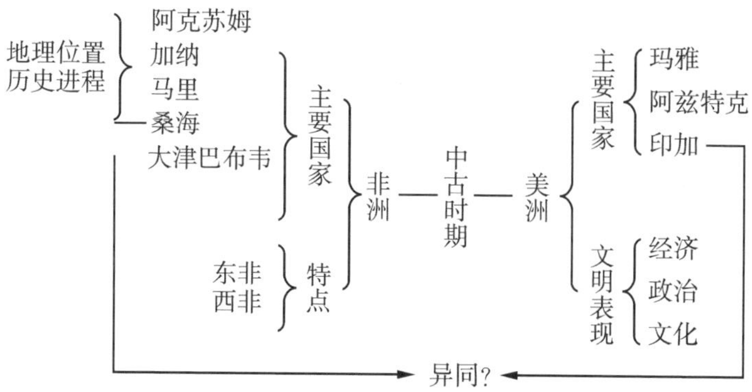

（四）核心素养水平划分

水平1：能够知道非洲、美洲历史发展存在差异的决定因素是生产力；能够识别非洲地图、美洲地图中的相关信息，说出古代非洲、美洲主要国家的名称；能够通过阅读教材文本和相关史料获取有效信息；能够有条理地概述古代非洲文明和美洲文明的基本状况；能够知道古代非洲与美洲的优秀文化遗产。

水平2:能够利用历史地图指出古代非洲、美洲主要国家的地理位置,通过绘制时间轴简述有关国家的历史发展进程;能够将历史知识与地理知识加以联系,理解地理环境是如何影响非洲、美洲历史发展的;在比较桑海帝国与印加帝国的异同时,能够尝试运用史料作为论据论证自己的观点。

水平3:能够从生产力与生产关系、经济基础与上层建筑的辩证关系中理解古代非洲、美洲主要国家历史发展进程;能够史论结合地论述桑海帝国和印加帝国的异同;能够分辨不同的历史解释,选择、运用史料对非洲传统文明的封闭性和开放性特点分别加以说明;能够概括中古时期横跨亚、非地区的国际贸易的具体内容;能够把握世界历史发展中美洲、非洲地区的进步历程,形成正确的世界观和历史观。

水平4:能够选择恰当的时空尺度,对中古时期世界各大洲文明发展进程进行分析、综合与比较,在此基础上归纳世界文明呈现的特点;能够运用唯物史观和多方面比较史事的方法,全面、客观地比较桑海帝国和印加帝国的异同并分析其成因;能够比较、分析不同来源、不同观点的史料,并运用史料对历史问题进行有针对性的论述和说明。

第6课

全球航路的开辟

一、课标要求

通过了解新航路开辟所引发的全球性流动、人类认识世界的视野和能力的改变,以及对世界各区域文明的不同影响,理解新航路开辟是人类历史从分散走向整体过程中的重要节点。

二、教材分析

本课主要叙述了新航路开辟,世界逐渐走向整体这一关键的历史节点,主要由三个子目构成:新航路开辟的动因和条件、新航路的开辟、其他航路的开辟。12世纪以来,欧洲进入中世纪晚期,政治、经济发生了巨大的变化,工商业持续发展,许多中心城市形成,人们对金银财富的需求以及对新市场的开拓意愿越发强烈。当时的西欧人认为,以中国为中心的遥远的东方,以及未知的海外是实现黄金梦的场所。在强烈欲望的驱使之下,15世纪以来,拥有丰富航海经验和较高航海技术的欧洲人掀起了海上探险的热潮。其中位于伊比利亚半岛的葡萄牙和西班牙,多次支持迪亚士、哥伦布、麦哲伦、达·伽马等探险家,从东西方向找寻通往东方的航路。探险家在追求财富的同时也开启了联结世界的新航路。随后,欧洲各个国家纷纷投入到航海探险中,进一步丰富了人类的地理知识,也使得人口、物种、商品、资金在世界范围内流动,各个国家、民族、文明在世界范围内碰撞、交流、融合,人类的历史由分散走向整体。

三、学情分析

学生在初中已学习过新航路开辟的背景、过程、影响等史实,具有较好的史实基础。但是学生要从已有的知识积累和能力出发,深层次理解新航路的开辟作为人类历史的重要节点,不仅仅意味着空间上的地理大发现,更意味着世界范围内各个文明之间真正联系的通道打开，人类历史从分散走向整体，则对学生的思维能力提出了新的挑战。另外，本课出现了大量各个时期欧洲人所绘制的世界地图，对学生的读图能力有较高的要求。教师需提供适当的史料与图片，设计恰当的问题，引导学生由表及里掌握新航路开辟的历史意义。

四、教学目标

1. 运用不同时期欧洲人所绘的世界地图，通过观察比较，了解新航路开辟的过程，感悟探险家的精神。

2. 通过史料解读，了解欧洲人在15世纪掀起航海探险的原因与条件，理解欧洲商品经济发展是推动新航路开辟的重要动力。

3. 通过新航路开辟前后的对比，理解新航路开辟是人类历史从分散走向整体过程中的重要节点；通过同一时代中国与西方之间的比较，认识中国未进入海洋探索的潮流，是中国逐步落后于西方的重要原因，增强学生的海洋意识。

教学重、难点：理解新航路开辟是人类历史从分散走向整体过程中的重要节点。

五、教学过程

（一）教学主题

从全球航路开辟的过程中，理解15世纪以后世界格局的变化，深刻认识到抓住世界潮流对国家发展的重要性。

（二）教学过程

导入

材料1　近代的西方人正在通过海洋这个“宽阔的跳板”而征服了整个世界。他们以海洋代替了草原，以劈波斩浪的船队代替了迅疾奔驰的马队……将整个世界都置于西方文化的影响之下。

——汤因比《人类与大地母亲》

材料2

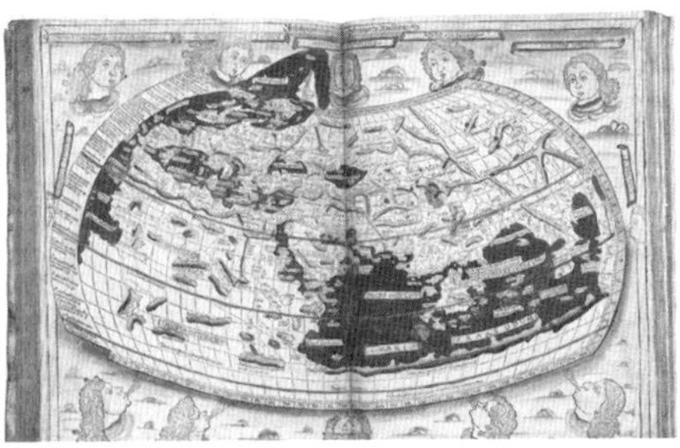

图1　15世纪末欧洲人所绘的世界地图

问题设计：根据这张世界地图，结合地理知识，指出当时欧洲人掌握的世界地理信息，并判断这张地图的绘图时间应该不晚于什么时期，并说明理由。

学生活动：仔细观察地图，提取有效信息并结合所学知识，判断地图所绘内容与绘图年代。

教师活动：这是1482年欧洲人根据古罗马地理学家托勒密的著述而绘制的世界地图。当时欧洲人认识的世界由亚洲、欧洲、非洲构成。欧洲的西边海洋拥有尽头，亚洲的最远处是陆地的尽头。

设计意图：地图是本课需要使用的非常关键的材料。由地图导入，说明在新航路开辟之前欧洲人对世界的认识实际上非常有限，为后续地理大发现做铺垫。

学习任务1：分析新航路开辟的历史原因。

教师活动：就如地图中所见，欧洲人对世界的认识存在缺陷，但是可以确认一个重要信息，即欧洲人对于亚洲的方位，以及几个重要国家的位置的认知还是比较准确的。

问题设计：回顾所学知识，在15世纪以前，欧洲与亚洲是否存在往来？主要是以什么方式为主？

学生活动：15世纪以前，欧洲与亚洲之间主要的交流方式是以丝绸之路为主的中西方商路。

教师补充：实际上，张骞出使西域开辟了丝绸之路，丝绸之路的沿线地区都与欧洲有着贸易往来。7—10世纪的唐宋年间，海上丝绸之路最远到达过红海。为什么15世纪西欧人急于开辟新的航路？

问题设计：结合教材，概述15世纪西欧人急于开辟新航路的动因与条件，并判断关键原因。

学生活动：根据教材，从15世纪欧洲的经济发展、欧洲人对财富的追求、传统商路受阻、传播宗教、航海技术条件改善等多方面概述15世纪欧洲人开辟新航路的历史动因与条件。

教师活动：斯塔夫里阿诺斯在《全球通史》曾这样描述："那时的西欧是无可匹敌的，它拥有向外猛冲的推动力——宗教动力、思想骚动、经济活力、技术进步和有效动员人力物力的民族君主国。"

设计意图：通过问题链的设计，引导学生思考、探究新航路开辟的历史动因与技术条件，并作叙述，培养其文本阅读与历史解释能力。

学习任务2：理解新航路的开辟是人类从分散走向整体过程中的重要节点。

材料3　4幅15世纪后欧洲人在不同时期所绘制的世界地图。

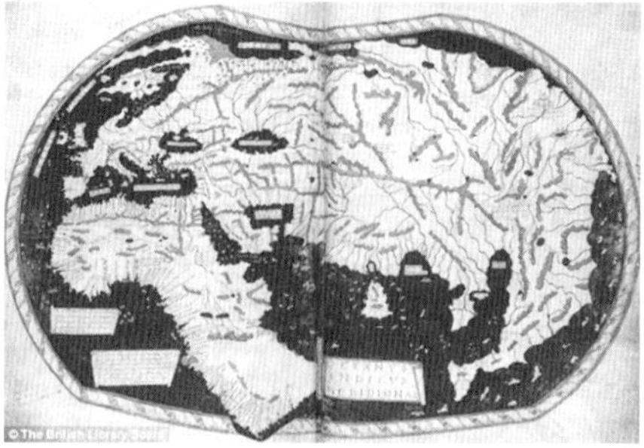

①

②

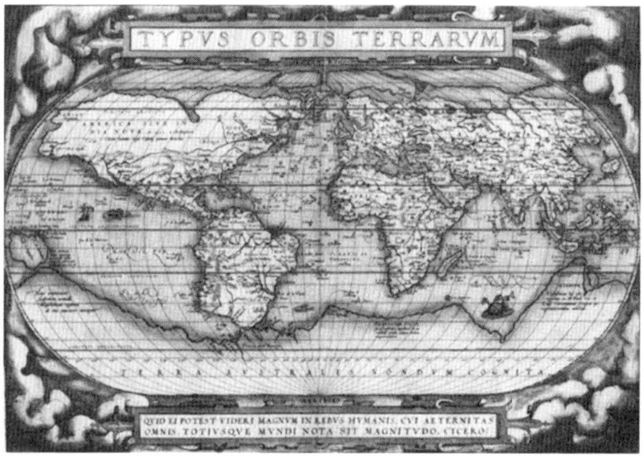

③

④

问题设计：仔细观察、比较4幅地图，提取关键的地理信息，试着依据时间先后进行排序。

学生活动：仔细观察每一幅地图，注意地图上出现的关键地理信息，比较每张地图的不同之处。地图①与前面1482年绘制的地图相比有两个最大的特点：(1)非洲的最南端不再是无边的大陆，而是海洋，并且大致描绘出了好望角；(2)亚洲大陆的最东边不再是陆地的尽头，而是海洋。地图②与地图①有两处不同：(1)对非洲海岸形状的描绘更加准确；(2)在大西洋上出现了美洲，但形状不是特别完整。地图③与②相比有三处不同：(1)对美洲轮廓的描绘更为精确；(2)南极和北极都以大陆的形式出现；③对亚洲大陆及其附近岛屿的描绘更为精确。地图④与图③相比有三处不同：(1)从视角上看，地图④比较接近现在地图的视角；(2)各个大陆、国家形状的描绘也更加精确，比如南极、北极，日本；(3)出现了大洋洲。

教师活动：地图不仅仅传达出直观的空间信息，还蕴含着丰富的历史信息。

问题设计：根据教材关于新航路开辟过程的叙述，找寻航海家们探险的时间、路径，将上述信息与地图相关联，判断上面4幅地图绘制的大体时间。

学生活动：根据教材的叙述，对应新航路开辟过程中的航海事例，理解随着航海活动的不断发生，欧洲人对于地球的认识也在不断深入。

教师补充：地图①是在迪亚士绕过好望角之后，生活在佛罗伦萨的德国制图师亨利库斯·马特鲁斯于1491年绘制的世界地图，反映了当时有关世界形成的最新理论。地图②是在哥伦布发现美洲新大陆之后，德国制图师马丁·瓦尔德泽米勒于1507年绘制的世界地图，这是首幅清楚描绘西半球为独立半球、太平洋为独立大洋的地图。该地图被称为美洲的“出生证”，代表了人类关于世界的认识上的一次巨大飞跃。地图③是1570年比利时人亚伯拉罕·奥特琉斯绘制的世界地图，反映了16世纪已有众多探险家去往北冰洋区域探险，并且留下了详细的航海记录的史实。地图④是由17世纪中期荷兰人琼·布劳在阿姆斯特丹出版，在当时号称是“现代最精确的地图”，反映了17世纪探险家开始对南半球进行探险的历史。

问题设计：结合地图的变化与教材描述，说明欧洲人航海探险的发展趋势。

学生活动：从数量上来看，呈现从西欧少数国家到西欧众多国家的趋势；从地域上来看，范围逐渐变广；从对区域的认识上来看，由初步认识，到逐渐深入，最后较为精确掌握各个地区的基本地理情况。

教师补充：从伊比利亚半岛的葡萄牙、西班牙出发，再到欧洲大陆上各个国家纷纷投入海洋冒险，在此过程中，世界的各个区域不断被探索、被接触、被熟知，通过新的航线开始联结为一体，这就是地理大发现的含义。

材料4　一段新航路开辟时期，麦哲伦航海的纪录片。

问题设计：观看视频，说说航海家在旅途中面临的危险，感受他们身上的精神，分析他们航海取得的利益。

设计意图：通过对多张世界地图的解读，培养学生提取地图信息的能力，使其对新航路开辟过程有更直观、深入的了解，进一步理解各区域之间联系的深入，各个地区从分散走向整体，是一个动态发展的过程。同时，让学生意识到，航海取得的巨大利益是促使欧洲人不断探索的关键原因。

学习任务3：分析全球航路开辟后欧洲航海目的发生的变化。

材料5　当西方的航海家们最初开辟海上航路时，他们大多数人对传说中富饶而神秘的东方世界抱着一种敬仰之心，在追求财富和服务上帝的动机指引之下，历尽艰辛来到东方去寻找香料和基督徒。然而，随着通往印度、东南亚、中国等地航路的开辟以及对新大陆的发现，西方的探险家们日益从东方文明的仰慕者转变为贪婪傲慢的掠夺者，他们的目的也不再局限于寻找香料和发现基督徒，而是要蚕食、鲸吞欧洲以外的其他地区，乃至于彻底征服和瓜分整个世界。

——赵林《大航海时代的中西方文明分野》

问题设计：根据材料5指出，随着全球航路的开辟，欧洲人航海的目的发生了什么变化。

学生活动：欧洲人航海的目的从最初对于外界的探索，获得商品、黄金，传播宗教，变为在世界范围内争夺殖民地。

材料6　《18世纪世界殖民地图》（历史地图，略）。

问题设计：根据地图，辨析当时欧洲各国的殖民范围，结合所学知识，尝试多角度分析欧洲人航海目的发生变化的原因。

学生活动：可以从利益、欧洲实力、被殖民地区等多个方面尝试分析目的变化的原因。

教师补充：随着新航路开辟，欧洲各国在利益的驱使下，在世界范围内进行角逐，欧洲进入到对外殖民扩张阶段，也逐渐成为世界的中心。如《全球通史》中所提到的，"全球航路的开辟标志着地区自治和全球统一之间冲突的开端"。

设计意图：通过史料与地图，辩证认识分析全球航路开辟之后欧洲航海目的发生变化，对世界带来的影响，进一步理解全球航路开辟不仅仅只有地理上的意义，从人类发展的角度上来看，也标志着一个新的时代的开始，以此培养学生的唯物史观、历史解释核心素养。

学习任务4：将同时代中国与欧洲进行对比，认知中国在关键时期错失时代潮流的严重后果。

教师活动：仔细观察《18世纪世界殖民地图》可发现，中国的台湾、广东、海南等地已经有西方国家染指。原先那个让西方国家向往的富庶的泱泱大国，为何在全球航路开辟的这两百多年间，似乎对海外活动完全无动于衷？

材料7　15世纪以来中国政府关于对外交流政策与活动的时间轴。

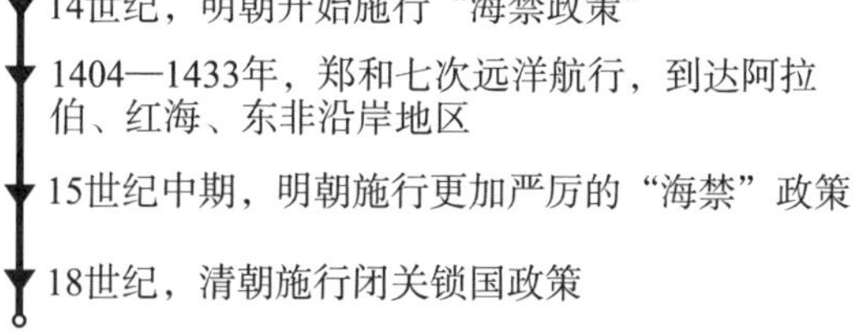

问题设计：对比同时期的西方，中国关于对外交流的态度有何不同？

学生活动：同时期的西方关于对外交流持积极进取态度，而中国则是保守孤立。

问题设计：结合所学知识，用史实说明，在世界逐渐走向整体的时代，明清政府保守孤立的态度。这对中国产生的最大影响是什么？

学生活动：中国面对世界潮流错失了机遇，导致其近代以来逐渐落后于西方。

设计意图：对比同时代的中国与西方，使学生认识到在全球航路开辟的时代，中国错失了关键的机会，最终落后于西方，由此树立海洋意识，涵养家国情怀。

小结：15世纪全球航路开辟后，人类文明从分散走向整体。在大航海时代，欧洲的航海家不断探索，最终将世界连为一体，欧洲开始逐渐成为那个时代的主宰。同时代的中国，面对世界潮流，选择了保守孤立，在错失了机遇的同时，也为后续的危机埋下了伏笔。当下的我们应该汲取历史的经验和教训，生活在陆地上，也要随时关注着海洋；生活在中国的土地上，也要随时关注着世界的潮流。

（三）板书设计

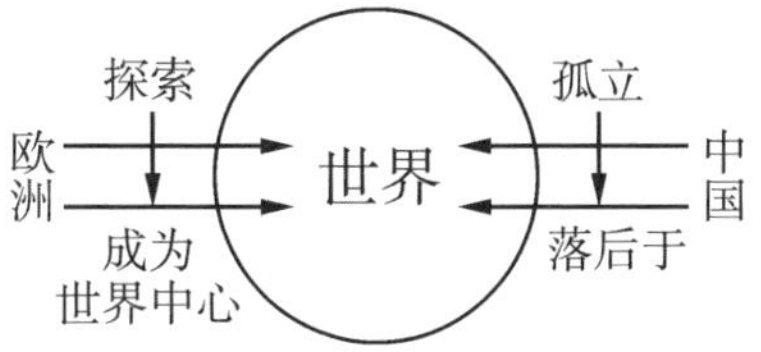

（四）核心素养水平划分

水平1：能够掌握全球航路开辟的史实；能够从多种类型的史料中提取有关信息，说明全球航路开辟的历史动因和条件。

水平2：能够运用准确的时间术语描述全球航路开辟的过程；能够精确提取历史地图中的信息，对应不同时代历史地图的变化，对主要的探险活动与探险过程加以描述。

水平3：能够利用不同类型的史料，分析随着全球航路的开辟，欧洲人探险目的发生了阶段性变化，并从多角度分析产生变化的原因；能够理解欧洲人在全球航路开辟过程中扮演的重要角色，描述15世纪以后世界格局发生的变化，分析变化带来的影响；能够对比认识在大航海时代中国错失了重要机会，是近代中国落后的重要原因。

水平4：能够比较、分析不同来源、不同观点的史料，分析15世纪以后欧洲逐渐成为世界中心的原因；能够分析中国未能抓住关键时机的历史原因，理解抓住潮流对国家发展的重要性，树立起海洋意识。

第7课

全球联系的初步建立与世界格局的演变

一、课标要求

通过了解新航路开辟所引发的全球性流动、人类认识世界的视野和能力的改变,以及对世界各区域文明的不同影响,理解新航路开辟是人类历史从分散走向整体过程中的重要节点。

二、教材分析

本课主要叙述了新航路开辟的影响,由三目内容构成:人口迁移与物种交换、商品的世界性流动、早期殖民扩张。新航路的开辟,在人类历史逐步从分散走向整体的进程中迈出了重要的一步,全球交通网络的建立,使世界各地形成了广泛的直接联系。随着海上航路的扩展和商品的世界性流动,世界各地区之间的经济联系不断加强,世界市场初步形成。新航路的开辟引发了全球物种大交换,主要有人口、动植物以及病原体的跨区域的传播和交流,改变了世界的人文地理格局和自然环境状态。

新航路开辟揭开了欧洲海外殖民扩张的序幕,殖民扩张打破了美洲和非洲原有的社会发展进程,使亚洲的古老帝国受到冲击。欧洲出现了商业革命和价格革命,推动了欧洲资本主义发展。世界格局和历史发展进程被改变,人类社会开始进入大变革的时代。

三、学情分析

学生在初中已了解并基本掌握了新航路开辟的过程,葡萄牙、西班牙、荷兰、法国、英国的殖民扩张活动,但对新航路开辟影响的认识还不够深入。本课要求学生理解全球航路联系带来的历史影响,不仅要尽可能全面地、立体地阐述和挖掘其具体影响,更要理解人类历史在这一阶段开始了从分散向整体发展的过程,世界各国、各民族和地区开始逐渐连成一个息息相关的整体，培养学生具有世界联系的全局眼光和国际视野。

四、教学目标

1. 运用唯物史观，知道全球联系的多个层面，认识人类社会从分散到整体的发展历程。

2. 通过时空定位，知道全球物种大交换，描述印度洋贸易、大西洋贸易、太平洋贸易的路线和内容，把握商品的全球性流动。

3. 结合史料，理解商业革命和价格革命，认识西欧资本主义的发展。

4. 通过了解世界历史发展的进步历程，更加全面、客观地认识历史问题和现实问题，拓宽国际视野，形成开放的世界意识。

教学重点：认识开辟新航路的世界影响。

教学难点：理解新航路开辟是人类历史从分散走向整体过程中的重要节点。

五、教学过程

（一）教学主题

围绕关键词“联系”，通过学习新航路开辟后全球初步建立的社会、经济、政治、文化的联系，感知世界从分散走向整体，认识世界格局发生的变化，人类社会进入新的阶段。

（二）教学过程

导入

材料1

图1　15世纪的世界地图

图2　16世纪的世界地图

教师活动：图1展示的是15世纪的世界地图出自托勒密的《地理学指南》，在哥伦布发现新大陆以前是最权威的世界地图。图2展示的是16世纪的世界地图，是世界上第一份现代地图册。

学生活动：比较两幅不同时期的世界地图，找出它们所呈现的世界的不同，尝试说明产生这种不同的原因。

教师活动：观察图1、图2，可以发现15世纪的世界地图除了经纬度、大陆的距离不标准以外，只描绘了欧洲、部分亚洲地区和赤道以北的非洲地区，范围非常有限。而16世纪的世界地图呈现了更为广阔的范围，且对欧、亚、非、美、大洋五大洲的形状有了比较正确的认识。这种变化得益于新航路的开辟，各个大洲之间相对孤立的状态被打破，世界开始连成一个整体，人们对世界的认识更加全面。

设计意图：利用15世纪和16世纪的世界地图导入本课，引导学生识别历史地图中呈现的信息，导入本课的主题。

学习任务1：了解新航路开辟带来的社会联系。

教师活动：随着新航路的开辟，大陆与大陆之间的交流日益频繁，分散的、独立的、隔离的世界逐渐连在一起。结合教材，思考各大陆主要有哪些事物扩散和交流。举一个例子说明，并描述其影响。

学生活动：阅读教材，制作表格。

类型	人口	动植物		疾病
		动物	植物	
举例	美洲族群混合	牛	玉米	天花
影响	民族融合、新民族形成	农耕技术的传播	有利于人口增长，贫瘠地区得到开发	造成大量美洲和大洋洲原住民的死亡和原有社会解体

教师活动：今天我们所习以为常的丰富的动植物，我们所看到的全球种族分布，以及我们所了解的一些疾病，都受到新航路开辟的影响。全球物种大交换改变了世界的人文地理格局和自然地理环境状态，也是整体世界的体现。

设计意图：从教材中提取相关信息，迅速梳理新航路开辟后的人口迁移和物种交换情况，且联系日常生活中的所见所闻，拉近历史和现实的距离。

学习任务2：理解新航路开辟带来的经济联系、政治联系、文化联系等。

材料2　对于航行印度的欧洲船舶，一般地说，银是最有价值的输运品，对于向马尼拉航行的亚卡普科船舶来说，也是如此。新大陆的银，实际就是依着这种种关系，而成为旧大陆两端通商的主要商品之一。把世界各处相隔遥远的地区联络起来的，大体上也以银的买卖为媒介。

——亚当·斯密《国富论》

问题设计：阅读材料2并结合所学知识，在空白世界轮廓图上描绘主要贸易路线，并思考这些贸易路线主要交换的商品。

学生活动：自主阅读教材后，分小组在空白世界轮廓图上描绘贸易路线，标注交换商品。完成后进行课堂展示和说明。

教师活动：观察、补充、引导。新航路开辟后，随着全球海路扩展，传统的印度洋贸易和新兴的大西洋贸易、太平洋贸易齐头并进。在印度洋贸易中，欧洲商人和阿拉伯商人竞争香料等商品。在大西洋贸易中，形成了"三角贸易"，商人将欧洲生产的纺织品、枪支和手工制品运到非洲，换取黑人后运到美洲卖为奴隶，最后换回美洲的贵金属、蔗糖和烟草。在太平洋贸易中，中日之间进行了丝银贸易。西班牙运载中国的生丝、丝绸、棉布和瓷器等产品到墨西哥交换白银，再将白银运回马尼拉，这些白银又基本流入了中国。葡萄牙人把中国的生丝、瓷器等货物运往印度，再转运到欧洲各国，贸易路线跨越大西洋、印度洋和太平洋。

随着海上航路的扩展和商品的世界性流动，世界各地区的经济联系不断加强，世界市场初步形成。

材料3 美洲的白银产量迅速增长，16世纪总计约为17000吨，平均年产量为170吨。17世纪平均年产量上升到420吨，总产量为42000吨，其中大约31000吨输入到欧洲。

——贡德·弗兰克《白银资本》

问题设计：阅读材料3，思考这种商品的流动是否公平合理，结合教材进行说明。

学生活动：罪恶的"三角贸易"使欧洲人获益丰厚，得到了大量资本和商品。

教师活动：欧洲在"三角贸易"中获得了巨大的回报，但在这一全球经济中，非洲、美洲付出了巨大的代价。那么这种联系主要是靠什么来保证其几百年间的持续进行呢？

学生活动：16—17世纪，葡萄牙、西班牙、荷兰、英国、法国相继走上了大规模殖民扩张掠夺的道路，在亚洲、非洲、北美洲建立了多个殖民地，通过殖民扩张的手段，保障了商品的交流。

教师活动：结合教材，思考殖民扩张的方式和手段。

学生活动：伴随着殖民扩张，殖民者对殖民地人民进行了掠夺、奴役和不平等的贸易。

教师活动：正因为欧洲人可以在新发现的地区获得财富，加上当时流行的观念认为基督教国家有权力占领异教徒的国土，较早参与航海活动的国家为争夺殖民地，矛盾日益尖锐。

材料4

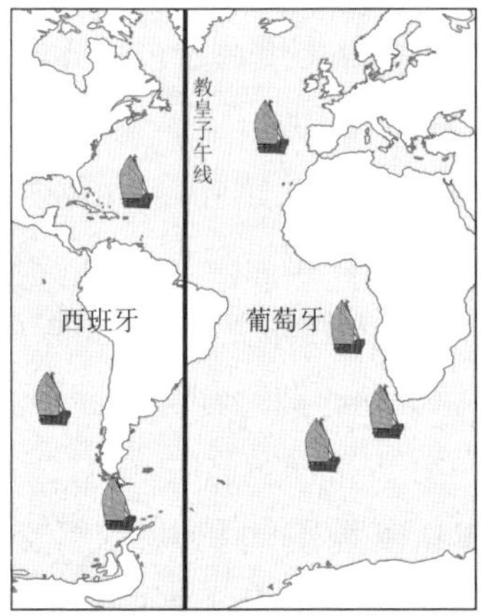

图3　教皇子午线平面示意图

学生活动：观察教皇子午线平面示意图，提取相关信息。

教师活动：罗马教皇亚历山大六世在西班牙、葡萄牙的殖民地争夺上做出仲裁，是西方列强瓜分世界、划分势力范围的开始。教皇子午线既体现了政权方面对殖民活动的支持和认可，同时也体现了教权的影响力，可想而知，在全球联系建立的过程中，除了经济联系和政治联系，宗教、思想文化也在交流、碰撞。世界的整体性是体现在多个层面的，这种全球联系的广度和深度，也是以往大陆之间的交往所无法比拟的。

设计意图：以白银的交流为线索，结合地图描述商品的世界性流通，使学生了解新航路开辟后全球性的经济联系、政治联系和文化联系，较为全面地理解全球联系的建立和世界的整体性。

学习任务3：分析世界格局的变化。

问题设计：在世界的相互联系中，世界格局会发生怎样的变化？

学生活动：美洲文明遭到毁灭性打击，非洲人民承受了巨大的灾难，亚洲的古老国家受到冲击，欧洲的资本主义加速发展。

教师活动：以欧洲为例进一步探究。出示图4和材料6、7。

材料5

图4　1531年，安特卫普建立了世界上第一个证券交易所

材料6　在英国，(16世纪)商品价格平均提高了155%，而工资只提高了30%；在法国，商品价格提高了120%，而工资只提高了24%。……而新兴的资产阶级从剥削廉价劳动力和高价出售产品中牟取厚利。

——张箭《地理大发现研究：15—17世纪》

材料7　创造资本关系的过程就只是劳动者和他的劳动条件的所有权分离的过程。这一过程不仅使直接生产者转化为雇佣工人，也使社会的生活资料和生产资料转化为资本。因此，所谓原始积累只是生产者和生产资料分离的历史过程。这个过程之所以表现为"原始的"，就是因为它是形成资本及与之相适应的生产方式的前史。

——马克思《资本论》

问题设计：图4体现了什么现象？为什么世界上第一个证券交易所会出现在1531年的安特卫普？

学生活动：图4体现了商业革命。新航路开辟后，商品贸易的扩张使商品种类与流通量成倍增长，贸易中心逐渐从地中海转移到大西洋沿岸。为了适应新的经济形势，股份公司与证券交易所纷纷出现。1531年，大西洋沿岸城市安特卫普出现了世界上第一个证券交易所。

问题设计：材料6体现了什么现象？简析该现象会带来什么影响。说明为什么新航路开辟后，欧洲资本主义迅速发展。

学生活动：材料6呈现的物价大幅上涨现象体现了价格革命。价格革命使依赖固定地租收入的封建领主经济地位下降，商业资产阶级实力上升，欧洲资本主义加速发展。一方面，商业革命和价格革命壮大了商业资产阶级的实力，促进封建制度的解体；另一方面，殖民扩张掠夺、"三角贸易"、价格革命等都是资本原始积累的途径，有利于资本主义的发展。

教师活动：补充引导。

设计意图：了解新航路开辟对世界各区域文明的不用影响，尝试运用材料并使用历史术语解释商业革命和价格革命，恰当地运用史料论述新航路开辟后欧洲资本主义发展的原因，培养学生的历史解释核心素养。

小结：新航路开辟后，局部的文明交往变为文明之间的全面交往，包括社会、经济、政治、文化等方面，全球联系初步建立，开启了真正意义上的世界历史，世界各国、各地区和各民族开始逐渐连成一个息息相关的整体。资产阶级登上历史舞台，人类开始进入大变革的时代。

（三）板书设计

分散 ——→ 整体

全球联系的初步建立与世界格局的演变
- 欧洲：资本主义发展
- 亚洲
- 非洲
- 美洲

△ △

- 社会：人口、动植物、疾病
- 经济：商品→世界市场
- 政治：殖民扩张
- 文化：宗教、思想

（四）核心素养水平划分

水平1：能够掌握唯物史观联系、发展的观点，认识全球联系的多个层面；能够运用恰当的时间和空间表达方式描述“三角贸易”；能够从教材中提取有关信息，概括全球物种大交换的内容。

水平2：能够结合地图描述商品流动的路线和交换的内容；能够运用材料并使用相关历史术语，解释商业革命和价格革命。

水平3：能够理解人类社会从分散到整体的发展历程，把握世界历史发展的进步历程；能够把握新航路开辟后相关史事的时间、空间联系，对较长时段的事件进行概括。

水平4：能够全面、客观地看待新航路开辟的影响，在特定的时间下对新航路开辟期间的欧、亚、美、非各大洲进行分析、综合、比较，在此基础上认识到新航路开辟带来的全球联系的建立和世界格局的变化。

第8课

欧洲的思想解放运动

一、课标要求

通过了解文艺复兴、宗教改革、启蒙运动与资产阶级革命的历史渊源，认识资产阶级革命的发生和资本主义制度的确立，是近代西方政治思想理念的初步实现。

二、教材分析

本课主要讲述14—18世纪欧洲经历的思想文化和科学领域的重大变革，依照时序介绍了文艺复兴、宗教改革、近代科学的兴起和启蒙运动。文艺复兴使人文主义在西欧传播开来，削弱了天主教的权威。随后进行的宗教改革又进一步打击了天主教的神权统治，在更广大层面推动了西欧的思想解放。近代科学的兴起更加凸显了“人”的地位，最终，以人的“理性”为指导思想的启蒙运动将矛头指向封建专制，直接推动了欧美资产阶级革命运动的到来。文艺复兴、宗教改革、科学革命和启蒙运动相继展开，人性得到张扬，科学受到推崇，专制制度与教会遭到猛烈抨击，自由、民主和平等的思想逐渐深入人心。

三、学情分析

学生在初中已对西欧的思想解放运动的基本史实有一定程度的了解，对文艺复兴、宗教改革、科学革命、启蒙运动的代表人物及其作品也有着较强的学习兴趣。本课要求学生从思想史的角度，深刻认知但丁、马丁·路德、哥白尼、牛顿、伏尔泰、孟德斯鸠、卢梭等西方思想和科学巨人所体现的人文精神和科学精神，掌握人文主义和理性主义两个核心概念，以及文艺复兴、宗教改革、启蒙运动内在的发展脉络，对学生的思维能力提出了更高的要求。

四、教学目标

1. 通过制作西欧思想解放运动代表人物年表，掌握文艺复兴、宗教改革、科学革命和启蒙运动的主要代表人物及其主张。

2. 通过对西欧思想解放运动代表人物年表的分期，认识文艺复兴、宗教改革、科学革命和启蒙运动等历史事件对推动西欧思想解放运动的历史意义。

3. 通过对西欧思想解放运动代表人物年表的解读，培养学生从年表中获取有效信息的能力和归纳历史演变脉络的能力；解释人文主义和理性主义这两个核心概念。

4. 认识文艺复兴、宗教改革、科学革命和启蒙运动与资产阶级革命之间的历史渊源。

教学重点：理解西欧思想解放运动与资产阶级革命的渊源。

教学难点：理解人文主义和理性主义。

五、教学过程

（一）教学主题

围绕人文主义和理性主义两个核心概念进行梳理与分析，理解西欧思想解放运动与资产阶级革命的渊源。

（二）教学过程

导入

材料1　历史学家的第一项工作是制作年表。首先是按时间存续排列事件。……第二项工作是分期。实际中非分期不可：不切分就无法把握整体。……

——安托万·普罗斯特《历史学十二讲》

教师活动：以“西欧的思想解放运动”这段历史为例，制作年表并对年表进行分期。

设计意图：采用角色转换的方式，让学生尝试做历史学家，增强学生学习的主动性和探究性。

学习任务1：以“西欧思想解放运动代表人物年表”为依据，了解欧洲思路解放运动的“人”和“事”。

问题设计：将本课所涉及的人物，按照先后顺序进行罗列。

学生活动：依据教材，快速梳理相关人物。

但丁	（1265—1321）
彼特拉克	（1304—1374）
薄伽丘	（1313—1375）
达·芬奇	（1452—1519）
米开朗琪罗	（1475—1564）
拉斐尔	（1483—1520）
莎士比亚	（1564—1616）
马丁·路德	（1483—1546）
哥白尼	（1473—1543）
牛顿	（1643—1727）
伏尔泰	（1694—1778）
孟德斯鸠	（1689—1755）
卢梭	（1712—1778）
亚当·斯密	（1723—1790）
康德	（1724—1804）

学习活动：展示自己制作的年表，并派代表上台演示。

问题设计：在制作大事年表时要特别注意什么？不同的同学在制作大事年表时选取的历史人物和历史事件不完全相同，你从中得出了怎样的认识？

学生活动：小组讨论，得出结论。①时序性是历史学科的重要特征，只有掌握时序性，才能构建完整的历史知识结构。②基于对历史事件的不同理解，不同的历史学家在制作大事年表过程中挑选了不尽相同的历史事件，做出了不同的历史解释。

问题设计：将年表中的15位历史人物按照历史事件进行归类，并说一下理由。

学生活动：按照文艺复兴、宗教改革、科学革命、启蒙运动来归类。

但丁	（1265—1321）	文艺复兴
彼特拉克	（1304—1374）	
薄伽丘	（1313—1375）	
达·芬奇	（1452—1519）	
米开朗琪罗	（1475—1564）	
拉斐尔	（1483—1520）	
莎士比亚	（1564—1616）	
马丁·路德	（1483—1546）	宗教改革
哥白尼	（1473—1543）	科学革命
牛顿	（1643—1727）	
伏尔泰	（1694—1778）	启蒙运动
孟德斯鸠	（1689—1755）	
卢梭	（1712—1778）	
亚当·斯密	（1723—1790）	
康德	（1724—1804）	

教师补充：将历史人物按照历史事件来归类，首先要看这个历史人物的主张是什么，是否切合所要归类的历史事件的主题。将但丁、彼特拉克、薄伽丘归类为文艺复兴，是因为他们创作的诗篇和小说，讽刺教会的封建腐朽，宣扬人性的自由，这符合文艺复兴解放人性、关注现世生活的主题。

问题设计：如果要把西欧的思想解放运动这一历史进程所涉及的四个历史事件再进行分类，应如何划分？说说你的理由。

学生活动：小组讨论，得出两种结论。第一种是将文艺复兴和宗教改革划分为一类，将科学革命和启蒙运动划分为一类。理由是文艺复兴和宗教改革主要彰显人文主义，科学革命和启蒙运动主要彰显理性主义。第二种是将文艺复兴、宗教改革和启蒙运动划分为一类，将科学革命单独划分为一类。理由是文艺复兴、宗教改革和启蒙运动属于人文思想类，科学革命属于自然科学思想类。

但丁	（1265—1321）		
彼特拉克	（1304—1374）		
薄伽丘	（1313—1375）		
达·芬奇	（1452—1519）	文艺复兴	
米开朗琪罗	（1475—1564）		
拉斐尔	（1483—1520）		人文主义
莎士比亚	（1564—1616）		
马丁·路德	（1483—1546）	宗教改革	
哥白尼	（1473—1543）	科学革命	
牛顿	（1643—1727）		
伏尔泰	（1694—1778）		理性主义
孟德斯鸠	（1689—1755）		
卢梭	（1712—1778）	启蒙运动	
亚当·斯密	（1723—1790）		
康德	（1724—1804）		

教师追问：第一种分类方法的依据是什么？

学生活动：如教材所述，“文艺复兴以学习和恢复希腊罗马古典文化为号召，实质上却是创立符合新兴资产阶级需要的新文化，精神内核是人文主义”，“宗教改革进一步解放了人们的思想，传播和发展了人文主义”，所以文艺复兴和宗教改革的核心主旨就是发展人文主义。“科学革命形成了重视经验和事实的理性化思维方式”，“‘理性’是启蒙运动的精神内核，强调独立思考与自主精神”，所以科学革命和启蒙运动的核心主旨是发展理性主义。

教师补充：历史学科的分类绝不是单一的、固定的、一成不变的，这彰显了历史学科的魅力和学科研究的开放性特征。

设计意图：通过对年表进行分期这样的设计，考查学生对本课知识的掌握程度，更重要的是让学生学会构建知识体系，从更宏观的角度去认识和思考西欧思想解放运动的进程，文艺复习、宗教改革、科学革命和启蒙运动等历史事件对推动西欧思想解放运动的历史意义，从而落实历史解释核心素养。

学习任务2：理解并掌握人文主义和理性主义两个核心概念。

材料2 文艺复兴理直气壮地承认人性的合理性，热情而坦然地享受现世生活；宗教改革追求真正的内心圣洁和精神自由而无须拘泥于外在的宗教形式……

——摘编自赵林《基督教思想文化的演进》

问题设计：根据材料2，概括人文主义的含义。

学生活动：不管是文艺复兴中人文主义者赞美人性、享受现世生活，还是宗教改革家追求内心圣洁和精神自由，都体现了对人本身的关注和肯定。人文主义主张一切以人为本，把人从中世纪的神学枷锁下解放出来，宣扬个性解放，追求现实幸福，追求自由平等。

材料3 随着牛顿经典力学体系的完成，科学的理性传统就基本确立下来。牛顿力学的理性光芒不仅照亮了自然界，而且通过霍布斯、洛克、亚当·斯密等人照亮了人类社会。洛克是启蒙运动时期的杰出哲学家，他批判神权统治，批判不合理的社会制度，认为必须以“理性”为武器探索社会的“自然”基础和规律。

——姚庆海、杨学功《论科学理性与人文精神的统一》

问题设计：阅读材料3并结合教材，说明近代科学革命和启蒙运动的关系，并概括理性主义的含义。

学生活动：启蒙运动代表人物接受科学革命中所遵循的理性思想，要求人们以理性和科学的光芒，驱散蒙昧、迷信、宗教狂热和专制统治带来的黑暗。理性主义崇尚理性，肯定客观世界的规律性，提倡科学，重视知识，反对愚昧，向往自由平等的理想社会。理性主义的目标是要把人从世俗权力的压迫和自身的蒙昧状态中解放出来。

设计意图：通过解读材料，使学生能够理解人文主义和理性主义的基本内涵，突破教学重难点。

学习任务3：理解人文主义和理性主义的继承与发展。

问题设计：再次阅读材料2、3，思考人文主义和理性主义的关系。

学生活动：文艺复兴和宗教改革主要反抗神权统治，而启蒙运动要反抗一切外在的权威。宗教神权和封建专制都是对人本身的压迫。因此，不管是人文主义还是理性主义，都试图完成人本身的解放，所以说理性主义是对人文主义的继承与发展。

设计意图：通过辨析理性主义对人文主义的继承与发展，深化对核心概念的认识，理解思想解放运动的继承性、持续性。

学习任务4：理解西欧思想解放运动与资产阶级革命的渊源。

材料4 我们认为这些真理是不言而喻的；人人生而平等，他们都从他们的“造物主”那边被赋予了某些不可转让的权利，其中包括生命权、自由权和追求幸福的权利。为了保障这些权利，所以才在人们中间成立政府。而政府的正当权利，系得自被统治者的同意。如果遇到任何一种形式的政府变成是损害这些目的的，那么，人民就有权利来改变它或废除它，以建立新的政府。

——1776年美国《独立宣言》

材料5　在权利方面，人们生来是而且始终是自由平等的。

——1789年法国《人权宣言》

问题设计：阅读材料4、5，思考西欧思想解放运动与资产阶级革命之间的关系。

学生活动：美国《独立宣言》和法国《人权宣言》的内容都受到启蒙运动的影响，启蒙运动直接推动了美国独立战争和法国大革命。

教师活动：美国独立战争和法国大革命等欧美典型的资产阶级革命所通过的宣言，都带有启蒙运动的深刻印记。伏尔泰、孟德斯鸠、卢梭的主张成为欧美资产阶级革命的口号和要求，在革命成功后都用宣言的形式将其作为革命的成果确定下来，可见西欧思想解放运动已经播下欧美资产阶级革命的种子。以文艺复兴、宗教改革、科学革命、启蒙运动为主线的思想解放运动，解放了人们的思想，为资本主义制度的建立做了理论准备和舆论宣传。

设计意图：通过解读材料，使学生一方面理解西欧思想解放运动与资产阶级革命之间的渊源，落实本课的重点，另一方面认识到思想解放运动是渐进的、连续的、前后相继的。

小结：文艺复兴、宗教改革、科学革命和启蒙运动相继展开，人性得到张扬，科学受到推崇，专制制度与教会遭到猛烈抨击，自由、民主和平等的思想逐渐深入人心，近代西方政治思想理念初步实现。

（三）板书设计

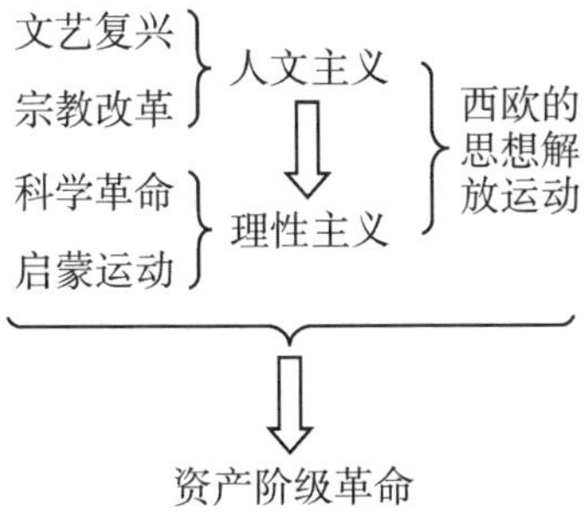

（四）核心素养水平划分

水平1：能够理解历史年表的时序性特征，了解西欧思想解放运动的历史分期；能够有条理地讲述西欧思想解放运动的基本史实，说出其基本进程，知道文艺复兴、宗教改革、科学革命、启蒙运动的主要代表人物。

水平2：能够将文艺复兴、宗教改革、科学革命和启蒙运动等史实定位在西欧思想解放运动的时空框架下，并对其加以描述；能够理解历史年表是一种历史叙事，本质上是一种历史解释；能够运用通观全局的方法，把握西欧思想解放运动各个历史发展阶段的阶段特征。

水平3：能够把握西欧思想解放运动进程中相关史事之间的联系，运用历史年表对西欧思想解放运动的史事加以概括和说明；能够理解历史解释的多样性特征，对西欧思想解放运动的系列史事作出合理解释，特别是能够解释人文主义和理性主义两个核心概念；能够认识到思想解放运动是渐进的、连续的、前后相继的。

水平4：能够选择恰当的时空尺度对西欧思想解放运动的史事进行分析、综合、比较并作出合理的论述；能够解释西欧思想解放运动与资产阶级革命之间的渊源关系；能够独立制作该时期的历史年表并对其加以说明；能够全面、客观地论述西欧思想解放运动的相关问题；能够独立探究西欧思想解放运动的相关问题，并尝试提出新的解释。

第9课

资产阶级革命与资本主义制度的确立

一、课标要求

通过了解文艺复兴、宗教改革、启蒙运动与资产阶级革命的历史渊源，认识资产阶级革命的发生和资本主义制度的确立，是近代西方政治思想理念的初步实现。

二、教材分析

本课主要叙述了西方国家相继走上资产阶级革命或改良道路的历程，包括英国资产阶级革命、美国独立战争、法国大革命以及19世纪以来的俄国农奴制改革、意大利资产阶级革命、德意志帝国的建立、日本明治维新等。上述国家的资产阶级革命或改革最重要的产物是在经济和政治领域逐步确立了资本主义基本制度，资本主义经济制度的实质是资本剥削雇佣劳动，资本主义政治制度则表现为君主立宪制或民主共和制。资产阶级革命和随之建立的资本主义制度初步实现了启蒙运动的部分政治理念，深刻影响了世界历史的走向。

三、学情分析

学生在初中已系统学习了英、美、法等国的资产阶级革命或改革及成果，对某个国家的革命或改革已经形成基本认知，但对多国的革命或改革之间的联系，对思想运动与政治变革之间的双向影响还缺乏认识。教师需要创设情境，拓宽学习深度与广度，加深学生对资本主义革命与资产阶级制度的进一步理解。

四、教学目标

1. 通过建构英、美、法三国资产阶级革命和确立资本主义制度大事件时间轴，了解三国革命进程与革命成果，认识资本主义政治制度和经济制度，感悟时代趋势，培育时空观念。

2. 通过了解19世纪资本主义制度在全球的拓展,进一步认识资本主义制度在各国的体现和其历史地位。

3. 通过解读史料,理解启蒙运动等是资产阶级革命爆发的重要思想渊源;认识资产阶级革命的发生和资本主义制度的确立,是近代西方政治思想理念的初步实现。

教学重、难点:认识资产阶级革命的发生和资本主义制度的确立,是近代西方政治思想理念的初步实现。

五、教学过程

(一)教学主题

通过对英、美、法等国资产阶级革命与建立资本主义制度历程的梳理,认识资产阶级革命的发生和资本主义制度的确立,是近代西方政治思想理念的初步实现。

(二)教学过程

导入

材料1 黑格尔认为:一旦个人和民族使关于充分发展的自由的抽象概念进入他们的头脑,就没有什么比这更具有控制不了的力量。

——斯塔夫里阿诺斯《全球通史》

教师活动:哲学家黑格尔的这句名言将上一节课与这一节课恰当地勾连起来,上一节课见证了"充分发展的自由的抽象概念"的生长,而这节课将见证其强大的力量。

设计意图:通过黑格尔的名言,既让学生回忆上节课的内容,又自然过渡到本节课的学习,让学生初步感知两节课之间的关联。

学习任务1:分别编制英、美、法三国资产阶级革命及建立资本主义制度大事件时间轴。

教师活动:本课内容时间上跨越几个世纪,空间上涉及英、美、法多国,绘制重大事件时间轴是快速把握本课基本史实的有效途径。

学生活动:阅读教材,自主编制英、美、法三国资产阶级革命及建立资本主义制度大事件时间轴。

时间轴示例：

①英国资产阶级革命及建立资本主义制度大事件时间轴

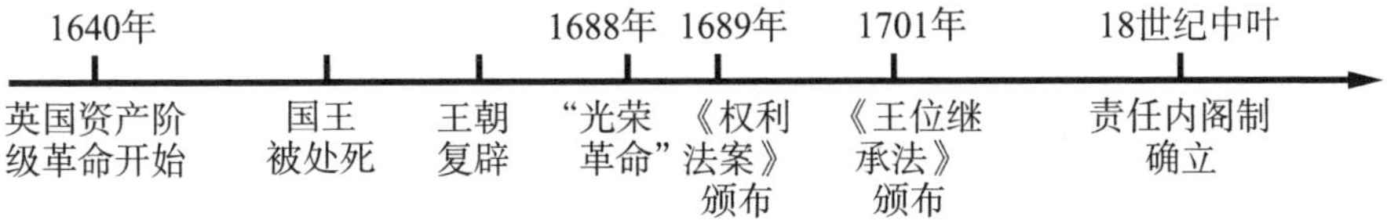

②美国资产阶级革命及建立资本主义制度大事件时间轴

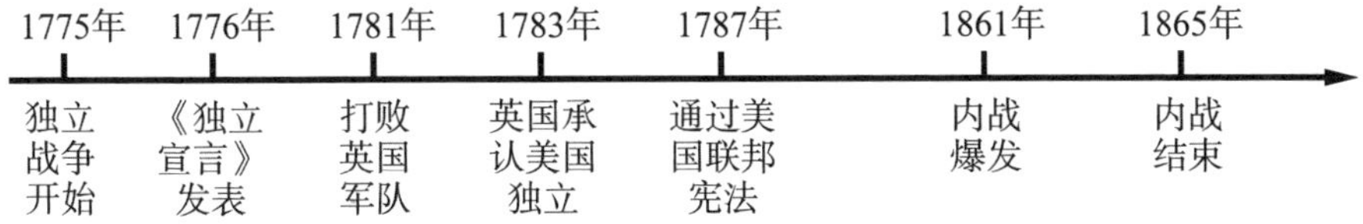

③法国资产阶级革命及建立资本主义制度大事件时间轴

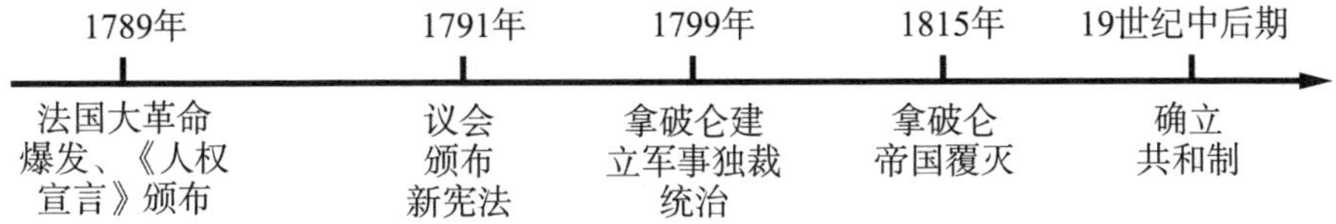

问题设计：观察时间轴①，指出英国国王在不同时期的历史命运。英国国王最终的历史命运反映了英国资产阶级革命的什么政治制度诉求？

学生活动：英国国王在革命中经历了被处死、王朝复辟、“光荣革命”后权力日益减少以至成为虚君的历程。其最终命运反映了资产阶级革命的政治制度诉求是要推翻封建君主专制，确立资产阶级代议制。

材料2 1781年，在华盛顿的领导下，美国军民打败了最后一支英国殖民军队，赢得了国家独立。华盛顿本人也获得了崇高的威望。当时，有人写信给华盛顿，认为美国也应该像其他国家一样设一个国王，并鼓励他当美国国王。

——人教版历史必修一《美国联邦政府的建立》

问题设计：依据教材和时间轴②，结合相关史实，说明新生的美国最终如何处理这一建议，有国王的英国和没有国王的美国在资产阶级革命后政治制度有哪些异同。

学生活动：美国没有实行君主制，而是于1787年通过《联邦宪法》，确立了三权分立的资产阶级共和制。从政治制度上来讲，英国建立的是君主立宪制，美国建立的是民主共和制，但二者都属于资产阶级代议制，都反对封建专制。

教师补充：英、美、法三国革命历程各有多舛之处，革命过程和革命后的具体制度也有差异，但推翻封建专制，最终建立符合资产阶级利益、符合国情民风的政治经济制度这一方向是一致的。

设计意图：绘制大事件时间轴，使学生学会梳理基础知识；分析相关史料，引导学生认识资产阶级革命最终是要确立符合资产阶级利益的资本主义政治经济制度，加深对资本主义政治经济制度的认识，培养时空观念、史料实证等核心素养。

学习任务2：通过了解俄、意、日、德的资产阶级革命或改革，认识19世纪以来资本主义在全球范围内继续拓展。

教师活动：如果资本主义制度在17、18世纪的关键词是“确立”的话，那么到了19世纪，其关键词则应该是“拓展”。

问题设计：阅读教材“资本主义的拓展”这一子目，完成表格。

学生活动：阅读教材，完成表格。

表格示例：

资本主义的拓展	
国家	资本主义在该国拓展的表现
俄国	通过农奴制改革和其他改革，俄国走上了资本主义道路
德国	普鲁士以武力统一德国，建立德意志帝国，实行君主立宪制
意大利	通过革命和战争，建立意大利帝国，实行君主立宪制
日本	通过“明治维新”，废除封建等级制度，实行君主立宪制

教师活动：俄、意、日、德等国纷纷走上了资本主义道路，资本主义制度在越来越多的国家得以建立。

问题设计：对比英、法、美确立资本主义制度的方式，依据表格指出俄、日、意、德等国走上资本主义道路的方式有何“拓展”。

学生活动：英、美、法通过革命的方式确立资本主义制度，俄国和日本通过自上而下改革的方式确立资本主义制度，意大利和德国通过统一战争的方式走上资本主义道路。

材料3　第十一条　联邦的主席职位属于普鲁士国王，普鲁士国王享有德意志皇帝的尊称。皇帝在国际关系上为帝国的代表，以帝国的名义宣战与媾和，同外国缔结同盟及其他条约，委派并接受使节……

第十二条　联邦议会和帝国议会的召集、开会、延会、闭会之权属于皇帝……

第十八条　皇帝委派官吏，命令他们宣誓效忠帝国，并在必要情况下，命令他们退职……

第二十条　帝国议会由秘密投票的普遍和直接选举产生……

——1871年《德意志帝国宪法》

问题设计：阅读材料3，判断德意志帝国实行的是什么政治制度，依据是什么。

学生活动：德意志帝国实行君主立宪制，因为在德国的政体设计中有议会，而且帝国议会成员由选举产生。

问题设计：根据材料3，比较英、德君主立宪制的不同之处。

学生活动：英国君主为“虚君”，统而不治；德国君主享有行政权和立法权，权力很大，因此德意志帝国的君主立宪制带有强烈的专制色彩。

材料4　为了在这个社会中维护和巩固内部和平，无偏见地解决由于迅速发展的国民经济所引起的暴力问题，一个强大的、超越社会对立之上的王权(君主政体)对我们来说是不可缺少的。当我们考虑到普鲁士王权的这种力量，考虑到唯有借助它的帮助，才可能解决和完成德意志民族的那些重大问题和伟大任务……

——黑尔加·格雷宾《德意志特殊道路在欧洲，1806—1945》

问题设计：德意志民族的重大问题和伟大任务指什么？结合材料5，谈谈你对德国君主立宪制的认识。

学生活动：重大问题和伟大任务指的是德意志民族寻求国家的统一。德国君主立宪制的专制色彩浓厚，其中重要的原因是德国希望靠强权谋求国家统一，维护国家政治稳定，促进国民经济持续快速发展。

教师活动：17世纪以来走上资本主义道路的国家，其资本主义制度不管是建立的方式还是具体的表现，都各有特点，而这种差异性的产生同各国的历史基础、现实需要紧密相关。

问题设计：用一句话来概括17世纪以来世界政治整体发展的趋势。

学生活动：资本主义制度取代封建制度成为历史发展的趋势。

教师活动：尽管资本主义制度存在历史局限性，尽管很多国家的资本主义制度并不完善，但资本主义制度取代封建制度仍然是历史发展的趋势，也是历史的进步。

设计意图：通过了解俄、意、德、日等国建立资本主义制度的史实，认识19世纪以来资本主义制度在全球继续拓展，这也体现了其生命力；以德意志帝国为例，了解其资本主义制度的特点，引导学生认识到一个国家制度的建立与设计既有顺应历史发展大趋势的一面，同时又深刻体现一个国家的基本国情。

学习任务3：探究17世纪以来资产阶级革命爆发的思想渊源，认识资产阶级革命和资本主义制度的确立是西方启蒙运动中有关政治理念的初步实现。

教师活动：当我们聚焦资产阶级革命这一历史洪流时，不禁会思考是什么让

17世纪以来欧美各国相继迎来革命。法国大革命爆发于1789年，我们以法国大革命时期的《人权宣言》和《拿破仑法典》为例去体会革命的思想动因。

材料5

第一条

人生来就是而且始终是自由的，在权利方面一律平等。社会差别只能建立在公益基础之上。

第二条

一切政治结合均旨在维护人类自然的和不受时效约束的权利。这些权利是自由、财产、安全与反抗压迫。

第三条

整个主权的本原根本上乃存在于国民。任何团体或任何个人皆不得行使国民所未明白授予的权力。

第十七条

财产是不可侵犯与神圣的权利，除非合法认定的公共需要对它明白地提出要求，同时基于公正和预先补偿的条件，任何人的财产皆不可受到剥夺。

——《人权宣言》

材料6

第八条

所有法国人都享有民事权利。

第五百三十七条

除法律规定的限制外，私人得自由处分属于其所有的财产。不属于私人所有的财产，依关于该财产的特别规定与方式处分并管理之。

——《拿破仑法典》

问题设计：根据材料5、6，指出《拿破仑法典》对《人权宣言》的理念继承。综合所学知识，概括《拿破仑法典》与《人权宣言》的基本主张，并说明其与启蒙运动的关系。

学生活动：《拿破仑法典》继承《人权宣言》中关于人人平等、私人财产不可侵犯等主张。两则材料均强调天赋人权、自由平等、主权在民、保护私有财产等原则，这些思想均来源于启蒙运动中启蒙思想家的相关主张，从中可以看出这是在政治活动中对启蒙运动相关思想理念的实践与初步实现。

教师活动：不仅仅是法国，英国和美国等众多国家的资产阶级革命都是如此，都或多或少受到启蒙运动的“启蒙”，而革命及其之后所建立的资本主义制度又体现了启蒙运动的思想主张。即所谓时代呼唤革命，革命映射时代，这种映射既指的是革命本身，更指的是囊括于革命留下的丰富成果中的启蒙真谛。

设计意图：通过选择法国资产阶级革命时期的原典，引导学生感受其背后体现的启蒙真谛，辩证看待思想理念与政治实践的关系，从而突破本课重难点。

（三）板书设计

启蒙运动

思想渊源 ↓　↑ 初步实现

资产阶级革命 → 资本主义制度建立 → 资本主义制度拓展

（四）核心素养水平划分

水平1：能够初步了解马克思关于社会形态的学说，经济基础与上层建筑的关系；能够通过阅读教材，概括主要国家发生资产阶级革命及建立资本主义制度的基本史实；能够初步建立起启蒙运动与资产阶级革命的联系；能够通过了解各国建立资本主义制度的方式和具体表现的差异，理解和尊重世界文明进程的多样性。

水平2：能够初步了解马克思关于社会形态的学说，经济基础与上层建筑的关系；能够基于教材绘制具有历史特征的时间轴，并且能够基于时间轴去提炼各国资产阶级革命与资本主义制度的特点；能够认识有关国家制度特殊性的国情背景；能够通过对各国建立资本主义制度方式和具体表现差异的分析，理解和尊重世界文明进程的多样性。

水平3：能够构建启蒙运动与资本主义革命、资本主义制度建立之间的联系，认识马克思主义学说中关于思想对政治的影响；能够通过17—19世纪长时段史实的学习，认识到资本主义制度取代封建制度是世界政治发展的趋势；能够通过对《人权宣言》等史料的分析，调动储备知识，理解资产阶级革命的发生和资本主义制度的确立，是近代西方政治思想理念的初步实现；能够对资本主义制度作历史的、客观全面的评价；能够把握世界历史发展进程，借鉴优秀人类成果，为社会主义事业发展建设提供借鉴。

水平4：能够构建启蒙运动与资本主义革命、资本主义制度建立之间的联系，认识马克思主义学说中关于思想对政治的影响；能够自行组织相应史料、教材内容去解释启蒙运动与资产阶级革命的历史渊源，认识资产阶级革命的发生和资本主义制度的确立，是近代西方政治思想理念的初步实现；能够在学习资本主义革命与资本主义制度建立过程中提出新的历史解释；能够把握世界历史发展进程，借鉴优秀人类成果，为社会主义事业发展建设提供借鉴。

第10课

影响世界的工业革命

一、课标要求

通过了解工业革命带来的社会生产力的极大发展以及所引起的生产关系的深刻变化,理解工业革命对资本主义世界体系的形成及对人类生活的深远影响。

二、教材分析

本课主要叙述的是18世纪中叶至19世纪后期,欧美等国相继发生的两次工业革命的史实,主要由三目内容构成:工业革命的背景、工业革命的进程、工业革命的影响。18世纪中期,英国通过资产阶级革命后的一系列发展,具备了工业革命的条件,最先开展工业革命。

18世纪60年代,以哈格里夫斯发明珍妮纺纱机为开端,机器生产开始代替手工劳动,标志着工业革命的开始。工业革命按照阶段被划分为第一次工业革命和第二次工业革命,分别昭示着“蒸汽时代”和“电气时代”的到来,人类步入工业社会。工业革命极大地提高了社会生产力,彻底改变了人们的生活方式和社会面貌,深刻影响了世界历史的发展进程。

三、学情分析

工业革命这一内容在初中历史阶段属于重要内容,学生已经能够列举第一、二次工业革命的重大发明,能举例说明两次工业革命给社会生产、生活带来的影响。本课的重心应放在引导学生在历史时空的框架下把握历史事件和现象,将两次工业革命加以对比和分析,并且联系社会现实,思考工业革命对社会产生的影响。

四、教学目标

1. 运用时空定位,分析18世纪中期英国率先出现工业革命的原因。

2. 通过史料分析,了解工业革命期间在生产方式、动力、组织形式等方面的变化,理解工业革命的含义;通过数据和图文,分析工业革命在不同领域和不同空间带来的不同影响,理解工业革命作用的双重性。

3. 通过对比两次工业革命的不同特点,分析工业革命出现的关键条件,认识科学技术创新对国家发展的重要性;综合工业改革在环境、政治、全球化等方面的消极影响,汲取经验教训,树立经济发展不能牺牲环境的可持续发展意识。

教学重点:理解两次工业革命产生的原因和历史条件,两次工业革命的成果和特点。

教学难点:理解工业革命对资本主义世界体系的形成及对人类生活的深远影响。

五、教学过程

(一)教学主题

从普通民众生活变化的历史细节,分析工业革命对社会的深层影响;理解不同群体的不同追求在推动历史发展中产生了不同的影响,改变了世界面貌。

(二)教学过程

导入

材料1

图1 印象·日出

图2 圣-拉扎尔火车站

教师活动:图1是印象派画家莫奈的成名之作《印象·日出》。莫奈是最讲究用眼睛作画的大师,这幅作品描绘的是透过薄雾观望勒阿佛尔港口日出时的景象,将日出时刻法国海港城市的神奇呈现在人们面前，喜欢画出光影变化的莫奈也在大都市里找到了这种画技的用武之地。图2展现了圣-拉扎尔火车站的火车刚刚出站时，机车喷出来的水蒸气和锅炉排放的烟雾、煤尘混杂在一起的景象，构成了一片彩色的“人造雾霾”，周围鳞次栉比的高楼大厦都沐浴在烟雾之中。几十年后，伯明翰大学气象学家约翰·托宁以莫奈在伦敦写生作品里绚丽色彩的烟雾，来证明工业对大气的污染，论证工业化给人类带来的弊端，如环境污染、人口爆炸、生态破坏等。正是由于这些负面作用，许多人对工业现代化等心怀疑虑，他们希望能够回到田园牧歌式的农耕社会。

学生活动：利用所学知识，描述18世纪前叶的景象，构建出对于18世纪时期英国社会环境的初步想象。

设计意图：通过莫奈的作品导入工业化带来的消极影响，引发学生对于工业化的思考，而后利用时空转换的方式提问，引导学生置身于工业革命前的历史时空，就日常生活展开合理想象，从而感知工业革命前后人类社会生活的变化。

学习任务1：分析工业革命的背景以及工业革命的发展进程。

材料2　假如时光隧道可以将一位现代人送回到两百多年前，他一定来不及欣赏田园风光，就会感到无所适从：无法一日三餐只吞咽土豆和荞麦面包；无法容忍没有任何卫生设备、人畜一室的居住条件；同样他也不能适应交通不便、信息不通、生产力低下，还有让人手足无措的瘟疫和饥荒……短短的两百多年，人类社会发生了如此巨大的变化，这变化不仅仅是政治、经济、文化的变化，更主要的是每个人都能够切身感受到衣食住行和思想观念的变化，这一切变化均来自工业革命。

——多萝西·马歇尔《工业的英国：1776—1851》

问题设计：两百多年前的生活和你们想象的一致吗？阅读材料2并思考，工业革命对于当时的人而言，是不被期待的吗？

学生活动：结合材料2和所学知识，从积极和消极两个角度分析。

教师活动：工业革命给人们的生活带来了翻天覆地的变化。它又是如何开展起来的？阅读教材并结合所学知识，阐述工业革命出现的原因及发展历程。

学生活动：阅读教材，归纳工业革命产生的条件和发展历程。原因：①殖民主义扩张促进资本原始积累，英国拥有广阔的海外市场和廉价原材料；②手工工场发展为技术改革和机器发明提供了条件；③近代自然科学的发展；④圈地运动为工业革命提供了充足的自由劳动力和国内市场；⑤资产阶级代议制确立，提供了稳定的政局和政治保证。发展历程：首先发生在英国，始于棉纺织业，而后向其他领域扩展。18世纪末到19世纪中叶，逐渐扩展到欧洲大陆和北美，从大西洋两岸逐步深入内陆。19世纪中后期，随着工业革命深入发展，各国进入到第二次工业革命时期。

教师活动：阅读教材，并结合所学知识，根据表格梳理两次工业革命的发展进程，并分析两次工业革命之间有何区别。

学生活动：根据表格归纳第一次工业革命的发展进程。

教师活动：从纵向角度思考，第一次工业革命推动了英国生产力水平迅速提高，催生了一系列的技术变革。从横向角度思考，18世纪末到19世纪中叶，工业革命从英国逐渐扩大到欧洲大陆和北美，从大西洋两岸逐步深入内陆，形成持续不断的辐射效应。而在改革过程中，这些国家后来者居上，成为第二次工业革命的中心。阅读教材，填写表格相关内容，并对比思考两次工业革命各有什么特点。

学生活动：阅读教材，梳理第二次工业革命的进程及两次工业革命的特点。

项目	第一次工业革命	第二次工业革命
时间	18世纪中期—19世纪前期	1870年前后—20世纪初
主体国	英国	德国、美国等
前提条件	前提：资本主义制度在英国确立 条件： ①资金：海外殖民 ②劳动力：圈地运动 ③市场：海外殖民、圈地运动 ④技术：手工工场的发展	前提：资本主义制度在世界范围内确立 条件： ①资金：第一次工业革命 ②劳动力：城市化进程 ③市场：资本主义世界市场开始形成 ④技术：自然科学取得一系列突破成果
根本原因、目的	扩大海外市场，增加商品生产	提高生产效率，适应国际市场竞争
具体科技成就	①棉纺织工业的机器发明 ②改进蒸汽机 ③交通工具的革命 ④生产机械化，机器制造业发展	①电力广泛应用：发动机、电动机等 ②内燃机和新的交通工具的创制 ③新兴部门和旧产业部门改造
特点	①发明者多为工人、技师，主要在劳动经验总结的基础上进行 ②由一国优先开展 ③从棉纺织开始，以轻工业为主 ④出现近代工厂	①发明者多为科学家，科学技术与生产紧密结合 ②几乎在主要资本主义国家同时发生，范围广、规模大、进展迅速 ③以重工业、电力工业、化学工业为主 ④出现垄断组织

设计意图：结合材料梳理教材，将学生的思维带到特定的时空范围，引导学生思考两次工业革命出现的原因、条件、进程及不同，体会历史是在继承中发展，在差异中变迁。

学习任务2:探讨工业革命对劳动群众生活的影响。

材料3　工业革命不仅没有提高工人的生活水平,反而使之有所衰退。不仅仅是工人的实际购买能力下降,而且工人阶级不再有上升的希望。工业革命的胜利给工人阶级的生活和思想带来了新的痛苦。

——宋严萍《英国工业革命时期工业资产阶级研究》

材料4　尽管经济的变化给工人带来了不安定和痛苦,但是,他们中的大多数还是能够通过下降的物价、更经常的雇用和更多的挣钱机会享受到生活水平的提高。

——菲利斯·迪恩《第一次工业革命》

教师活动:工业革命后,社会生产力普遍提高。但关于工业革命期间劳动群众的生活水平是否提高的问题,一直是学界争论的焦点。阅读上材料3、4,谈谈你更加倾向于哪一种观点。

学生活动:同桌讨论,并阐述观点。

设计意图:通过呈现观点不一的材料,让学生理解工业革命对普遍群众生活的影响是多面的,理解历史影响的多面性、复杂性。

学习任务3:分析工业革命对西方社会的影响。

材料5　手工工坊是独立的手工业者自己经营的小型的生产单元,通常以家庭为单位进行手工劳动……那些作坊主和帮工学徒同吃、同住、同劳动,工作时间由帮工自己随意掌握,帮工甚至学徒常常和作坊主一起参加当地同业行会。而雇主和雇工之间也不是截然分离的,因为雇工既可能与雇主的女儿结婚,继承作坊,也可能离开雇主,独立开一间手工作坊。

——宋严萍《英国工业革命时期工业资产阶级研究》

材料6　随着工厂制度的确立,工人就失去了成为资产者的可能,因为开创工厂需要一定资本,这绝不是每一个工人都能做到的……在工厂制度之下,厂主就是厂主,而工人则永远是工人,他们之间存在一道不可逾越的鸿沟,无论是思想观念、言谈举止,还是饮食服饰、生活环境都迥然不同。……工厂主为了最大限度地赚取利润,对工人进行严格的监督和管理,将工人每天十几个小时固定在某一处,以保证最大限度地使用机器。

——宋严萍《英国工业革命时期工业资产阶级研究》

材料7　还有一些人是在工业革命及其革新中,一展宏图,发明了新的机器并申请了专利,依靠这笔资金或者新机器的专利,开办了工厂,从而跻身工业资产阶级。韦奇伍德出生在一个平凡的陶工家庭,在家中排行十三,一生致力于陶器工业组织的改造和技术革新,在他1795年去世时拥有50万英镑的财富和英格兰最好的工业公司。

——摘编自宋严萍《英国工业革命时期资产阶级研究》

教师活动：工厂制度的出现不仅改变了工人的生产环境，还使得雇工和雇主的地位与生活发生了明显的变化。根据材料5、6，分组讨论工厂制的出现带来了哪些变化，对雇主和雇工分别会造成哪些影响。

学生活动：阅读材料，分组讨论，得出工业革命使得雇主与雇工的角色转换成为不可能，加剧了阶级的分化，同时技术的革新在英国工业发展中起到了重要作用的结论。

材料8 重要的是原先与自己差不多地位的人，现在却富可敌国，而自己却永远丧失了上升的机会。尤其在社会剧烈变化的时代，在与土地贵族和工厂主的对立和斗争中，工人阶级形成了自己独立的阶级意识，这种阶级意识的形成加剧了苦难的感觉程度，也是阶级对立的主要原因。

——汤普森《英国工人阶级的形成》

材料9 就在工人阶级的联合斗争中，工厂主也逐渐联合在一起，把自己视作一个整体，同时也发现、意识到了自己的共同利益所在，而且这种利益是与工人的利益截然对立的。

——李宏图《阶级意识与阶级的形成——英国工业资产阶级之研究》

材料10 工业家在社会上不仅与工人阶级处于对立状态，而且与当时英国的统治阶级——土地贵族处于对立状态。工业家是无法与贵族相抗衡的，他们在政治统治中处于绝对的劣势。国家政策对工业的歧视，在客观上刺激了工业家的团结和工业资产阶级意识的形成。

——摘编自宋严萍《英国工业革命时期资产阶级研究》

教师活动：展示工业革命时期工人和工业资产阶级家庭生活的状况，让学生对比不同阶级的生活状态，再结合材料5、6、7、8的内容，思考面对这些变化，工人们可能会采取什么行动。

学生活动：通过材料5、6、7、8，认识到工业革命造成工人生活的绝对贫苦和不平等的政治、经济环境，进而联系工人运动的出现，感悟阶级对立出现的缘由。

教师活动：呈现材料9、10，说明工人斗争促使工业资产阶级产生阶级意识，在镇压工人阶级斗争的同时，工业资产阶级与统治阶级也有冲突，进一步强化了他们的阶级意识以及对于领导权的追求，引发了工业资产阶级在经济和政治权利方面的斗争，从而推动了英国政治民主化。

设计意图：通过分析材料，引导学生认识，对于西方国家而言，工业革命推动了整体生产力的发展，但对不同群体产生了不同的影响，造成了阶级对立。

学习任务4：讨论工业革命对东方社会的影响。

材料11　资产阶级，由于一切生产工具的迅速改进，由于交通的极其便利，把一切民族甚至最野蛮的民族都卷到文明中来了。它的商品的低廉价格，是它用来摧毁一切万里长城、征服野蛮人最顽强的仇外心理的重炮。它迫使一切民族——如果它们不想灭亡的话——采用资产阶级的生产方式……它按照自己的面貌为自己创造出一个世界。

——马克思、恩格斯《共产党宣言》

材料12　不列颠入侵者打碎了印度的手织机，毁掉了他的手纺车，英国起先是把印度的棉纺织品挤出了欧洲市场，然后是向印度斯坦输入棉纱，最后就使英国棉织品泛滥于这个棉织品的故乡……不列颠的蒸汽机和科学在印度斯坦全境彻底摧毁了农业和制造业的结合。

——马克思《不列颠在印度的统治》

教师活动：从世界范围来看，第一次工业革命推动了西方世界走上了革新的道路。对于东方国家而言，工业革命带来了哪些影响？请根据材料和所学知识加以说明。

学生活动：结合材料及中国近代史的内容分析，工业革命推动西方国家生产力发展，为了获取更多的商品销售市场和原料产地，西方国家以暴力推行自由贸易，强行在拉丁美洲和亚洲、非洲的大部分地区建立殖民统治，破坏了其原有的经济结构，使其被迫卷入资本主义世界市场，破逐渐形成了东方从属于西方的世界格局。但客观上也推动了这些国家的近代化进程，引发了一系列民族独立运动。

设计意图：引导学生通过对材料的分析，回顾中国近代史相关内容。通过时空结合的方式构建以工业革命为线索的中外历史发展体系框架，引导学生在大历史视野下探究工业革命对东方的影响。

学习任务5：进一步思考工业革命对社会发展的双重影响。

材料12　这是最好的时代，也是最坏的时代；这是智慧的时代，也是愚蠢的时代；这是信仰的时期，也是怀疑的时期；这是光明的季节，也是黑暗的季节；这是希望之春，也是失望之冬；人们面前有着各种事物，人们面前一无所有；人们正在直登天堂，人们正在直下地狱。

——狄更斯《双城记》

教师活动：狄更斯在描绘工业革命时，写下这样一段话，请你根据本课内容谈谈对此的理解。随着工业发展，人们也在不断反思工业革命中出现的一系列问题。回到课前提出的问题，如果给你一次选择的机会，你愿意回到工业革命前的年代吗？

学生活动：结合所学知识，从积极作用和消极影响两个角度分析工业革命的影响，从生产力和生产关系的变革、社会阶级结构、社会生活、世界影响等维度阐述，对工业革命作出合理客观的评价。从历史发展的角度，正确看待工业革命所产生的积极作用和弊端，认识到工业革命对于历史发展的巨大推动作用。

设计意图：通过解读材料，引导学生分析工业革命对人类社会产生的双重影响，从唯物史观角度合理分析工业革命对历史发展的作用。

小结：18世纪中叶至19世纪中后期的两次工业革命，以巨大的震撼力改变了世界历史的面貌，也改变了每个人的生活。就深度而言，工业革命深入人类生活的方方面面；就广度而言，工业革命在不同时段影响了世界绝大部分地区；就影响而言，工业革命对不同群体、不同地区产生了不同的影响。

（三）板书设计

- 工业革命
  - 背景（前提与条件）
  - 进程
    - 第一次工业革命
    - ↓ 深入发展
    - 第二次工业革命
    - （第一次与第二次工业革命）区别？
  - 影响
    - 深度（社会各领域）
    - 广度（世界各国家）

（四）核心素养水平划分

水平1：能够有条理地讲述工业革命发展的历程，列举工业革命中的重要发明，阐述工业革命对人类社会生活的影响。

水平2：能够组织和运用相关史料并使用相关历史术语，解释工业革命的特征；能够概括工厂与手工作坊之间的差异。

水平3：能够理解人民群众在历史发展中的作用；能够结合具体时空条件，对工业革命产生的影响作出合理的解释和分析；能够依据教材和相关史料分析工业革命对于东方国家的影响，关联中外历史。

水平4：能够在正确的历史观和方法论的指导下，分析工业化发展带来的双重影响，对工业资产阶级的历史作用予以理性、客观的分析；能够从不同群体对工业革命不同的态度中，归纳出人民群众是历史发展的重要推动力；能够综合工业革命在环境、政治、全球化等方面的消极影响，汲取经验教训，进而树立可持续发展、自由平等的意识。

第11课

马克思主义的诞生与传播

一、课标要求

通过了解马克思主义产生的时代背景以及马克思、恩格斯的理论探索与革命实践，了解《共产党宣言》的主要内容，理解马克思主义产生的世界意义。

二、教材分析

本课内容由三个子目组成：早期工人运动与社会主义思想的萌发、科学社会主义的创立、国际工人运动的发展。随着工业革命深入发展，资本主义制度的弊端日益暴露，无产阶级和资产阶级的矛盾日益尖锐。在这种历史大背景下，工人运动和社会主义思潮兴起，马克思、恩格斯创立了科学社会主义，使无产阶级斗争有了强大的思想武器，推动国际工人运动进入新阶段。自19世纪中期起，马克思主义成为西欧工人运动的指导思想，并逐渐传播到东欧、东南欧以及亚洲、北美洲和拉丁美洲等地区，不断显示出其顽强的生命力和强大的影响力，为人类开辟了一条走向社会主义的阳光大道。

三、学情分析

学生在初中已学习了马克思主义诞生的历史条件、欧洲三大工人运动、《共产党宣言》、巴黎公社等基础知识，具备一定的史实基础。本课的教学重心应是引导学生运用唯物史观，将马克思主义的诞生置于国际工人运动兴起的大背景下去分析和理解，把握工业革命与马克思主义诞生的逻辑关联。

四、教学目标

1. 运用时空定位，制定历史大事年表，了解欧洲三大工人运动、空想社会主义、《共产党宣言》发表、《资本论》出版、巴黎公社建立等马克思主义诞生和传播的相关史实。

2. 通过史料分析,探讨、分析马克思主义诞生的条件和基础,理解工业革命与马克思主义诞生之间的历史因果关系,认识马克思、恩格斯的革命实践和理论探索为马克思主义的诞生奠定了重要的基础,从而理解“认识来源于实践并指导实践”的唯物史观。

3. 通过《共产党宣言》《资本论》等著作的分析,体会马克思主义诞生的理论创新意义;通过了解国际工人协会、巴黎公社等史实,感受马克思主义诞生在推动国际工人运动发展方面的实践意义。

教学重点:理解马克思主义诞生的时代背景和意义,《共产党宣言》的主要内容。

教学难点:理解认识马克思主义诞生的条件和基础。

五、教学过程

(一) 教学主题

回到170多年前的历史现场,从经济和社会的视角,了解在工业革命的大背景下,国际工人运动的兴起和发展过程(从空想到科学、由理论到实践、由一国实践到多国实践),分析和理解马克思主义的诞生与传播所发挥出来的改造世界、推动历史进步的巨大影响。

(二) 教学过程

导入

材料1 马克思总以阴郁的眼光看待人类大部分的历史,是因为历史不过是一种压迫和剥削替代另一种压迫和剥削……(马克思这样悲观的思想家)向我们展示现实的残酷,并以此激励我们着手改变。他敦促我们抛弃一切幻想。

——特里·伊格尔顿《马克思为什么是对的》

材料2 我们今天如何看待马克思呢?是全人类的而不只是某一部分人的思想家?当然是。是一位哲学家?是一位经济分析家?是现代社会科学的创始人和认识人类社会的指南?是的。……“在他之前的哲学家们按照人的总体性思考了人,但他是第一个把世界作为政治、经济、科学和哲学的整体来理解的人。”

——霍布斯鲍姆《马克思在21世纪具有什么样的意义》

马克思认为,重要的问题不在于解释世界,而在于改变世界。材料1、2展示作为思想家、哲学家、经济学家、实践家的马克思形象。1818年,马克思诞生在被称为“欧洲十字路口”的德国城市——特里尔。200多年后,马克思主义仍然在世界上有着巨大的影响力。

设计意图：展示材料，创设情境，激起学生探究的欲望，顺利引入本课主题。

学习任务1：制作“马克思主义的诞生与传播”历史大事年表。

教师活动：提供包含时间线索的不完整年表，指导学生自主梳理教材文本，补充完成“马克思主义的诞生与传播”历史大事年表。

学生活动：阅读教材文本，梳理归纳，完成年表。

“马克思主义的诞生与传播”历史大事年表

<table>
<tr><th>时间</th><th>事件</th><th>结果或影响</th></tr>
<tr><td>1825年</td><td>欧文建立“新和谐公社”</td><td>失败</td></tr>
<tr><td>1831—1834年</td><td>法国里昂工人起义</td><td rowspan="3">失败；无产阶级开始作为独立的政治力量登上历史舞台，工人阶级迫切需要革命理论的指导</td></tr>
<tr><td>1836年</td><td>英国宪章运动</td></tr>
<tr><td>1844年</td><td>德国西里西亚织工起义</td></tr>
<tr><td>1846—1847年</td><td>共产主义通讯委员会、德意志工人协会、正义者同盟（后改组为“共产主义者同盟”）</td><td>马克思、恩格斯开始投身革命实践</td></tr>
<tr><td rowspan="2">1848年</td><td>《共产党宣言》发表</td><td>标志着科学社会主义的诞生</td></tr>
<tr><td>1848年欧洲革命爆发</td><td>失败</td></tr>
<tr><td>1864年</td><td>国际工人协会（第一国际）成立</td><td>推动马克思主义的传播和国际工人运动进入新阶段</td></tr>
<tr><td>1867年</td><td>《资本论》第一卷出版</td><td>揭露了资本主义制度和资本家剥削的秘密，科学地论证了资本主义必将灭亡、社会主义必将胜利的结论</td></tr>
<tr><td>1871年</td><td>巴黎公社建立</td><td>失败；是无产阶级建立政权的第一次伟大尝试，丰富了马克思主义的学说，为国际工人运动的发展提供了宝贵的经验和教训</td></tr>
<tr><td>1885年、1894年</td><td>《资本论》第二、三卷出版</td><td></td></tr>
</table>

设计意图：引导学生在宏观上把握历史线索和基本史实，增强时空观念，同时为接下来的课堂探究做史实的铺垫，培养学生文本阅读与知识归纳的能力。

学习任务2：分析、探讨马克思主义诞生的条件和基础。

材料3　1804年，一位工厂督察员在巡视了一群生活极为贫困的纺织工人后说：“他们的身体糟糕透了，整个群体的身高急剧下降，到了小人国的程度，从这些人中连一个近卫兵连都招不齐。”……诺丁昂市……全市大概有11000幢房子，其中7000—8000幢房子一堵墙挨着一堵墙，空气很难流通。此外，工人们往往数家共用一个厕所。著名的工业城市曼彻斯特也是如此，市内有两万人居住在地下室里面。在曼彻斯特的郊区，也有两三万人生活在地下室。

——李宝芳《工业革命时期英国工人的日常生活》

材料4　工业革命不仅没有提高工人的生活水平，反而使之有所衰退。不仅仅是工人的实际购买能力下降，而且工人阶级不再有上升的希望。工业革命的胜利给工人阶级的生活和思想带来了新的痛苦。

——宋严萍《英国工业革命时期工业资产阶级研究》

问题设计：阅读材料3、4，结合教材，指出工业革命初期英国工人阶级悲惨遭遇的具体表现，并分析其原因和造成的影响。

学生活动：随着资本主义工业化的发展，资本主义制度的弊端不断显现，资本的剥削性质导致贫富差距不断扩大。工业革命初期，工人生活水平没有随着工业化程度的提高而提高，相反，工人工资微薄，生活条件差，劳动条件恶劣，工作时间长、强度大，政治权利有限，大量童工和女工的命运更为悲惨。这一现状激化了阶级矛盾，引发了早期工人运动，激发了空想社会主义。

教师活动：为改善劳动条件和生活状况，维护自己的权益，早期工人阶级进行了哪些形式的斗争？最典型的事件有哪些？这些斗争有何特点？说明了什么？

学生活动：阅读教材，思考归纳。

斗争形式	捣毁机器、争取政治权利
典型事件	法国里昂工人起义、英国宪章运动和德国西里西亚织工起义
特点	自发性、经济斗争和政治斗争相结合

教师活动：三大工人运动最终都遭到了镇压，但它们说明，无产阶级开始作为独立的政治力量登上历史舞台，工人阶级迫切需要革命理论的指导。三大工人运动的经验也为马克思主义的诞生提供了实践前提。

材料5　19世纪40年代诞生的马克思主义，是西欧资本主义的物质生产、阶级斗争、思想文化和自然科学发展到一定水平的产物，……有史以来的全部优秀文化成果是马克思主义的思想渊源，而德国古典哲学、英国古典政治经济学和空想社会主义学说则是马克思主义主要的、直接的理论来源。

——吴于廑、齐世荣等《世界史：近代史编》

材料6　（现代社会主义）和任何新的学说一样，它必须首先从已有的思想材料出发，虽然它的根源深藏在物质的经济的事实中。

——恩格斯《社会主义从空想到科学的发展》

问题设计：阅读材料5、6，结合材料，指出“已有的思想材料”是什么，它们与马克思主义的诞生有什么逻辑关联。

学生活动：阅读材料5、6和教材，思考分析。“已有的思想材料”指英法空想社会主义、英国古典政治经济学和德国古典哲学，这是马克思主义的三大理论来源。

教师活动：不仅空想社会主义者在思索，马克思、恩格斯也在思索，并结合自身的革命实践，在广泛吸收人类优秀思想成果的基础上，以伟大的理论创新精神共同创立了富有生命力的科学社会主义理论，即马克思主义。

设计意图：借助史料分析与教材阅读，使学生理解马克思主义诞生的条件和基础，在提升学生对史实理解的基础上，进一步培养学生的史料实证素养。

学习任务3：以《共产党宣言》《资本论》为例，分析马克思主义的内涵与价值。

材料7 资产阶级在历史上起过非常革命的作用……随着大工业的发展，资产阶级赖以生产和占有产品的基础本身也就从它的脚下被挖掉了。它首先生产的是它自身的掘墓人。资产阶级的灭亡和无产阶级的胜利是同样不可避免的。……工人革命的第一步就是使无产阶级上升为统治阶级，争得民主。无产阶级将利用自己的政治统治……尽可能快地增加生产力的总量。……共产党人不屑于隐瞒自己的观点与意图。他们公开公布：他们的目的只能用暴力推翻全部现存的社会制度才能达到。……无产者在这个革命中失去的只是锁链，他们获得的将是整个世界！全世界无产者，联合起来！

——马克思、恩格斯《马克思恩格斯文集》第二卷

问题设计：阅读材料7，结合教材，归纳《共产党宣言》的主要内容，并指出它的问世为什么会成为马克思主义诞生的标志。

学生活动：《共产党宣言》肯定资本主义的历史进步作用；揭示社会发展的客观规律；阐述阶级斗争学说、无产阶级专政学说和无产阶级政党学说；宣告无产阶级的历史使命；提出无产阶级国际团结的思想。《共产党宣言》第一次较为完整系统地阐述了马克思主义的基本原理，阐明了社会发展的客观规律，所以其问世标志着马克思主义的诞生。

教师活动：引导、分析。

材料8 《资本论》这部不朽著作具有划时代的意义，是政治经济学中的一次革命。它论述了资本主义社会的经济运动规律，揭露了资本主义的内在矛盾，揭示出资本家对工人剥削的秘密在于占有工人的剩余价值，科学地论证了资本主义的

必然灭亡和社会主义的必然胜利。恩格斯曾指出:唯物主义历史观和通过剩余价值揭破资本主义生产的秘密,是“两个伟大的发现”。“由于这些发现,社会主义变成了科学。”……这就使社会主义在从空想向科学发展的道路上迈出了重要的一步。

——摘编自人教版历史教科书《中外历史人物评说》等

问题设计:阅读材料8,结合所学知识,以《资本论》为例,说明社会主义从空想迈向科学发展的理由。

学生活动:《资本论》提出剩余价值学说,揭露资本主义制度和资本家剥削的秘密,科学地论证了资本主义必将灭亡、社会主义必将胜利的结论,从而把马克思的社会主义学说置于牢固的科学基础上。

教师活动:引导、分析。

设计意图:通过补充材料创设问题情境,让学生理解马克思主义的主要内涵和价值,进一步引导认识马克思主义的科学性,充分理解马克思主义的价值,更进一步坚定马克思主义的信念。

学习任务4:归纳马克思主义传播并发挥作用的基本史实,理解马克思主义诞生的世界意义。

问题设计:阅读教材,归纳马克思主义诞生后国际工人运动发展的具体史实,并概括说明马克思主义诞生的世界意义。

学生活动:阅读材料和教材,思考分析归纳。史实有国际工人协会、巴黎公社、俄国十月革命、中国新民主主义革命。意义:使工人运动有了科学理论的指导,开创了无产阶级革命新时代;推动国际工人运动蓬勃发展,形成了不可抗拒的历史潮流。

问题设计:阅读教材“国际工人运动发展”一目下的“学思之窗”,谈谈你对这段话的理解。

学生活动:巴黎公社作为无产阶级建立政权的第一次伟大尝试而载入史册,它的实践丰富了马克思主义的学说,为国际工人运动的发展提供了宝贵的经验和教训,为无产阶级革命留下了重要启示。

设计意图:本设计以问题为引领,以唯物史观为指导,让学生懂得伟大的实践产生伟大的理论,而科学理论一旦产生必将对实践产生巨大的指导作用,进而体会马克思主义诞生的世界意义。

小结:马克思主义的诞生是开天辟地的大事,它使无产阶级斗争有了强大的思想武器,推动无产阶级革命进入新的发展阶段,开创了人类历史的新纪元。重温这段波澜壮阔的历史,身为后辈学人,在深切感受革命先辈们披荆斩棘、筚路蓝缕的伟大精神的同时,更应该珍惜如今来之不易的和平发展局面,要坚定不移地走中国特色社会主义道路,把马克思、恩格斯开创的解放人类的阳光大道——社会主义道路推向更广阔的天地,从而共同构建一个泽被东西、惠及全球的人类命运共同体。

（三）板书设计

- 马克思主义的诞生与传播
  - 时代背景
    - 经济前提：工业革命
    - 阶级基础：欧洲三大工人运动(时间、名称)
    - 理论来源：英国古典政治经济学
英法空想社会主义
德国古典哲学
    - 实践基础：马克思、恩格斯的革命实践和理论研究
  - 诞生标志:《共产党宣言》的发表
  - 历史意义：推动国际工人运动发展，开创无产阶级革命新时代

（四）核心素养水平划分

水平1:能够知道工业革命与马克思主义诞生的因果关系;能够按时序进行划分马克思主义诞生和传播的相关史实,并说出这些事件的基本状况;能够从史料中提取有效信息,分析、探讨马克思主义诞生的条件和基础;能够感受马克思主义在推动国际工人运动发展方面的实践意义和世界意义,认同马克思主义的价值。

水平2:能够知道工业革命与马克思主义诞生的因果关系;能够利用历史年表等方式对马克思主义诞生和传播的相关史实加以描述,并在叙述时把握各事件之间的历史联系;能够从史料中提取有效信息,分析、探讨马克思主义诞生的条件和基础;能够认识马克思主义在推动国际工人运动发展方面的实践意义和世界意义,认同马克思主义的价值。

水平3:能够理解工业革命与马克思主义诞生之间的因果关系;能够从多个角度分析、阐述马克思主义诞生的条件和基础;能够充分理解马克思主义在推动国际工人运动发展方面的实践意义和世界意义,树立对社会主义的坚定信念。

水平4:能够理解工业革命与马克思主义诞生的因果关系;能够在具体的时空框架下,尝试运用不同来源、不同类型的史料,从多个角度分析、论证马克思主义诞生的条件和基础;能够充分理解马克思主义在推动国际工人运动发展方面的实践意义和世界意义,树立对社会主义的坚定信念。

第12课

资本主义世界殖民体系的形成

一、课标要求

通过了解西方列强对亚非拉的殖民扩张、世界殖民体系的建立,理解世界殖民体系的建立对世界历史发展的影响。

二、教材分析

本课主要叙述了资本主义世界殖民体系的建立过程及影响。16—20世纪,随着资本主义的发展,西方列强凭借先进的技术和强大的经济、军事实力,逐步将拉丁美洲、亚洲和非洲的大部分地区变为自己的殖民地和半殖民地。在自由资本主义向垄断资本主义过渡的过程中,资本主义各国越来越要求独占更大的商品市场、原料产地和投资场所,导致它们更大规模地瓜分世界。19世纪末20世纪初,整个世界被瓜分完毕,资本主义世界殖民体系最终形成。但列强间的扩张与争夺仍在加剧,为世界和平埋下了隐患。随着资本主义世界殖民体系的形成,世界越来越紧密地连为一体。与此同时,殖民统治和掠夺给殖民地半殖民地人民带来了深重的灾难,形成了人类历史上由少数资本主义国家奴役和控制世界上绝大多数国家和地区的极不合理的状态。

三、学情分析

学生已通过第三、四、五单元的学习,基本掌握了新航路的开辟、早期殖民扩张、资本主义制度的确立、两次工业革命的开展等相关史事,对资本主义的发展与扩张有了一定的了解。本课教学需要引导学生完整、系统地了解资本主义世界殖民体系的建立过程,客观、辩证地理解殖民扩张对西方列强、亚非拉地区及世界格局所产生的影响。

四、教学目标

1. 运用时空定位，梳理世界殖民体系的建立过程。

2. 通过史料解读，分析英国不断进行殖民扩张的原因，理解西方列强的殖民扩张是随着资本主义的发展而不断深入的。

3. 解读相关史料，分析英国殖民侵略印度造成的影响，提高对殖民扩张影响的解释水平，增强理解当今全球化问题的能力。

教学重点：理解世界殖民体系的建立过程。

教学难点：理解西方列强殖民扩张对世界历史发展造成的影响。

五、教学过程

（一）教学主题

通过梳理、分析资本主义世界殖民体系形成的过程、原因及影响，了解资本主义世界体系形成过程中世界各地区的发展状况，理解东方从属于西方的世界格局的形成对现今世界的影响。

（二）教学过程

导入

材料1　美洲的发现和经由好望角抵达东印度的航线的开辟，是人类历史上最伟大、最重要的两件事。

——亚当·斯密《国富论》

新航路的开辟，拉开了西欧国家殖民扩张的序幕。19世纪末20世纪初，整个世界被瓜分完毕，资本主义世界殖民体系最终形成。世界殖民体系的建立经历了怎样的过程？它的建立对于世界历史的发展究竟产生了怎样的影响？

学习任务1：梳理世界殖民体系形成的过程。

材料2

表1　世界殖民体系形成过程

阶段	时期	殖民扩张主要范围
第一阶段：初见端倪	15世纪到18世纪	美洲大部分地区、非洲沿海地区、东南亚边沿
第二阶段：初步形成	18世纪60年代到19世纪70年代	向西亚、东亚、南美等地区纵深扩张

续表

阶段	时期	殖民扩张主要范围
第三阶段：最终形成	19世纪70年代到19世纪末20世纪初	非洲内陆、亚洲内陆广大地区

——据张红菊《殖民主义与全球化——殖民主义与全球化进程及其消极影响》整理

问题设计：根据表格，归纳世界殖民体系的形成有何特点。

学生活动：历时长，涉及范围广，从沿海到内陆逐步深入。

教师活动：世界殖民体系的建立经历了5个多世纪的时间，西方列强一步步将拉丁美洲、非洲、亚洲的广大地区变成殖民地和半殖民地。率先走上殖民扩张道路的，是位于伊比利亚半岛上的两个国家——葡萄牙和西班牙。随着新航路的开辟，两国夺得先利，在16世纪的欧洲殖民扩张中占据首要地位。

材料3 《葡萄牙、西班牙的海外殖民图》(历史地图，略)

问题设计：观察《葡萄牙、西班牙的海外殖民图》，指出葡萄牙和西班牙的殖民范围，并结合所学知识，指出呈现这样的分布的原因。

学生活动：按照教皇子午线的规定，该线以西的一切土地属于西班牙的势力范围，该线以东的一切土地属于葡萄牙的势力范围。

材料4

图1 18世纪秘鲁金银矿的作业场面

图2 拉丁美洲殖民地示意图

教师活动：西班牙和葡萄牙在拉丁美洲建立广大的殖民地，并在各自的殖民范围内进行了严密的殖民统治和残酷的掠夺(如图1)。16世纪末,荷兰、法国、英国开始瓜分葡属东方帝国和西属美洲殖民地的权益。到了18世纪晚期,拉丁美洲已完全处于欧洲列强的殖民统治之下(如图2)。在东方,16世纪中叶,葡萄牙在亚洲建立了包括中国澳门在内的几十个商站,而西班牙入侵了菲律宾。随着葡萄牙和西班牙的衰落,从17世纪开始,英国、荷兰和法国也加快了对亚洲的殖民扩张进程。

问题设计:阅读教材,在亚洲地图上标出各殖民国家侵略的大致势力范围。

学生活动:根据教材描述,标出势力范围,了解亚洲沦为殖民地半殖民地的过程。

材料5

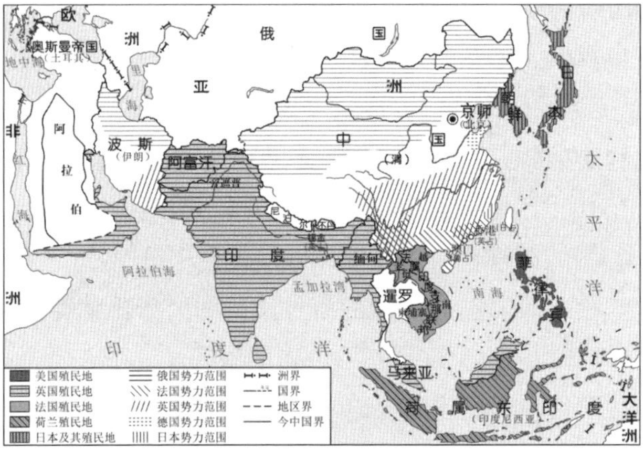

图3　殖民国家对亚洲的侵略图(19世纪末20世纪初)

教师活动:19世纪末20世纪初,绝大多数亚洲国家已沦为殖民地或半殖民地(如图3)。此后,非洲便成为欧洲列强全面入侵的对象。

材料6

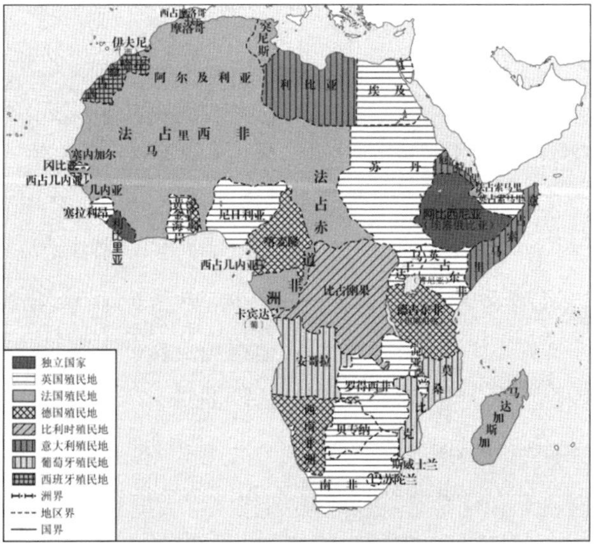

图4　帝国主义瓜分非洲图

问题设计：观察图4，思考图中各国分界线的特点及其产生的原因。

学生活动：非洲各国分界线大多平直。欧洲列强入侵非洲后，抢占势力范围，“在地图上作业”，沿某条经线或纬线，也有用直线或曲线的几何方法，瓜分了非洲的土地。

教师活动：从15世纪开始，西方列强就已侵入非洲，但大多局限在沿海地区。从19世纪70年代开始，英、法、德等国加紧对非洲的争夺。为协调列强的利益之争，1884年召开的柏林会议达成协议，确立了“有效占领”原则。会议还决定，各国可以先在地图上划定彼此的势力范围，然后再去占领。柏林会议的召开和“有效占领”原则的确立标志着欧洲在非洲的扩张从此有了国际法依据，致使整个非洲大陆在不到20年中就被瓜分完毕。在此基础上，各彼此分割的殖民地最终成为一个相互联系、相互制约的体系，世界殖民体系最终形成。

设计意图：通过梳理表格、观察地图，归纳世界殖民体系的形成过程，培养学生的时空观念和历史解释核心素养。

学习任务2：以英国为例，理解西方列强的殖民扩张是随着资本主义的发展而不断深入的。

材料7

表2 英国殖民扩张大事表

时间	英国殖民扩张
1588年	英国海军打败西班牙的无敌舰队，打破西班牙对美洲的垄断
1600年	成立东印度公司，垄断中英印贸易
1607年	在北美洲获得第一块殖民地——弗吉尼亚
1613年	英国商人在印度设立商站，逐渐向印度内地渗透
1652—1674年	赢得三次英荷战争的胜利，获得北美殖民地新尼德兰(后改名纽约)
1756—1763年	赢得七年英法战争的胜利，将法国排挤出印度，获得法国在美洲的大部分殖民地；掌握海上霸权，成为世界最大的殖民帝国
1914年	英国占有殖民地55个，涉及殖民地人口达3.9亿

——据吴于廑、齐世荣《世界史·近代史编》整理

问题设计：依据表格内容，简述英国殖民扩张的过程。结合所学知识，概括英国殖民扩张的主要原因。

学生活动：英国打败无敌舰队，走上殖民扩张道路；成立垄断性贸易公司，在印度和北美拓展殖民地；同荷兰、法国竞争，最终获得殖民霸权；到20世纪初，英国的

殖民地所占份额最大。原因:随着启蒙运动的开展,资本主义制度的确立,两次工业革命的进行,英国资本主义迅速发展,推动殖民扩张不断深入。

教师活动:英国的资本主义发展主要经历了从商业资本主义向自由资本主义、垄断资本主义过渡的阶段。商业资本主义时期主要是重商主义;自由资本主义时期以商品输出为主,需要更为广阔的廉价原料供应地和商品倾销市场;而垄断资本主义阶段主要以资本输出为主。资本主义以无限增殖为目的,它的存在和发展又有赖于国内市场尤其是国外市场的开拓,其结果就是最终把其他国家和地区都纳入了资本主义世界经济发展的轨道。因此,世界殖民体系在19世纪末20世纪初的最终形成,是随着资本主义的发展和对全球的侵略扩张逐步实现的。

设计意图:通过对典型殖民国家——英国的分析,学生能更好地理解世界殖民体系建立的根源,为下面评价世界殖民体系对世界历史发展的影响做铺垫,培养学生史料实证、历史解释等素养。

学习任务3:理解殖民扩张对西方列强、亚非拉地区及世界格局所产生的影响。

材料8　1757年,克莱武指挥英国殖民军队侵占了孟加拉,放手让部下抢劫,他自己一人就从当地土王的金库中抢夺了价值23万英镑的金银财宝。事后他曾说:“我出入于只为我敞开的金库……此刻,我对自己那时的节制大为惊奇。”……据统计,1757—1815年间,英国从印度攫取的财富不下10亿英镑。

——《普通高中教科书　历史　必修　中外历史纲要　下》

问题设计:简析英国殖民掠夺对英国和印度分别产生的影响。

学生活动:英国通过殖民掠夺积累了大量财富,却导致印度的贫困。

教师活动:英国殖民扩张对印度的影响是否都是消极的?

材料9　19世纪,人们对诸如黄麻、含油种籽、小麦、棉花等原料的需求极大。这些商品通过新建的铁路网被运送到海港;铁路网到1870年时全长4000英里,到1939年时全长41000英里。

——斯塔夫里阿诺斯《全球通史》

学生活动:依据材料9,思考英国殖民扩张在客观上对印度历史发展产生的推动作用。

教师活动:英国是否自愿推动印度的发展?

材料10　英国并不试图促进印度的制造业,而且在某些关键领域如纺织业还积极地加以阻挠。……印度已进入国际市场,并赚取了大笔资金,但其过时的国民经济却没有发生结构性的改变。

——斯塔夫里阿诺斯《全球通史》

材料11　的确，英国在印度斯坦造成社会革命完全是受极卑鄙的利益所驱使，而且谋取这些利益的方式也很愚蠢。但是问题不在这里。问题在于，如果亚洲的社会状况没有一个根本的革命，人类能不能实现自己的使命？如果不能，那么，英国不管犯下多少罪行，它造成这个革命毕竟是充当了历史的不自觉的工具。

——马克思《不列颠在印度的统治》

问题设计：结合材料10、11和所学知识，谈谈对马克思这一论述的看法。

学生活动：殖民扩张对殖民地半殖民地造成了双重影响。一方面，殖民侵略给当地人民带来了深重的苦难；另一方面，客观上促进了先进技术、制度的传播，一定程度上推动了这些地区民族资本主义的发展和社会的转型。

教师活动：总体上讲，资本主义世界殖民体系是建立在资本主义列强全球扩张的基础上，其目的是掠夺。就其性质来说，是侵略性的、非正义的。资本主义列强把亚非拉广大地区变为殖民地或半殖民地，只是为了把这些地区变为本国资本主义经济的附属，而绝非要在这些地区发展资本主义，改变其原有面貌。

材料12　1880年时，我们所面对的不完全是一个单一的世界，而是一个由两部分所合成的全球体系：一部分是已开发的、具有主宰性的、富有的，另一部分是落后的、依赖的、贫穷的……19世纪80年代，欧洲不仅是支配和改变世界的资本主义发展核心，同时也是世界经济和资本主义社会最重要的组成部分。

——霍布斯鲍姆《帝国的年代：1875—1914》

问题设计：分析资本主义世界殖民体系的形成对世界格局产生的影响。

学生活动：随着资本主义世界殖民体系的形成，世界几乎所有国家和地区都被卷入资本主义世界市场当中，世界越来越紧密地连为一体。与此同时，导致了西方先进、东方落后的局面，也形成了人类历史上由少数资本主义国家奴役和控制世界上绝大多数国家和地区的极不合理的状态。

教师活动：资本主义世界殖民体系的形成，标志着资本主义对世界统治的确立，出现了以欧洲为中心、东方从属于西方的世界格局。当19世纪末20世纪初整个世界被瓜分完毕的时候，主要资本主义国家之间的扩张与争夺也在不断加剧，为世界和平埋下了隐患。

设计意图：聚焦英国对印度的殖民扩张这一典型事例，使学生在分析中辩证理解殖民扩张对西方列强、亚非拉地区及世界格局所造成的影响，培养史料实证、历史解释素养。

小结：世界殖民体系的建立对全球化进程有不可否认的直接影响。殖民扩张造成了两种截然不同的后果：对殖民国家来说，它们从殖民地掠夺了大量的财富，运往本国化作资本，使本国发展和兴旺起来；对亚非拉地区的人民来说，殖民扩张是灾难，导致了亚、非、拉的各种问题，直到今天，它的后遗症还未彻底消除。因此，殖民主义因素的介入使得全球化是一种不平等基础上的全球化，距我们所追求的基于各民族、各国家平等基础上的全球化还相距甚远。要实现基于平等基础上的全球发展，还有漫长的路要走。

（三）板书设计

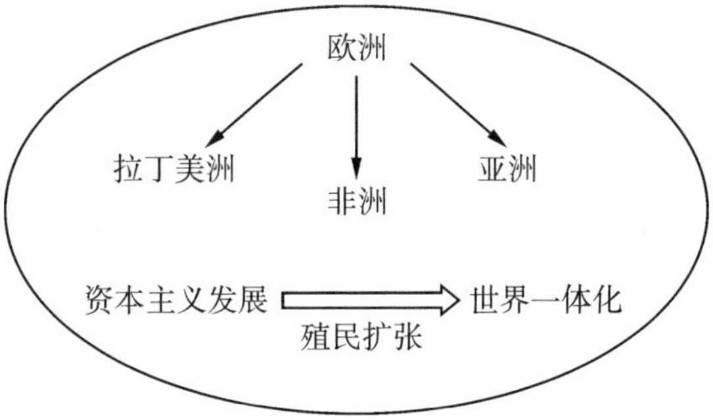

（四）核心素养水平划分

水平1：能够知道资本主义世界殖民体系建立的相关史实；能够通过阶段划分、地图等辨识西方列强对拉丁美洲、非洲、亚洲的殖民扩张；能够从不同类型的史料中提取有效信息；能够对“殖民统治和掠夺给殖民地半殖民地人民带来深重的灾难”等历史结论加以分析。

水平2：能够知道殖民扩张是随着资本主义的发展而不断深入的；能够利用地图等对殖民扩张的情况进行描述；能够明了史料在历史叙述中的基础作用；能够对殖民扩张的影响提出自己的解释；能够把握殖民扩张是世界走向一体化的重要过程。

水平3：能够理解从新航路的开辟到19世纪末20世纪初，主要资本主义国家进入帝国主义阶段的时空大背景；能够利用相关史料对英国进行殖民扩张的过程和原因加以概括和说明；能够辩证分析殖民扩张造成的影响；能够把握世界发展的潮流，对当时的中国沦为半殖民地的问题进行反思。

水平4：能够在全球视野下理解世界殖民体系的建立；能够实事求是地论述英国进行殖民扩张的原因；能够通过不同来源的史料对殖民扩张的影响进行辨析；能够从殖民扩张的历史影响中进行反思，更全面、客观地认识历史和现实社会问题。

第13课

亚非拉民族独立运动

一、课标要求

通过了解西方列强对亚非拉的殖民扩张、世界殖民体系的建立以及亚非拉人民的抗争,理解世界殖民体系的建立及殖民地半殖民地民族独立运动对世界历史发展的影响。

二、教材分析

本课共三个子目:第一目“拉丁美洲的独立运动”介绍了拉丁美洲独立运动的背景,简述了海地、巴西、墨西哥等国的革命过程,并涉及“考迪罗制”“大棒政策”等相关内容;第二目“亚洲的觉醒”以印度、伊朗、中国为代表探讨了亚洲革命的原因和过程;第三目“非洲的抗争”选取埃及的抗英斗争、苏丹马赫迪主义和埃塞俄比亚抗意战争等典型事件,描绘了非洲革命的整体情况。

三、学情分析

学生在初中已初步学习了亚非拉民族解放运动的概况,有一定的知识基础,但并未形成系统的知识体系。高中学生对亚非拉民族独立运动的相关知识了解有限,尤其是非洲和拉丁美洲,相关知识体系也不完整,给学生学习和教师教学带来一定困难。高中教材涉及面广、知识间逻辑性强,对学生的学习能力、知识储备量提出了更高要求,需要教师在组织教学中提供大量信息,并引导学生搜集资料。

四、教学目标

1. 借助知识回顾与史料分析,认识亚非拉民族独立运动兴起的原因。
2. 利用时空定位和史料分析,了解亚非拉民族独立运动的过程,认识其影响。
3. 从人类解放、民族独立和资产阶级革命等多角度理解亚非拉民族独立运动的性质及影响。

教学重点：认识亚非拉民族独立运动的过程。

教学难点：理解亚非拉民族独立运动的影响。

四、教学过程

（一）教学主题

以拉丁美洲、亚洲、非洲的空间线索构建民族独立运动的整体画面。

（二）过程展示

导入

教师活动：随着资本主义世界殖民体系的逐步建立，资本主义各国需要更大的商品市场、原料产地和投资场所，于是他们展开了疯狂的殖民掠夺，给殖民地半殖民地人民带来了深重的灾难，使被压迫人民的反抗斗争不断高涨。

设计意图：直接点明主题，进入正式学习。

学习任务1：认识拉丁美洲的独立运动。

材料1　促使拉丁美洲独立运动爆发的根本原因包括以下几个方面：拉美殖民地人口结构的变化与拉美民族的产生使得来自伊比利亚半岛的“半岛人”成为少数民族，克里奥尔人即拉美土生白人成为独立运动的领导力量，拉美不同民族之间交流与融合形成的拉美文化产生了对宗主国的离心力，长期以来殖民地人民为反对宗主国横征暴敛的抗争最终导致了拉美独立运动的爆发。

——张家唐《对拉美独立运动爆发原因的再思考》

问题设计：阅读材料1并结合所学知识，分析拉美独立运动兴起的原因。

学生活动：思考分析。欧洲殖民者长期的政治压迫和经济剥削、拉丁美洲自身经济的发展、启蒙思想的传播、法国大革命、美国的独立战争等因素推动了拉丁美洲独立运动。

材料2

——李锡海《邮票图说世界通史（一百一十）拉丁美洲独立运动（一）》

教师活动：展示杜桑·卢维杜尔、西蒙·玻利瓦尔、何塞·圣马丁的纪念邮票图片，引导学生以人物为线索简述拉丁美洲民族独立运动的主要过程。

学生活动：以邮票上的历史人物为线索，简述拉丁美洲民族独立运动的主要过程。杜桑·卢维杜尔领导了1804年海地的独立，掀起了拉美民族独立运动的序幕；西蒙·玻利瓦尔、圣马丁等人领导西属拉丁美洲殖民地人民取得独立运动的胜利；1898年巴西建立共和国；1910年墨西哥爆发资产阶级革命，并于1917年颁布资产阶级宪法。

材料3 独立后的拉美政治的一个突出特征是考迪罗大行其道，军人政权更迭不断……关于考迪罗主义产生的原因……有的学者分析了“考迪罗”统治形式产生的文化根源，以揭示独立后拉美政治发展起伏跌宕的深层原因……有学者还从与西属拉美比较的角度，分析了近代巴西没有出现考迪罗主义的原因。有的学者从政治现代化的角度考察了拉美独立后的政治发展进程。对于拉美政治现代化进程的总体认识已经形成，但是对墨西哥政治现代化问题却有争议。

——李先波《改革开放以来国内史学界对拉丁美洲近代史的研究综述》

问题设计：阅读材料2并结合所学知识，简析拉丁美洲多国实行军事独裁统治的原因。

学生活动：根据材料，从拉美的历史传统、文化根源，西方的殖民统治等方面归纳拉美多国建立军事独裁的原因。思考原因的同时，了解拉丁美洲民族独立运动后各国基本的政治形态，了解“大棒政策”和“金元外交”等相关内容。

教师活动：补充引导。

设计意图：分析、解读材料，使学生认识到拉丁美洲民族独立运动的原因、经过等，提升历史解释素养。

学习任务2：从整体上认识亚洲的觉醒。

材料4 1906年，提拉克在对印度民众的一次演讲中说：“你们的工业被彻底摧毁，被外国统治摧毁；你们的财富流出国外，你们的生活降低到没有人能忍受的最低水平。在这种情况下，你们还有什么其他良方可以用来帮助自己吗？良方不是请愿，而是抵制。我们说，准备好你们的军队，组织好你们的力量，然后开始干吧，这样他们才不能拒绝你们的要求。”

——斯塔夫里阿诺斯《全球通史》

问题设计：依据材料4，指出印度爆发民族民主运动的主要原因。结合所学知识，分析19世纪末20世纪初亚洲民族独立运动兴起的原因。

学生活动：思考分析。原因主要有帝国主义国家对亚洲侵略的加剧，殖民地半殖民地自身资本主义经济的发展、民族忧患意识和民主改革意识的觉醒等。

材料5　20世纪初，一场革命风暴席卷亚洲。在资产阶级的领导下，伊朗、土耳其、中国相继爆发了变革封建制度的革命；菲律宾掀起了轰轰烈烈的民族解放战争；印度的独立运动发展成波澜壮阔的群众性反帝爱国怒潮。与此同时，越南、朝鲜、印尼的民族解放运动，也在反帝、反封建的旗帜下，蓬勃发展，这一切，汇成亚洲资产阶级民族民主革命的洪流。列宁1913年5月7日在《真理报》上发表文章，对这场新的革命风暴给予了高度的评价和热情的赞颂，称之为“亚洲的觉醒”。

——才家瑞《“亚洲觉醒”的内涵及该时期各国民族民主运动的类型与特点》

问题设计：依据材料5，概括“亚洲觉醒”的内涵。结合所学知识，以印度、伊朗和中国为例，简述亚洲觉醒的类型和特点。

学生活动：思考讨论。亚洲的觉醒包含民族独立、发展民族资本主义等相关内容。简述印度民族解放运动、伊朗立宪革命和中国辛亥革命的主要过程。

教师活动：引导学生在深入理解“亚洲的觉醒”的基础上，结合材料和教材，理解印度、伊朗、中国革命的类型和特点。正如列宁所说，亚洲的觉醒是指亚洲的资产阶级从改良走上了革命，走上了在资产阶级领导下的，有广大群众参加的，反帝反封建的民族民主运动。这场革命基本上可以分为两类：第一类是发生在殖民地各国的革命运动，以建立独立的资产阶级民族国家为首要任务，如菲律宾、印度、越南等国家；第二类是发生在半殖民地国家的革命运动，以推翻勾结帝国主义的封建专制政权，建立资产阶级的政治经济体制为首要任务，如中国、伊朗、土耳其等国家。亚洲革命总体呈现出“革命派高举资产阶级民族主义和民主主义两面大旗、由资产阶级革命派领导的有广大人民群众参加、各国的革命派开始自觉地相互联系和相互支持”三个特征。

设计意图：通过概念解读和知识梳理，引导学生对“亚洲的觉醒”形成整体认识，理解共性下的各国独立运动的个性，提升历史解释素养。

学习任务3：认识非洲的抗争。

材料6　奥拉比（注：即阿拉比）的政治生涯较短，从1875年投身政治斗争到1882年被捕入狱，仅六七年时间。他的后半生是在流放和软禁中度过的。概括地说，他一生共做了三件大事：（1）A；（2）发起和组织资产阶级改良运动；（3）B。

——杨灏城《奥拉比的历史功绩——纪念奥拉比领导抗英战争一百周年》

学生活动：结合教材内容，了解阿拉比领导埃及反对英国侵略的相关事实，指出A处应填写创立祖国党，B处应填写领导埃及人民进行抗英战争。

材料7　马赫迪起义是一场反殖民、反封建的群众性斗争。它自然具有变革不平等社会现实的要求，但马赫迪国家建立后，旧的生产方式依然如故，小生产者的革命性削弱，保守型上升，导致封建化。从这个意义上讲，马赫迪运动的胜利就预示着它的失败，其失败具有历史必然性。从世界历史发展的大格局来看，19世纪末正是各主要资本主义国家向帝国主义过渡、殖民体系最后形成的时期。马赫迪运动这种农牧民领导的反殖运动的胜利是暂时的，因为，帝国主义绝不会容忍战略地位重要的苏丹独立于其殖民体系之外，重新征服是必然的。

——包茂宏《苏丹马赫迪运动成败原因分析》

问题设计：对比埃及和苏丹反英斗争的基本史实，结合教材栏目《历史纵横》中的“阿散蒂人民的抗英斗争”，分析非洲大部分反抗殖民斗争的失败原因。

学生活动：讨论交流，概括出非洲大部分反抗殖民斗争失败的主要原因是旧的生产方式、小生产者的革命软弱性、保守性等。

教师活动：引导学生认识非洲民族独立运动的进步性和局限性。明确非洲民族独立运动中的领导阶级革命性和软弱性，进一步通过史实讲述使学生理解非洲民族独立运动的曲折性。

材料8　近代非洲各国人民掀起的反抗殖民主义、帝国主义的斗争，只有埃塞俄比亚1889—1896年抗意卫国战争取得了胜利……埃塞俄比亚抗意卫国战争的胜利，揭示出在被压迫民族反对殖民主义帝国主义斗争中，人民群众是主力军，是最坚定勇敢的革命力量。只有动员、组织和依靠广大人民群众才能取得革命的胜利。

——夏金霖《试论埃塞俄比亚抗意卫国战争》

问题设计：对比埃及、苏丹的独立运动，分析埃塞俄比亚民族独立运动取得胜利的最主要原因。

学生活动：思考分析。理解在埃塞俄比亚抗意卫国战争中，孟尼利克二世和广大人民群众发挥的重要作用。

教师活动：补充史料并引导学生正确分析和评价阿拉比、马赫迪、孟尼利克二世等历史人物的功绩，认识人民群众是革命的主力军。

设计意图：通过提供材料创设情境，引导学生对比、分析，理解不同国家间民族独立运动结果不同的原因。

学习任务4：理解亚非拉民族解放运动的影响。

材料9　近代亚非拉民族解放运动经历了五个时期，出现了四次“高潮”。民族解放运动由下层人民的自发斗争，逐步走上了资产阶级民族民主革命的道路。十月革命开创了世界历史的新纪元，也开创了民族解放运动的新纪元，被压迫民族的解放运动由资产阶级世界革命的一部分变为无产阶级世界革命的一部分，尤其是殖民地半殖民地无产阶级力量的壮大和马克思主义的广泛传播，为亚非民族解放运动的发展展现了一条无限广阔的新道路。

——薛源官《近代亚非拉民族解放运动史分期问题初探》

问题设计：依据材料9，结合所学知识，分析亚非拉民族解放运动的影响。

学生活动：综合思考，材料分析。了解亚非拉民族解放运动形式的多样性及其对世界革命的推动作用。

教师活动：引导学生理解亚非拉民族解放运动在推动世界资产阶级革命和世界无产阶级革命过程中发挥的积极作用，认识到殖民地、半殖民国家结合本国实际，开创性地探索不同革命道路的精神。

设计意图：引导学生解读分析材料，理解亚非拉民族解放运动的相似性和多样性，加深对其影响的认识。

小结：有压迫的地方就有反抗，西方殖民主义列强的侵略史，同时也是一部亚非拉地区人民壮烈的反抗史。亚非拉民族独立运动伴随着西方资本主义的发展和世界市场的形成，有成功有失败，但都打击了帝国主义的侵略势力，也打击了本国的封建势力，推动了民族独立和世界历史的发展，推动了世界范围内革命从资产阶级革命向无产阶级革命的过渡。

（三）板书设计

亚非拉民族独立运动
- 拉丁美洲 18世纪末19世纪初（独立运动）
  - 海地、巴西、墨西哥等
  - 玻利瓦尔、圣马丁等
  - 军事独裁统治、大棒政策
- 亚洲 19世纪初20世纪初（觉醒）
  - 印度人民反英斗争
  - 伊朗立宪革命
  - 中国辛亥革命
- 非洲 持续不断（抗争）
  - 埃及抗英斗争
  - 苏丹马赫迪起义
  - 埃塞俄比亚抗意战争

→ 打击帝国主义势力
削弱本国封建势力
推动民族独立和世界历史的发展

（四）核心素养水平划分

水平1：能够通过文献、地图、漫画、影视作品等多渠道获取与本课知识有关的材料，并从材料中提取有效信息；能够通过教材、教师提供和自己搜集的材料概述亚非拉各地民族解放运动的基本史实。

水平2：能够利用时间轴、地图等内容对相关史实加以描述；能够在叙述历史时认识并把握历史发展的各种联系;能够掌握获取史料的基本方法,并形成自己的观点;能够运用史料作为证据论证自己支持的观点。

水平3:能够通过埃塞俄比亚抗意卫国战争的胜利理解人民群众在历史发展中的作用;能够对史料进行整理和辨析,利用不同史料的长处;能够选择、组织和运用相关材料并使用相关历史术语,在正确的历史观和方法论的指导下,形成对亚非拉民族独立运动较全面、客观的认识;能够正确认识亚非拉民族独立运动的进步性和局限性。

水平4:能够将亚非拉民族独立运动置于具体的时空框架下,从唯物史观的角度对其有深入的认识;在评价具体的民族独立事件时,能够对材料进行适当的取舍,并能够依据规范引用史料;能够将本阶段历史事件置于世界历史发展的进程中,对历史进行反思,并从中汲取经验教训。

第14课

第一次世界大战与战后国际秩序

一、课标要求

通过了解第一次世界大战，理解20世纪上半期国际秩序的变动。

二、教材分析

本课由三目构成：帝国主义与大战的酝酿、第一次世界大战、一战后的国际秩序，主要叙述了第一次世界大战的背景、经过及战后建立的凡尔赛—华盛顿体系。19世纪末20世纪初，主要资本主义国家发展到帝国主义阶段，掀起了新的瓜分世界的狂潮。帝国主义各国经济政治发展不平衡，导致实力对比发生重大变化。为了重新瓜分殖民地，争夺世界霸权，欧洲形成了两大敌对的军事集团，最终导致一战爆发。一战主要在欧洲的三条战线进行，西线战场是决定性战场。一战的进程完全走向大国决策者主观意志的反面，形成了长期阵地战的僵局，变成了倾注全部国力的总体战。其间，出现了美国参战、俄国爆发十月革命退出一战等重大事件，最终一战以同盟国的失败告终。一战后，战胜国以强权政治原则建立了新秩序——凡尔赛—华盛顿体系。这一体系存在着诸多矛盾，而维护战后国际政治秩序的国联由于制度缺陷，未能实现保证国际和平的目的。欧洲优势地位的动摇、殖民地半殖民地国家的民族觉醒、美国和苏联的崛起，使得战后国际体系出现新的变局。

三、学情分析

通过初中历史的学习，学生已了解同盟国和协约国两大军事集团、萨拉热窝事件、施里芬计划、马恩河战役、索姆河战役、《凡尔赛条约》、华盛顿会议、国联等基本史实，对一战导致国际格局发生重大变化也有简单的认知。本课教学需在此基础上，引导学生深入理解一战爆发的根源、一战对国际格局的深远影响，提升历史解释核心素养。

四、教学目标

1. 通过解读文本、分析地图，理解一战爆发的原因。

2. 借由一战过程的大事年表，梳理一战中的重要事件。

3. 通过小组讨论、解读文本、分析漫画，了解凡尔赛—华盛顿体系的主要内容，认识凡尔赛—华盛顿体系下国际格局的变化。

教学重点：理解一战爆发的原因，认识凡尔赛—华盛顿体系下国际格局的变化。

教学难点：理解政治经济发展不平衡导致列强要求重新瓜分世界的斗争，是第一次世界大战的根源；认识凡尔赛—华盛顿体系下国际格局的变化。

五、教学过程

（一）教学主题

围绕"一战与战后国际秩序的'变'与'不变'"，理解一战爆发的时代背景、战争经过、战后国际格局的变化。

（二）教学过程

导入

材料1

图1　萨拉热窝事件漫画图

问题设计：指出漫画所描述的历史事件。联系初中所学知识，简述萨拉热窝事件。

学生活动：讲述萨拉热窝事件的人物、地点、影响等。1914年6月28日，奥匈帝国皇储斐迪南大公夫妇在萨拉热窝被塞尔维亚青年普林西普枪杀。三国同盟与三国协约集团利用这一事件推波助澜，导致国际局势迅速恶化。此后，德国支持奥匈帝国对塞尔维亚宣战，德、俄、法、英相继参战。第一次世界大战全面爆发。

教师活动：点评学生发言，补充指出萨拉热窝事件是一个偶然事件。

设计意图：导入历史漫画，切入学生熟悉的历史事件，既达到激趣效果，又提高学生的历史解释能力。

学习任务1：变化的国家实力，不变的扩张与贪婪。

材料2　德皇威廉二世："这是千载难逢的机会。"

奥匈帝国外交大臣赫托尔德叫嚣："现在是到了解决塞尔维亚问题的时候了。"由于担心俄国的军事干预，奥皇约瑟夫给威廉写私人信件，探寻德国意见。

法国总统普恩加："看来是时候用武力解决同德国的争端了。"

俄国前外交大臣沃尔斯基高兴地叫嚷："这就是我们的战争！"

英国的外交大臣格雷同俄国大使多次强调局势的严重性，暗示德国的重心很快就要从西方转到俄国，用这样的话公开唆使俄国积极发动战争。

——张佩侠《萨拉热窝事件与"一战"的爆发》

问题设计：根据材料2，分别指出各国对这一事件的态度。归纳、概括各国态度的异同。

学生活动：德、奥两国欣喜、激动，认为这是发动战争的好时机；法国、俄国对此主张通过武力解决争端；英国拉拢俄国，共同用武力应付。

教师活动：一战的导火索萨拉热窝事件是偶发事件，战争的爆发还存在其他具体原因。一战酝酿和爆发的根本原因，应当从19世纪晚期至20世纪初期人类社会发展的过程中去寻找。

材料3　以煤和褐煤、生铁与钢三项主要产品为例，1910—1913年德国年均产量分别为2.515亿吨、1482.9万吨和1534万吨，而英国则为2.92亿吨、979.2万吨和694万吨，法国则是3990万吨、466.4万吨和409万吨。

——张盛发《关于第一次世界大战的若干思考》

问题设计：从煤和褐煤、生铁与钢三项主要产品产量的角度，比较一战前欧洲三个大国英、法、德的工业生产实力。

学生活动：分析文本，理解一战前德国的工业生产实力远远超过法国，甚至也超过了英国。

教师活动：在这三项重要指标方面，德国不仅远远超过了法国，而且也接近，甚至超过号称“世界工厂”的英国。德国在20世纪初期的崛起证明了列强之间经济实力平衡的脆弱性，并且预示着以英国和法国主导的旧的国际秩序难以为继。

材料4 《列强瓜分世界示意图(至1914年)》(历史地图，略)

问题设计：观察历史地图，指出英、法、俄、德海外殖民地的主要分布，比较这四国殖民地的大小。

学生活动：大致描述列强海外殖民地的主要分布位置，并粗略感知，英国占领的海外殖民地最多，法、俄也占有较多海外殖民地，德国则少之又少。

教师活动：到第一次世界大战爆发前夕，在世界总面积达6500万平方千米的殖民地中，英国独占3350万平方千米，占世界殖民地总面积的一半以上；俄、法两国分别占有1740万平方千米和1060万平方千米，分别占世界殖民地总面积的27%和16%。三国占据的殖民地面积占到全球总量的95%。德国跻身欧洲第一经济强国，而海外殖民地远远少于英、法、俄三国。帝国主义各国经济政治发展不平衡，导致它们的实力对比发生重大变化。

问题设计：为了重新瓜分世界，各国都在寻找同盟，欧洲最终形成两大军事同盟，指出这两大军事同盟的名称和各自的主要成员国。

学生活动：回忆并说明同盟国、协约国的成员国，回忆这几国对萨拉热窝事件的不同反应。

教师活动：本质上讲，一战是不同国家、不同力量在全球范围内的首次冲突和较量，是人类社会在经济、政治、社会文化等方面发展不平衡和不均衡的结果，而萨拉热窝事件即成为各国动武的“口实”。

设计意图：以萨拉热窝事件中各方反应作为切入点，进而引导学生回归到19世纪末20世纪初特殊的时代背景，由表及里，透过现象看本质，深入挖掘一战的根本原因。

学习任务2：变化的战争走向，不变的残忍与杀戮。

材料5 当宣战的消息传到街头的时候，聚集的人们用大声的欢呼来表达他们的情感。人们离开了唐宁街，在陆军部门前聚集了起来，在那里，人们不断呼喊着爱国口号，直至今天早上。

——《低落的爱国主义情绪》(《时代》杂志，1914年8月5日)

材料6 德国和平协会在1914年8月宣布：“对战争期间有关和平主义者的义务是没有什么怀疑的。我们德国和平主义者一贯承认国家自卫的权利和义务。每个和平主义者必须像其他所有德国人一样对履行他对祖国的共同职责。”

——詹姆斯·乔尔《第一次世界大战的起源》

问题设计：战争是时代的印记，当战火步步逼近，民众又作何反应？

学生活动：根据材料5、6可知，民众爱国热情高涨，对战争表示支持和欢迎，也迫不及待地欢迎战争的到来。

教师活动：战争就如节日一样，被民众庆贺而不是作为灾难被哀悼，“树叶落地的时候战争就该结束了”，“圣诞节时小伙子们就将回家了”。交战国双方民众均抱着短期取胜的侥幸心理。

表1　一战过程

时间	1914年7月至1918年11月	
战线及交战双方	西线	英法—德
	东线	俄—德奥
	南线	塞尔维亚—奥匈
战争阶段及重大战役（事件）	第一阶段（1914年）	马恩河战役
	第二阶段（1915—1916年）	凡尔登战役、索姆河战役、日德兰海战
	第三阶段（1917—1918年）	美国、中国参战，同盟国战败

问题设计：补充完整一战过程中三条战线、三个阶段的重大事件。

学生活动：联系以往所学知识和教材内容，完善表格内容，形成对一战过程的知识记忆。

教师活动：战争并没有在1914年冬天终结，而完全走向大国决策者主观意志的反面，演变为长期阵地战的僵局，变成了倾注全部国力的总体战。最终，这场大战中大约900万人战死，2000多万人受伤，350万人终生残疾。德、俄、法、奥的伤亡人数占全部伤亡人数的66.6%。

设计意图：出示反映一战爆发初期英、德民众情绪的材料，引导学生认识，哪怕是和平主义者，对战争都持热情支持的态度，他们对战争美好、短暂的预设与之后的战争进程形成了鲜明的对比。通过补充表格，引导学生阅读材料，梳理一战的主要过程。

学习任务3：变化的战后格局，不变的强权与勾连。

教师活动：战争结束后，战胜国相继召开了凡尔赛会议和华盛顿会议，建立了帝国主义的国际新秩序——凡尔赛—华盛顿体系。

问题设计：有历史学家认为，凡尔赛—华盛顿体系体现了帝国主义强权政治的特征。结合教材，谈谈对这句话的理解。

学生活动：小组讨论，聚焦于对德国的惩罚、中国问题等。

材料7

图2　和平与未来冲突的火种(创作于1919年)

问题设计:漫画中右边四位人物分别是谁?左边的小男孩又象征哪个国家?小孩为什么哭泣?

学生活动:法国总理克里孟梭、美国总统威尔逊、英国首相劳合·乔治。小男孩代表德国。观察讨论,联系前面的问题,感受德国人的哀伤、愤怒与不满,理解凡尔赛—华盛顿体系实际上蕴含着未来德国复仇的种子。

教师活动:在凡尔赛—华盛顿体系形成过程中,有一个国家在国际舞台上愈发活跃,这就是当时的世界第一工业强国、战后世界第一资本输出国、欧洲最大的债主——美国。其总统威尔逊提出了“十四点原则”。

材料8　Ⅰ. 公开的和平条约,必须公开缔结……

Ⅱ. 领海以外,无论平时或战时,必须保持公海航行的绝对自由……

Ⅲ. ……尽可能地消除一切经济壁垒,建立平等的贸易条件……

Ⅳ. ……各国军备必须裁减至符合维持国内安全的最低限度……

Ⅴ. 对所有关于殖民地的要求作出……调整。……

…………

ⅩⅣ. 为了大小国家都能相互保证政治独立和领土完整,必须成立一个具有特定盟约的普遍性的国际联盟。

——齐世荣《世界通史资料选辑·现代部分》

问题设计:结合材料8,分析威尔逊提出“十四点原则”的动机。

学生活动:这些貌似平等的内容背后蕴含着美国争夺世界霸权的需求。

问题设计:国联的建立得到英、法的响应,成为战后世界维护和平的重要机构。实际结果如何呢?战后的世界有没有实现和平?

学生活动:国联本身存在制度缺陷——追求“全体一致”的原则,使其失去了制止侵略战争的可能性。

教师活动：1914年战争爆发初期，英国外交大臣格雷就曾感叹："全欧洲的明灯都灭了，我们有生之年再也不会看到它的亮起。"大战动摇了欧洲在世界格局中的优势地位，被压迫地区掀起民族解放运动的高潮，美国和苏联两个大国渐趋崛起。然而，最终美国并未加入国联，国联处于英、法控制之下，传统欧洲国家仍处于主导地位。

设计意图：以小组合作的形式，解释论证凡尔赛—华盛顿体系所体现的特征，在合作探究中涵养历史解释素养；解读历史漫画，体会一战后国际体系中战胜国与战败国的矛盾；解读史料，对"十四点原则"背后的美国动机作出合理的历史解释。

小结

图3　1984年冬奥会萨拉热窝事件会徽

世事烟云，硝烟尽散，一战爆发70年后，萨拉热窝迎来了冬奥会盛事。这次冬奥会会徽设计在奥运五环标志下面，一个具有象征意义的红色雪花图形，它是萨拉热窝地区传统刺绣产品的主要图案。红硕的雪花，像是凄艳的鲜血，又是沉重的叹息，这在某种程度上是对一战血流成河的警醒与反思，以纪念一战这场人类悲剧、世纪之殇。回眸百年，唯有珍爱和平，方能告慰那"与花同眠"的死难者。

（三）板书设计

第一次世界大战与战后国际秩序

变	不变
国家实力	扩张与贪婪
战争走向	残忍与杀戮
战后格局	强权与勾连

（四）核心素养水平划分

水平1：能够利用历史学科的时间、地点、人物、意义等要素，对萨拉热窝等事件进行历史解释；能够对一战走向持久战、总体战等历史结论加以分析。

水平2：能够选择、组织和运用相关材料并使用相关术语，对政治经济发展不平衡导致列强要求重新瓜分世界是第一次世界大战爆发的根源这一历史结论提出自己的历史解释;能够在了解凡尔赛—华盛顿体系内容的基础上,对该体系体现了帝国主义强权政治特征的历史结论作出解释。

水平3:能够分辨一战的导火线、根源等,尝试运用文字、地图、历史漫画等材料进行评析。

水平4:在探究战争与和平的关系问题时,能够在尽可能占有更多史料的基础上,尝试提出新的历史解释。

第15课

十月革命的胜利与苏联的社会主义实践

一、课标要求

了解列宁领导的十月革命爆发的原因、过程,理解十月革命的世界历史意义。

二、教材分析

本课设置了列宁主义的形成、十月革命的胜利、苏联建设社会主义的实践三目内容,主要讲述了1898—1937年俄国发展的相关史实,涉及列宁主义的形成、十月革命的进程、战时共产主义政策、新经济政策、苏联的建立、苏联模式的确立等重点内容。从内容的设置上看,本课最核心的内容是列宁领导的十月革命及苏联建立后对社会主义建设的探索实践。因此,本课教学需要通过梳理苏联建立、巩固和发展的历程,在世界历史发展的大背景下理解十月革命的世界历史意义,总结苏联社会主义建设实践的经验和教训。

二、学情分析

学生在经过初中历史的学习后,对十月革命的进程以及苏联的建立等相关史实有一定程度的了解,在学习新文化运动后期、一战等内容时也已对十月革命的部分内容有所熟悉,为本课学习奠定了较好的知识基础。本课教学需要引导学生在把握俄国(苏联)发展进程中各阶段的内容和特征的同时,从世界历史发展的大背景中去理解十月革命的世界历史意义,认识苏联社会主义实践的经验和教训。

三、教学目标

1. 梳理十月革命的历史进程,把握革命的基本史实;分析史料,归纳十月革命爆发的原因,剖析列宁与十月革命胜利之间的关系,认识杰出人物对历史事件和历史进程的推动作用;区分二月革命和十月革命的不同,理解十月革命的世界历史意义。

2. 解读史料，归纳“战时共产主义政策”与“新经济政策”的内容，分析“战时共产主义政策”与“新经济政策”的区别，理解政策推行带来的转机与危机。

3. 宏观把握本课知识，在了解俄国十月革命和社会主义建设的基础上，思考其对中国的民主革命和社会主义建设带来的启示。

教学重点：认识列宁主义、苏联的社会主义建设。

教学难点：理解十月革命爆发的必然性，探究十月革命对俄国、世界的影响与意义。

五、教学过程

（一）教学主题

分析从十月革命到苏联建设社会主义的过程，提升运用唯物史观分析问题的能力和历史解释的素养。

（二）过程展示

导入

材料1

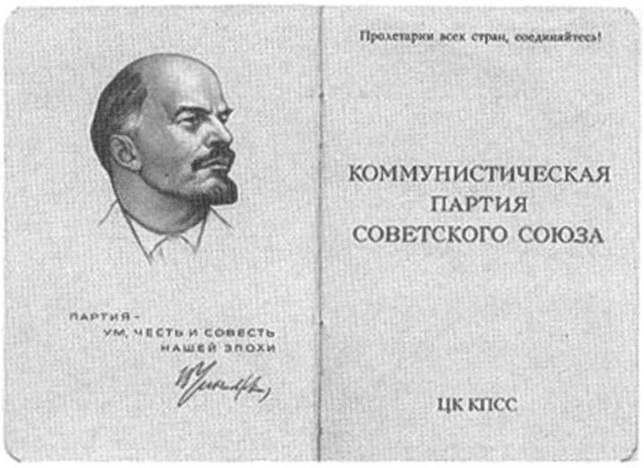

图1 苏共党员证

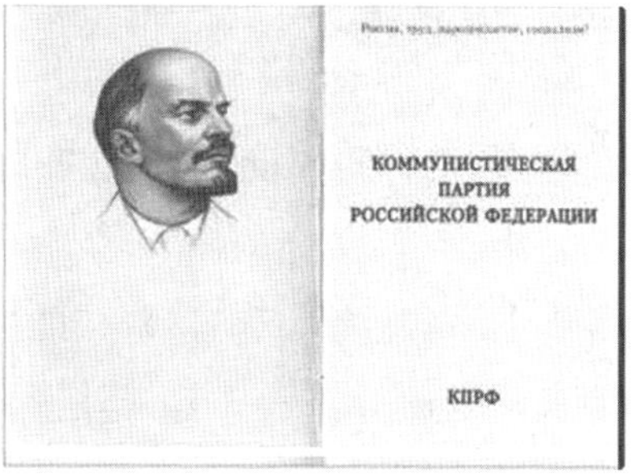

图2 俄共党员证

教师活动：俄罗斯总统普京曾在一次会议上说：“我没有扔掉我的党员证，我没有烧掉它，它被存放在某处……我不能说我是完全思想坚定的共产主义者，但我对此十分珍惜。”法新社报道，对于老一辈俄罗斯人来说，保存苏共党员证在一定程度上表达了一种怀旧之情。如今的俄罗斯共产党的党员证会不会有变化呢？从图1和图2可以看出，苏联共产党和俄罗斯共产党都在党员证上刊印了列宁的头像，列宁在俄国的影响为何如此深远？

设计意图：运用图片史料，激发学生兴趣，引入本课教学主题。

学习任务1：梳理十月革命进程，认识二月革命与十月革命的区别，探究十月革命爆发的原因。

学生活动：阅读教材，自主梳理十月革命的发展进程，并进行简单讲解。

教师活动：展示学生制作的时间轴，并补充讲解，呈现完整时间轴内容。

材料2

时间轴

1898年，俄国社会民主工党宣告成立，开展工人运动。

1900年，列宁创办《火星报》，宣传马克思主义。

1903年，俄国社会民主工党召开第二次代表大会，标志着布尔什维克党的建立。

1917年3月，二月革命推翻沙皇专制，出现两个政权并存的局面。

1917年4月，列宁回国，发表《四月提纲》。

1917年11月7日，彼得格勒革命武装起义占领冬宫。

1917年11月8日，苏维埃政权正式建立。

设计意图：梳理十月革命主干知识的时序，使学生能在已有知识的基础上宏观把握十月革命进程的阶段。

材料3 目前俄国的特点是从革命的第一阶段过渡到革命的第二阶段。第一阶段由于无产阶级的觉悟性不高和组织性不强，政权落到了资产阶级手中，第二阶段应该使政权转移到无产阶级和贫苦农民阶级手中。

——列宁《四月提纲》

教师活动：阅读材料3，判断其出处，并指出革命的“第一阶段”和“第二阶段”分别是什么。从革命的任务、性质等角度，区分二月革命与十月革命的不同点。

学生活动：材料3中，第一阶段指资产阶级民主革命(二月革命)，第二阶段指社会主义革命(十月革命)。制作表格，比较二月革命和十月革命。

名称	二月革命	十月革命
领导者	自发斗争	布尔什维克
目标	“面包、停止战争”	建立社会主义
指导纲领	无	《四月提纲》
性质	资产阶级民主革命	无产阶级革命
革命任务	推翻沙皇统治	推翻资产阶级临时政府
结果	建立了资产阶级临时政府，并继续参战	建立社会主义制度的国家，退出一战

材料4 十月革命借助战争完成了一次历史性转换：俄国不再是西欧资本主义的仿效者，而是世界历史的引领者。

——托洛茨基《俄国革命史》

材料5　俄国社会主义革命的胜利极大地鼓舞和启发了李大钊，他以《新青年》和《每周评论》等为阵地，相继发表了大量宣传十月革命和马克思列宁主义的著名文章和演说，阐述十月革命的意义，讴歌十月革命的胜利，旗帜鲜明地批判改良主义，积极领导和推动五四爱国运动的发展，成为中国共产主义的先驱。

——姜秀荣《马克思主义在中国的早期传播》

教师活动：阅读材料4、5，结合所学知识，分析十月革命的历史意义。

学生活动：十月革命是人类历史上第一次胜利的社会主义革命，开辟了人类探索社会主义道路的新时代，使马克思列宁主义传遍世界，极大地震撼了资本主义世界；十月革命向全世界宣告崭新的社会制度由理想变为现实，它在人类历史上第一次消灭剥削和压迫的不平等社会，第一次尝试建设公平正义共同富裕的美好社会；十月革命沉重地打击了帝国主义的统治，极大地鼓舞了国际无产阶级革命运动和殖民地半殖民地被压迫民族的解放运动；十月革命改变了俄国历史的发展方向，俄国开始走社会主义道路，对整个人类社会的发展都产生了深远的影响。

设计意图：通过解读史料，学生认识二月革命和十月革命的不同，并归纳出十月革命的历史意义。

材料6　社会主义革命应该发生在发达的资本主义国家。

——马克思《德意志意识形态》

材料7　一战前，俄国是小农经济占优势的国家，农业人口占全国人口的4/5，无产阶级在全国人口中占少数。1913年按人口计算，俄国的钢产量只及美国的1/11，德国的1/8。俄国存在严重的封建农奴制残余，农村保留有贵族大地主土地所有制和封建剥削形式。

——王斯德《世界现代史》

材料8　俄国无产阶级受剥削特别严重，工作时间一般长达10多个小时，但工资低微。布尔什维克党领导工人阶级进行不懈的斗争，并在斗争中越来越坚强，越来越壮大。

——王斯德《世界现代史》

材料9　因为参加一战，在1917年，农村男劳动力减少47.4%，粮食收获量减少1/4。参战造成300万难民无家可归，缺衣少食。很多人在战争中断送生命、受伤致残和死于瘟疫。因为饥荒，1916年罢工有1500起，参加人数超过100万。农村头5个月就有510次起义。

——王斯德《世界现代史》

教师活动：依据材料6中马克思的观点，结合十月革命发展进程，探讨十月革命爆发是“偶然”还是“必然”的。

学生活动：俄国资本主义已经过渡到了帝国主义阶段（封建色彩浓厚、软弱、对外依赖性强）；俄国矛盾重重（阶级、民族、殖民），成为帝国主义链条上最薄弱的环节；一战激化了各种矛盾；俄国的无产阶级组织性和战斗性比较强，其政党布尔什维克党的成熟；列宁主义的指导；广大农民的支持。

设计意图：通过解读史料，分析概括出十月革命爆发的原因，指出其爆发是客观必然的。

学习任务2：分析列宁对十月革命的贡献，正确看待人民群众和杰出人物在历史发展进程中的作用。

教师活动：再次出示材料1，思考列宁在十月革命中的突出作用体现在哪些方面。历史的创造者是英雄还是人民？

学生活动：列宁发表《四月提纲》，为革命指明了方向；为布尔什维克党确定了举行武装起义的方针；领导了彼得格勒武装起义等。在此基础上探讨历史的创造者是人民。

材料10　人民群众是历史的创造者、社会物质财富和精神财富的创造者以及社会变革的决定性力量。

——高晓阳《马克思主义哲学原理》

教师活动：人民群众是先进生产力和先进文化的创造主体，是社会变革的主体，同时也是实现自身利益的根本力量。杰出人物是一定历史任务的发起者和倡导者，是历史活动的组织者和领导者，但杰出人物作用的发挥受一定社会历史条件的制约。

设计意图：通过分析列宁对革命的贡献、探究历史的创造者是谁，渗透唯物史观。

学习任务3：学习“战时共产主义政策”和“新经济政策”的基本内容，了解高度集中的政治经济体制对苏俄（联）的积极作用。

材料11　1918年夏，苏维埃被战火包围，红旗只在1/4的国土上飘扬，全国3/5的人中在反革命势力之下。即使在苏维埃政权管辖地区，反革命恐怖和破坏活动也十分猖獗。

——周尚文《苏联兴亡史》

材料12　俄国的经济情况极为糟糕，重要的粮食、燃料和原料产地均被敌人夺走，生活必需品严重匮乏，以至城市人口每两天才领到1/8磅面包。

——周尚文《苏联兴亡史》

教师活动：根据材料11、12，分析新生的苏维埃政权面临怎样的形势，又是如何应对的。战争结束后,“战时共产主义政策”是否继续适用?

学生活动:新生的苏维埃政权面临着政治军事上外国干涉军和国内武装叛乱分子的联合进攻,经济上粮食严重缺乏、经济极端困难的形势。苏维埃政权推行“战时共产主义政策”,包括余粮收集制、工业国有化、取消自由贸易、推行实物配给制和实行普遍劳动义务制。在已有知识基础上探讨战争结束后“战时共产主义政策”不能继续适用的原因。

材料13 工人因生活条件恶化也日益不满。1921年春,在彼得格勒、莫斯科等城市发生工人罢工和抗议游行。更严重的是,2月28日发生喀琅施塔德水兵叛乱,他们抛出了“贸易自由”“拥护不要共产党人参加的苏维埃”。叛乱的水兵大多来自农村,反映了农民是何等的不满。

——周尚文《苏联兴亡史》

教师活动:苏联是如何解决材料13中出现的问题的?结合教材内容,思考“战时共产主义政策”和“新经济政策”有何区别。

学生活动:为解决工人和农民的不满,苏联开始推行“新经济政策”。小组合作,从背景、内容、影响等角度分析“战时共产主义政策”和“新经济政策”的区别。

材料14 1923年,俄国经济发生了新的危机。由于在“新经济政策”下农业恢复得比工业快,而且在工业的管理上仍然遗留着不少“战时共产主义”的方法,因而工业品的价格高,农产品的价格很低,工农业之间的“剪刀差”扩大,农民的需求降低了,工业品因此积压起来,出现了销售危机。

——柳植《苏联社会主义道路研究》

教师活动:根据材料14,指出“新经济政策”是否解决了苏联的经济发展问题。思考政策制定与现实国情之间的关系。

学生活动:“新经济政策”虽缓解了“战时共产主义政策”带来的负面问题,但同时带来了新的经济问题。综合上述材料,提出对政策制定与现实国情之间关系的看法。

材料15

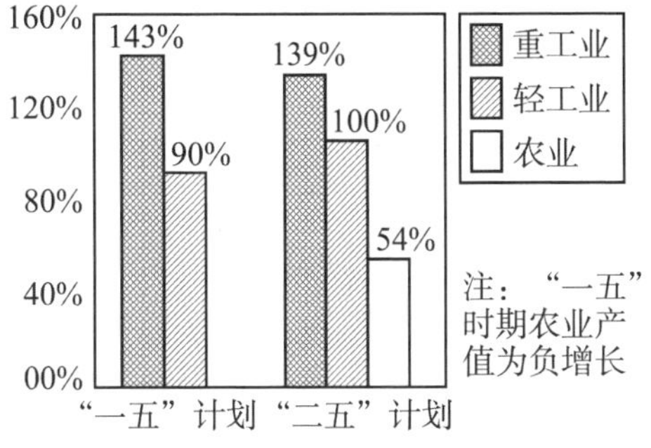

图3 苏联工农业产值的增长

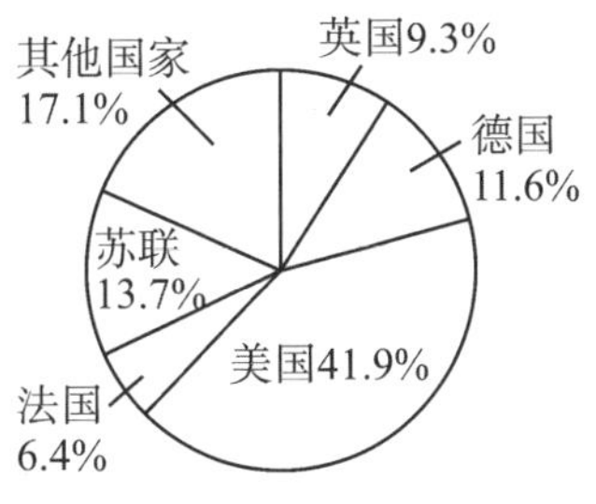

图4 1937年苏联工业产值占全世界的比重

教师活动：1924年斯大林领导苏联进行经济建设，1928年废止了“新经济政策”，并逐步建立起高度集中的计划经济体制。根据材料15，如何看待苏联建立的高度集中的政治经济体制？

学生活动：分析材料，结合教材客观评价苏联高度集中的政治经济体制。

教师活动：没有人愿意遭遇危机，但危机常常不期而至。危机中包含着危险，也包含着机遇。综合苏联发展历程思考，如何看待苏联社会主义探索过程中出现的“转机”与“危机”？

学生活动：结合时代背景，用发展的眼光客观评价苏联在建设社会主义实践过程中所推行的政策，如“战时共产主义政策”的推行保障了战争的胜利，巩固了新生的政权，但其在和平年代不利于发展经济，带来了新的政治经济危机。在分析过程中总结苏联社会主义实践的经验和教训。

设计意图：解读史料，分析苏联在建设社会主义实践过程不同阶段采取的不同举措，理解苏联每个阶段采取的政策都是“转机”与“危机”并存；归纳苏联社会主义实践的经验和教训，理解政策的制定需要根据实际情况及时做出调整。

小结：十月革命的成功将社会主义理论变为现实，给俄国的社会发展开辟了一条新路的同时也给全世界带去了曙光。列宁对社会主义建设道路的探索，给处于危机中的俄国带来了转机，推动了苏联的发展壮大，而随着苏联模式的逐步建立，也给社会主义建设提供了更多的借鉴与反思。纵观整个十月革命的爆发到苏联社会主义建设开展的历程，我们除了掌握基本的史实外还应看到，历史事实的发生是客观必然的，而人民群众是历史的创造者，任何政策的制定都应该符合国情，立足于人民的根本利益。

（三）板书设计

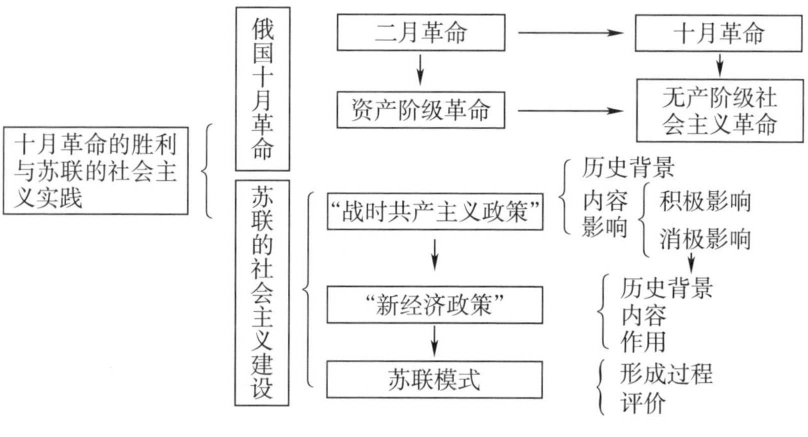

（四）核心素养水平划分

水平1：能够知道列宁主义形成的标志、十月革命的历史进程及其世界历史意义；能够基本把握苏联建设社会主义的各个阶段，并通过分析材料，形成对各阶段采取不同措施的客观评价；能够认识到人民是历史的创造者，政策的制定要立足于人民的根本利益。

水平2：能够通过分析史料，理解列宁主义对十月革命的理论指导作用，结合时代背景理解十月革命成功的世界意义；能够结合材料，正确评价苏联社会主义建设进程中采取的措施；能够在把握整课内容的基础上，分析得出历史事实的发生是客观必然的，人民群众是历史的创造者。

水平3：能够宏观把握俄国革命和建设社会主义的整个发展过程；能够对本课内容和材料进行整体分析和分类归纳，并能够利用不同类型史料的长处，对所探究的问题进行互证，形成对该问题更全面、丰富的解释；能够体会人民群众的伟大力量。

水平4：能够在对整节课的宏观把握基础上理解十月革命的伟大意义；能够在学习过程中加深对革命与社会主义建设道路曲折性的感悟；能够理解革命的成功离不开人民的支持和党的正确引领，提升运用唯物史观分析问题的能力。

第16课

亚非拉民族民主运动的高涨

一、课标要求

理解两次世界大战之间亚非拉民族民主运动对国际秩序的影响。

二、教材分析

第一次世界大战和十月革命给世界带来了深刻变化。由于帝国主义势力的削弱，亚非拉殖民地半殖民地的民族民主运动深入开展起来，呈现出多样性的特征。亚洲的民族民主运动出现了新高潮：在甘地的领导下，印度掀起了非暴力不合作运动，唤起了印度人民的民族意识，沉重打击了英国在印度的殖民统治，也为后世留下了争取民族独立斗争的新范式；印尼的民族大起义推动了本国和周边国家的民族解放运动。北非、东非地区的民族独立意识在这一时期已经觉醒：埃及华夫脱党运动是有广大工人和农民参加的民族独立运动；埃塞俄比亚人民参与抗意斗争，最终维护了民族独立。拉丁美洲在这一时期也进入了资产阶级民主革命和改革时期：桑地诺带领的游击队取得了尼加拉瓜人民反美斗争的重大胜利；卡德纳斯的改革符合墨西哥民族和人民的利益，引领墨西哥走向现代化之路。两次世界大战期间，亚非拉民族民主运动的高涨促进了帝国主义殖民体系的瓦解，上承19世纪末20世纪初亚非拉民族独立运动的发展，下启第二次世界大战后世界殖民体系的瓦解，是世界民族解放史中非常重要的一个阶段。

三、学情分析

学生经过初中的学习，已对埃及华夫脱党运动、印度的非暴力不合作运动有了较多了解，但缺乏深入的分析和理解。印尼民族大起义、尼加拉瓜反美游击战、卡德纳斯改革等内容则属于学生的知识盲点，且学生缺乏整体把握历史的能力，对历史的阶段性特征理解也不足，教师应引导学生在整理和比较亚非拉各地区民族民主运动异同的基础之上，进行分析归纳，从而全面把握这一时段的历史。

四、教学目标

1. 制作表格，梳理归纳亚非拉各地区民族民主运动的异同。

2. 阅读分析史料，进行历史比较，感受非暴力不合作运动、华夫脱党运动、卡德纳斯改革等的特点，理解民族民主运动的多样性和世界文明的多元性。

3. 通过问题探究与学习交流，理解两次世界大战期间的民族民主运动对世界民族解放运动的影响，亚非拉人民民族意识的高涨和对帝国主义殖民体系的冲击。

教学重点：了解甘地及其领导的非暴力不合作运动，理解第一次世界大战后民族解放运动的多样性。

教学难点：评价卡德纳斯改革，理解两次世界大战期间的民族民主运动是世界无产阶级革命的一部分。

五、教学过程

（一）教学主题

从亚非拉民族解放运动中感受人民群众的力量，体悟十月革命开辟了人类解放运动的阳光大道。

（二）教学过程

导入

材料1

图1　甘地

图2　扎格鲁尔

图3　桑地诺

教师活动：第一次世界大战后，亚非拉民族解放运动风起云涌。“印度圣雄”甘地、“现代埃及之父”扎格鲁尔、“美洲自由的标志”桑地诺等分别领导本国人民展开了英勇不屈的抗争，促进了亚非拉民族民主运动的高涨。这一时期有哪些地区展开了民族解放运动？它们各有何特点？

设计意图：展示著名领袖照片，导入新课，激发学生的兴趣；提出问题，引发学生思考，总领全课。

学习任务1：认识亚洲民族民主运动的新高涨。

材料2　因此，让我们来看看非暴力抵抗主义的力量所在。顾名思义，它的力量在于对真理坚韧不拔的追求。这种真理，用强有力的字眼来表达就是爱。爱的法则要求我们不要以怨报怨，以暴力对暴力，而要……以德报怨。

——甘地《论非暴力》

材料3　当世界横遭暴力蹂躏之时，甘地建议人们走另一条道路，即非暴力主义。他宣传非暴力学说，终于发动了印度人民大众，奋起将英国驱赶出印度半岛。由于他的努力，精神运动取代了武装暴动，祈祷取代了枪炮，沉默取代了恐怖分子的炸弹的爆炸声。……他建议同伙们身穿用手纺制的土布衣服，作为这支大军的军服。

——多米尼克·拉皮埃尔、拉里·柯林斯《圣雄甘地》

材料4　图4所示是联合国总部门前设立的雕塑《打结的手枪》。联合国于2007年通过决议，决定将每年的10月2日，即甘地的出生日，定为“国际非暴力日”。

图4　打结的手枪

学生活动：根据教材，梳理非暴力不合作运动三个阶段的大致过程。研读史料，结合所学知识，思考非暴力不合作运动带来的影响。

教师活动：引导学生通过表格方式梳理非暴力不合作运动的三个阶段，从国内影响和国际影响两方面分析非暴力不合作运动。

	时间	爆发背景	过程	结果
第一阶段	1920—1922	《罗拉特法》、阿姆利则惨案	罢课、离职、手工纺织、不买英货等	取得一定成果
第二阶段	1930—1934	食盐专卖等	号召降低地税、废除食盐专卖、取消盐税、食盐进军等	当局被迫答应了部分要求
第三阶段	1940—1942	第二次世界大战	“退出印度”	运动陷入低潮

印度独特的宗教思想以及印度民族精神中仁爱、舍身等观念的影响，促进了甘地非暴力不合作思想的形成。作为英国的殖民地，英国的民主政治和平等自由的理念使得非暴力不合作运动的开展有了一定的条件。甘地领导的非暴力不合作运动冲击了英国的殖民统治，增强了印度民族意识，提高了民族自尊心和自信心；其独

特的民族解放运动的斗争方式，为后世留下了争取民族独立的新范式，影响深远。

材料5　印尼第一次民族大起义发生在资本主义所谓相对稳定时期。这次起义同亚非拉其他地区的反帝斗争汇成一股巨大的打击力量，从根本上动摇了资本主义的“稳定”。这次起义震撼了荷兰在印尼的统治基础，鼓舞了东南亚各国人民的反帝斗争。它给印尼后来的革命运动积累了丰富的经验，对提高印尼人民的政治觉悟、鼓舞他们的反帝斗志有着巨大的意义。

——暨南大学、华南师范学院世界史教研组《世界简史　现代部分》

教师活动：在同一时期，亚洲的印度尼西亚爆发了由印尼共产党领导的反对荷兰殖民者的民族大起义，起义扩展到印尼全国多个地区，但最终在当局的血腥镇压下失败，1万多名起义者被拘捕。

学生活动：根据材料以及所学知识，分析民族大起义对印尼民族解放运动的影响。

教师活动：引导学生从对印尼人民和对东南亚地区两个角度来分析印尼民族解放运动的影响。

一战结束后，除了印尼和印度，中国、越南、伊拉克等国家的民族解放运动也发展到一个新的高潮，对世界民族解放运动产生了深刻的影响。

设计意图：通过解读材料，深化对印度非暴力不合作的认识，重点引导学生理解亚洲民族解放运动对本国和世界产生的影响。

学习任务2：理解非洲民族独立意识的觉醒。

材料6　(华夫脱党)党纲规定：“华夫脱党的任务是：用和平合法的手段来实现埃及的完全独立。”柴鲁尔提出《委托书》《向列强的呼吁书》和《向温盖特的要求》三个文件，要求废除殖民保护制度，英军撤离埃及和成立立宪的独立埃及政府。为了使华夫脱党成为埃及的全权代表，他以立法议会副议长身份，号召各选区在《委托书》上签名。签名人数很快超过了200万。签名运动发展为群众性的反帝运动，迫使亲英的埃及政府首相辞职。

——吴于廑、齐世荣《世界史：现代史编　上》

材料7　海尔·塞拉西一世前往苏丹首都喀土穆，直接领导埃塞俄比亚流亡者的抗意斗争，并于1941年1月20日率2000名游击队员从苏丹启程回国，号召人们赶走侵略者。国内军民热烈响应，抗战力量迅速壮大……战争中，埃塞俄比亚人民遭受巨大牺牲，死亡76万余人(其中28万余人死于毒气)。他们不畏强暴，英勇斗争，给法西斯意大利以沉重打击，消灭意军14万人。

——彭训厚《解读第二次世界大战》

教师活动:受经济发展水平的限制,非洲民族解放运动尚处于萌芽时期,但在部分地区,民族独立意识已经觉醒,埃及和埃塞俄比亚为其代表。

学生活动:对比分析埃及华夫脱党运动和埃塞俄比亚抗意斗争的特点。

教师活动:补充,引导。华夫脱党提出了完全的民族独立口号,激发了埃及人民的民族意识,吸引工人、农民参与民族独立运动。埃塞俄比亚的抗意斗争是广泛的人民参与的斗争,人民为维护民族独立付出巨大代价,但最终取得了胜利。埃塞俄比亚的抗意斗争是世界反法西斯战争的重要组成部分,鼓舞了世界人民反法西斯的斗志和被压迫人民争取民族独立的信心。

设计意图:深入了解一战后非洲的民族解放运动,让学生认识到人民是民族反帝斗争的主要力量。

学习任务3:分析拉美民主革命与改革。

材料8　在民族灾难深重的时刻,曾参加过墨西哥反美爱国斗争的奥古斯托·桑地诺于1926年返回祖国,开始组织工农群众举起反美爱国斗争的义旗,决心用武装斗争来保卫民族主权。桑地诺提出没收被美国强占的土地分配给农民、开发资源、组织合作社以提高人民群众的生活水平的方针……桑地诺起义军在广大群众支持下却越来越强,不断发展壮大,并在拉斯塞戈维亚斯山区建立了根据地,曾一度控制全国16个州中的8个州。

——周成《世界通史》

材料9　卡德纳斯改革主要包括以下方面:

一、土地改革。1910年以来的历届政府,分给农民的土地仅有1900万英亩,卡德纳斯在六年的任期中,把4500万英亩土地无偿地分给了将近100万农民,这些土地大多来自政府没收的外国公司占有的土地和外国种植园。分配土地的过程中,还遵循了优先满足合作社集体土地要求的原则。

二、实行国有化政策。1936年10月,国会通过法令,授权卡德纳斯政府有权将外国公司的财产收归国有。1947年发布铁路国有化法令,把原来主要是美英经营的7000多公里铁路收归国有。1938年颁布了石油国有化法令,把17家在墨西哥的美英等国控资的石油公司收归国有。

三、教育改革……

四、政治体制及外交改革……

——摘编自王春良《新编世界现代史》

学生活动:根据材料8、9,对比分析桑地诺的反美游击战与卡德纳斯的改革。

教师活动:引导学生从斗争方式、斗争目标、斗争结果等角度分析二者的异同点。

桑地诺在组建反美游击队过程中，将土地分给农民，提高人民的生活水平，符合人民利益，因而得到人民的广泛支持。卡德纳斯改革，对墨西哥乃至整个拉丁美洲的历史都具有重要的意义。它是墨西哥民族资产阶级领导的反帝反封建的改革，符合民族利益，也符合劳动人民的利益，促进了社会生产力，推动了民族民主革命，巩固了国家独立，保卫了民族主权。就改革的深度和广度来说，卡德纳斯改革是亚非拉改革运动历史上所罕见的。桑地诺的反美游击队和卡德纳斯改革，反映了民族主义思潮和社会主义思潮在拉美的兴起和发展。

设计意图：对比分析一战后拉美两个典型的民族民主运动，理解拉美的民族民主革命。

学习任务4：认识两次世界大战期间民族民主运动的多样性特征。

教师活动：一战后，亚非拉出现了民族民主运动的高潮，遍布亚非拉多个国家和地区。这一时期的民族民主运动具有多样性，对其进行分类归纳，能帮助我们更好地把握这些不同类型的民族民主运动。

学生活动：小组合作完成表格，并尝试以不同的依据进行分类。

	国家	民族民主运动	领导力量	斗争方式	成果	目的
亚洲	中国	1924—1927年国民大革命	国、共两党	武装斗争	收回汉口、九江等租界	反帝反封建
	印度尼西亚	1926—1927年民族大起义	印尼共产党	武装起义	得到世界革命群众的支持和同情	争取民族独立
	印度	1920—1942年非暴力不合作运动	甘地、印度国大党	非暴力不合作运动	当局被迫部分让步，民族意识高涨	争取民族独立
非洲	埃及	1917—1922年华夫脱党运动	扎格鲁尔为首的华夫脱党	和平手段、街垒战	英国让步部分，承认埃及独立主权	争取民族独立
	摩洛哥	1923年里夫人民民族起义	部落酋长克里姆	武装起义	建立里夫共和国	争取民族独立
	埃塞俄比亚	1935—1941年抗意战争	埃塞俄比亚人民武装	游击战争	击败法西斯侵略军，恢复民族独立	争取民族独立
拉丁美洲	尼加拉瓜	1926—1933年反美游击战	桑迪诺游击队	武装斗争	迫使美军撤出尼加拉瓜	反帝民主革命
	墨西哥	1917年卡德纳斯民主改革	墨西哥国民革命党	维护宪法的民主改革	巩固墨西哥资产阶级革命成果，走上现代化道路	资产阶级民主改革

教师活动：引导学生完成表格，组织小组探究。从斗争方式来看，可以分为以墨西哥为代表的民主改革方式、以中国为代表的武装斗争方式、以印度为代表的非暴力不合作方式、以埃及为代表的和平与暴力相结合的方式等。从领导力量看，可分为三大类别：以中国为代表的，由无产阶级领导的民族民主革命；以埃及、印度为代表的，由资产阶级领导的民族民主革命；以摩洛哥为代表的，由爱国封建贵族、酋长领导的民族民主运动。从革命的目的看，亚洲和非洲的民族民主运动都是争取民族独立的斗争，拉丁美洲的民族民主运动则主要是捍卫国家主权的斗争。

一战后的亚非拉，民族民主运动不断高涨。由于亚非拉地域广阔，人口众多，社会文化复杂，经济发展水平不一，各国的民族民主运动呈现出多种多样、各具特色的特点。亚非拉各国在不同程度上都面临着帝国主义的侵略和奴役，因此反对帝国主义是这一时期亚非拉地区人民的共同心声。从结果来看，这些民族民主运动取得了一定程度的成果，并鼓励越来越多的人民加入反帝斗争中来，沉重打击了帝国主义和殖民主义，促进了帝国主义殖民体系的瓦解，成为影响国际秩序的重要因素。

材料10　世界民族解放运动时间轴：

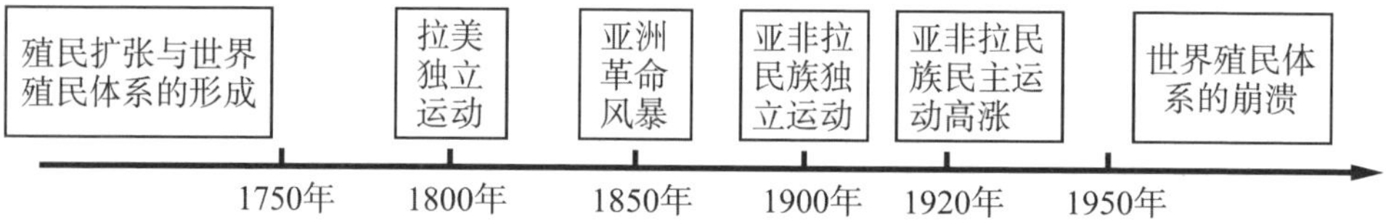

材料11　社会主义革命不会仅仅是或主要是每一个国家无产者反对本国资产阶级的斗争，不会的，这个革命将是受帝国主义压迫的一切殖民地和国家、一切附庸国反对国际帝国主义的斗争……各先进国家的劳动人民反对帝国主义者和剥削者的国内战争正开始同反对国际帝国主义的民族战争结合起来。

——《列宁选集》

学生活动：根据时间轴和材料11，分析两次世界大战期间民族民主运动高涨的原因及历史意义。

教师活动：亚非拉各国的民族民主运动与世界殖民体系的建立发展密切联系，反对西方殖民者的侵略始终是这一运动发展的主要目标，广大的亚非拉被压迫的人民始终是这一运动的主要推动力量。教师引导学生从世界殖民体系的建立发展和亚非拉人民的民族意识觉醒两个方面分析时间轴和材料。

设计意图：通过梳理表格，理清各国民族民主运动的异同，理解其类型的多样性和发展道路的多样性；通过分析世界民族解放运动时间轴，结合本课所学知识，使学生初步明确一战后民族解放运动促进了殖民体系的瓦解。

小结：一战沉重打击了帝国主义列强，使其对殖民地的控制力显著下降。一战结束后，帝国主义国家企图重新瓜分世界，激化了亚非拉地区的民族矛盾。美国总统威尔逊的“民族自决”原则也激发了亚非拉民族独立的信心。十月革命之后，马克思主义在世界广泛传播，亚非拉纷纷建立起无产阶级政党，领导人民进行反帝反封建的斗争。帝国主义和殖民主义在世界范围内的统治地位受到了严重的动摇，民族解放运动走向了一条崭新的阳光大道。从世界民族解放的发展历程来看，两次世界大战期间的民族民主运动是19世纪末亚非拉民族独立运动的发展，为二战后帝国主义殖民体系的瓦解奠定了坚实的基础。

（三）板书设计

一、亚洲民族民主运动的新高潮
- 印尼民族大起义
- 印度非暴力不合作运动

二、非洲独立意识的觉醒
- 埃及华夫脱党运动
- 埃塞俄比亚抗意斗争

三、拉丁美洲的民主革命与改革
- 尼加拉瓜反美游击战
- 墨西哥卡德纳斯改革

第一次世界大战、十月革命
↓
一战后的民族民主运动
（多类型、多道路）
↓
二战后世界殖民体系的瓦解

（四）核心素养水平划分

水平1：能够认识到一战后亚非拉民族民主运动的高涨；能够从教材和教师呈现的史料中提取相关信息，说出印尼民族大起义、非暴力不合作运动、华夫脱党运动、埃塞俄比亚抗意斗争、尼加拉瓜反美游击战、墨西哥卡德纳斯改革等重大历史事件的基本史实；能够认识一战后民族民主运动对殖民体系的冲击作用。

水平2：能够利用表格梳理等方法归纳亚非拉不同地区的民族民主运动；能够理解非暴力不合作运动、印尼民族大起义、华夫脱党运动等对本国及国际的影响；能够认识卡德纳斯改革是这一时期亚非拉民族民主运动中最深刻的改革；能够尝试从一战的结束和十月革命的爆发等时代条件来解释这一时期民族解放运动高涨的原因；能够感悟亚非拉人民反抗帝国主义侵略的爱国之情。

水平3：能够理解人民群众在历史发展中的重要作用；能够结合具体的时空条件，对拉丁美洲各国继续进行民族民主运动作出合理解释；能够依据教材和相关史料，论证一战后民族解放运动与一战前民族解放运动的不同之处；能够把握民族独立和民族解放是世界近代历史发展的重要趋势；能够理解和尊重各国不同的民族解放斗争方式。

水平4:能够在正确历史观的指导下,史论结合、实事求是地论述历史问题;能够在探究亚非拉民族解放运动的过程中,恰当地利用史料对民族解放运动在十月革命后走向了一条崭新的阳光大道等问题进行论述。

第17课

第二次世界大战与战后国际秩序的形成

一、课标要求

通过了解两次世界大战,理解20世纪上半期国际秩序的变动。

二、教材分析

本课主要叙述了第二次世界大战的起源、经过和结果,由三目内容构成:法西斯主义与亚欧战争策源地的形成、第二次世界大战、战后国际秩序的建立。一战后,意大利、德国和日本相继出现法西斯组织,它们利用1929年发生的世界性经济危机所造成的社会矛盾和人们对凡尔赛—华盛顿体系的强烈不满,鼓吹军国主义和极端种族主义思想,取得民众支持,进而攫取政权,在亚洲和欧洲形成两大战争策源地,威胁世界和平。1931年,日本发动九一八事变,揭开了二战的序幕;1937年7月7日,日本发动全面侵华战争,成为第二次世界大战在亚洲爆发的标志;1939年9月,德国以“闪击战”突袭波兰,英法被迫对德宣战,第二次世界大战全面爆发;1941年12月,日本挑起太平洋战争,美国对日宣战,第二次世界大战发展到全球阶段;1945年9月,战争最终以世界反法西斯联盟的胜利结束。吸取两次世界大战的教训,借鉴和完善一战后的凡尔赛—华盛顿体系的内容,战胜国建立了雅尔塔体系,形成二战后的国际新秩序,联合国诞生。

三、学情分析

在初中的学习中,学生了解并初步掌握了二战的基本史实,基本认识了二战的前因后果。通过之前一战的学习,学生也初步掌握了分析战争的方法。本课教学需以此为基础,补充必要的史料和恰当的问题设计,引导学生分析、探究二战爆发的复杂性,理解和阐释二战后国际秩序的特点及其如何体现和平与发展的诉求。

四、教学目标

1. 运用战争形势图,定位历史时空,了解二战的过程。

2. 通过解读史料,了解二战的起源和雅尔塔体系的内容,分析二战爆发的原因和二战后国际秩序的特点,理解20世纪上半期国际秩序的变动。

3. 通过对二战后国际秩序的分析与理解,增强对世界和平与发展的时代特点的认识,立志为维护世界和平作出自己的贡献。

教学重、难点:了解二战爆发的背景及战后形成的国际关系新秩序,理解二战后国际秩序的变动及其体现的和平与发展的时代特点。

五、教学过程

(一)教学主题

从二战的爆发与战后国际秩序的建立中,理解20世纪上半期国际秩序的变动,深化对和平与发展这一时代主题的认同。

(二)教学过程

导入

回顾一战后的国际秩序。

问题设计:一战后形成了怎样的国际秩序?这一秩序的主导力量有哪些?

学生活动:结合所学知识,回顾凡尔赛—华盛顿体系。

教师活动:补充引导。一战后建立的国际秩序——凡尔赛—华盛顿体系,以西欧特别是英法为主导力量,并未打破强权政治和殖民体系。国联是这个国际秩序的产物。

设计意图:回顾一战后的国际秩序,为后续理解国际秩序的变动作铺垫。

学习任务1:认识二战爆发的背景,了解两次世界大战之间的联系。

问题设计:一战后的国际秩序稳定吗?有哪些国家想要改变此秩序?说明理由。

学生活动:根据已有知识,阐述在凡尔赛—华盛顿体系中德国、日本、意大利的想法和诉求。

教师活动:在学生分享看法的基础上,点评、补充。引导学生认识到一战后的《凡尔赛条约》对德国过于苛刻的约束,引发德国民族主义和复仇主义情绪,德国法西斯要求重振国威。日本和意大利虽为胜利方,但是因为分赃不均而耿耿于怀,希望打破现状。

问题设计：这些国家如何改变国际秩序？

学生活动：德、意、日建立法西斯政权，发动局部战争，侵略扩张，最终引发了二战。

教师活动：法西斯主义以极端民族主义为基本特征，反对自由主义和共产主义，主张对内实行恐怖独裁统治，对外侵略扩张，发动战争，争霸世界。德、意、日是如何建立法西斯政权的？

学生活动：阅读教材，了解各国法西斯政权建立过程。结合已有知识和教材“史料阅读”，理解定义表述，解读法西斯主义。

教师活动：法西斯主义就是要用战争的手段与一战的既得利益者英、法、美等国进行全球争夺，满足垄断资本主义发展的需要，是帝国主义的变种和极端形式。

问题设计：法西斯势力抬头后，哪一契机使得其迅猛发展，发动战争？

学生活动：认识1929年经济大危机对法西斯势力发展的影响，了解亚洲、欧洲战争策源地的形成。

学习任务2：认识二战的进程和特点，理解导致这一特点的原因。

材料1

关于第二次世界大战起点的各种观点

起点	主要的主张者
1931年九一八事变	部分中国学者
1937年七七事变	部分中国学者
1939年德国进攻波兰	部分欧洲学者
1940年德国进西欧	部分欧洲学者
1941年6月德国进攻苏联	部分苏联和俄罗斯学者
1941年12月日本偷袭珍珠港	部分欧美学者

——摘编自张海鹏《第二次世界大战的宏观反思》等

问题设计：

（1）关于第二次世界大战起点存在多种观点，分析其原因。

（2）从材料中选择你赞成的一种观点并说明理由，也可提出你自己的观点并加以说明。

学生活动：认识这几次战争事件在二战中的地位和影响，理解出现不同解释的原因。

教师活动：利用《二战形势图》（略）和“二战重大事件时间轴”（略），演示战争进程。

学生活动:从地理空间角度,认识二战具有渐进性,战争经历了从亚洲到欧洲,从北非到地中海再到太平洋,从局部战争到全球战争的过程。

材料2　欧战爆发前,中国人民孤军奋战,抗击着日本百万大军,而英、法、美却在亚洲和欧洲推行绥靖政策。苏联由于倡议集体安全政策受到英法破坏,为了避免引火烧身,后来反而与德国签订了互不侵犯条约。英、法、苏未能及时建立欧洲反法西斯统一战线,使希特勒避免了一开始就会陷入两线作战的境地。

——齐世荣、吴于廑《世界史　现代史上》

问题设计:战争为什么没有被制止于小范围之内?

学生活动:二战初期,作战国基本各自为战。出于自身利益考虑,大国没有及时合作并给予援手联合抵抗,英法等国推行绥靖政策。

问题设计:从1931年九一八事变燃起第一场亚洲战火,到1941年亚太地区的全面战争,其间经历了整整十年,是什么原因导致战争没有迅速扩大?

学生活动:中国人民的英勇抗战延缓了战争的扩大并有助于其他国家的抗战。

问题设计:二战取得胜利最重要的原因是什么?

学生活动:认识世界反法西斯同盟对取得战争胜利的意义。

问题设计:从社会空间角度来看,二战具有什么特点?

学生活动:认识二战中反法西斯力量从各自为战到协同作战的渐进特点。

设计意图:通过对关于二战起点不同观点的论证解释,了解二战中典型事件的地位,分析导致不同解释的原因,提高历史解释素养。运用二战形势图,了解二战的基本概况,通过一系列设问,引导学生理解二战的特点和导致这一特点的原因。

学习任务3:了解二战后建立的国际秩序的内容及特点,理解其体现的时代特点。

问题设计:战争最终以法西斯国家的战败而告终,那么,战后的国际秩序是否维持了原貌?二战后到底形成了怎样的国际秩序?

学生活动:初步了解雅尔塔体系。

材料3　国际秩序是指在一定的历史时期内,国际社会主要战略力量之间围绕某种目标和依据一定规则相互作用运行的机制,是指处理国与国之间关系的准则和行为规范。

——徐蓝《试论第二次世界大战后国际秩序的建立与发展》

问题设计:阅读材料,回答雅尔塔体系的目标是什么。

学生活动:雅尔塔体系以建立和维护世界和平为目标,提倡不同社会制度国家之间的共处与合作。

问题设计：一战后的国际秩序也曾以世界和平为主要目标，但是二战仍然发生了。雅尔塔体系与凡尔赛—华盛顿体系的区别是什么？它到底能不能避免战争的发生？

材料4　(1943年德黑兰会议后)丘吉尔说："我的一边坐着把一条腿搭在另一条腿上的巨大的俄国熊，另一边是巨大的北美野牛。中间坐着的是一头可怜的英国小毛驴。"

——刘泓《世界名人全传　丘吉尔传》

学生活动：阅读教材，了解两种国际秩序在主导力量方面的不同，知道二战彻底打破了主要依靠欧洲列强均势所建立并在欧洲主导之下的旧国际秩序，代之而起的是以美国、苏联为主导的新国际秩序。

教师活动：战后初期，欧洲普遍衰落，美国成为资本主义世界的头号强国，苏联是唯一能与之抗衡的政治军事大国，整个体系建立在美苏均势的基础上。而此状态意味着两种不同社会制度的并存合作，相较于凡尔赛—华盛顿体系，更有利于维护和平，并在一定程度上有利于战后社会主义的发展。

材料5　与一战后不同的是，除了对侵略国施以惩罚之外，盟国还采取了更为积极的改造措施。一是对德日领土实施暂时占领与改造。在欧洲，由美英法苏四国对德国领土实行分区占领，进行了比较彻底的非纳粹化运动；在亚洲，美国对日本实施了单独占领，进行了民主化改造。……二是实施了对战争罪犯的国际审判。

——王建朗《浅议二战后国际秩序设计的几个特点》

问题设计：对侵略国实施惩罚，是建立战后国际秩序的重要内容，也是维系战后国际秩序的必要措施。结合教材和材料5，谈谈二战后对侵略国的处理与一战相比有何异同，为什么要这么做？

学生活动：概括异同，理解这些改进措施有利于"控制战争"，将法西斯国家转变为资产阶级民主国家，埋葬了发动世界大战的重要根源。国际审判揭露了犯罪行为，既宣告了国际正义与和平是不容破坏的，也使更多人认识到战争的不义与残酷，推动德日以及全世界的反省，警戒未来。

教师活动：结合地图展示划分后的各国版图情况，引导学生分析问题。

材料6　《联合国宪章》把维护国际和平与安全的主要责任交给以五大国为核心的安全理事会，使其有权做出全体会员国都有义务接受并执行的强制性决议。宪章取消了国联盟约的一致通过原则，把大国地位和大国一致的内容明文载入有关条款。表决程序采取大会2/3多数和简单多数通过两种办法，否决权仅仅限于安理会，只给五个常任理事国。不仅如此，联合国还拥有派遣部队充当安理会支配下的一支常设军事力量的权力，这样联合国不仅从道义上而且在武力上使其决议具有强制性的约束力。

——高华《联合国与国际联盟比较研究》

问题设计：1945年成立的联合国，体现了二战后的国际政治秩序。结合材料6和所学知识，谈谈在维护世界和平与安全问题上联合国运行机制的特点，并进行评析。

学生活动：了解二战后体现国际秩序的组织的变化，理解联合国运行机制的特点是把维护国际和平与安全的主要责任集中于安理会，由安理会做出强制性的决议，否决权仅限于安理会五个常任理事国；形成大国一致原则；拥有派遣武力维持和平的权力。认识这一机制能够突出大国的责任和作用，有利于发挥大国在维护世界秩序中的核心作用，赋予联合国权威性和生命力；提高从决议到实施的效率，使争端的和平解决和制裁侵略具有更大的操作性；使集体安全有了切实可行的保证，对维系战后和平有重大意义。

材料7　二战之后，……民族革命浪潮席卷了欧洲所有殖民地，非殖民化进程不可逆转。……其结果是形成了20世纪最为壮观的第二次民族主义浪潮，使当年那些幅员辽阔的欧洲殖民帝国在短短20年间便七零八落，全部消失，一百多个民族独立国家在这些帝国的废墟上拔地而起，以惊人的速度结束了欧洲自15世纪就开始构筑的世界殖民体系。这是人类历史的极其巨大的进步，也是20世纪的一个最伟大的划时代的变化。

——徐蓝《试论雅尔塔体系对战后国际关系的影响》

问题设计：材料反映了二战后怎样的一种历史现象？这一现象的出现和雅尔塔体系的哪些内容相关？

学生活动：认识雅尔塔体系中对德意日的殖民地以及国联的委任统治地实现托管计划，原则上承认被压迫民族的独立权利等内容，有利于推动战后非殖民化进程。

材料8　在雅尔塔，斯大林直截了当地要求恢复在日俄战争中俄国失去的在中国和远东的领地和特权，并且对罗斯福强调，重要的是有一项由总统、丘吉尔和他本人签署的文件，上面写明苏联参加对日作战的目的；而罗斯福则几乎不假思索就基本同意了斯大林的要求，并很快和丘吉尔一起与斯大林背着他们的中国盟国达成了秘密的书面协议，罗斯福还答应采取措施让蒋介石同意这一协议。

——徐蓝《试论雅尔塔体系对战后国际关系的影响》

问题设计：材料8说明了什么问题？

学生活动：雅尔塔会议在中国缺席的情况下作出有损中国主权的决定，显示了中国在国际格局中的弱势地位，体现了雅尔塔体系具有大国强权政治的烙印，是大国相互妥协的产物。

设计意图：选取雅尔塔体系的相关史料，了解雅尔塔体系的内容，并通过与凡尔赛—华盛顿体系的对比，了解国际秩序的变动，理解新的国际秩序的特点及其体现的时代特征。

学习任务4：结合时政了解国际秩序的发展，深化对和平与发展时代主题的认识。

材料9 总之，作为二战的重要成果，二战后期确立的国际秩序依然是世界和平与稳定的基础，但是，它也需要与时并进，需要不断反映国际政治经济变化的现实，通过推进国际关系民主化和国际治理法治化，使之得到进一步补充、完善与发展，并能够可持续地维护和平。

——徐蓝《第二次世界大战史研究的新进展》

问题设计：结合所学知识，谈谈二战后国际秩序“与时并进”的新举措、新发展。

学生活动：结合时政，列举中国提出“一带一路”倡议、构建人类命运共同体等国际行动，体会中国的大国作用和为国际和平作出的贡献。

设计意图：结合时政了解当今国际秩序的发展，认识国际秩序是在不断与时俱进的，同时增强学生维护世界和平与发展的意识。

小结：从最初的武力征服、殖民到二战后人类对战争的自我约束与非殖民化，从二战后国际秩序的建立到如今中国构建人类命运共同体的提出，维护和平与发展需要全人类的力量已成为共识，这就是历史给人类留下的宝贵经验。

（三）板书设计

第一次世界大战（1914—1918）
↓
第二次世界大战（1931—1945）
背景：凡尔赛—华盛顿体系的影响、法西斯主义、经济危机、绥靖政策……
进程：局部—全球

凡尔赛—华盛顿体系
英法、美/国联：全体一致原则

雅尔塔体系
美苏英中/联合国：大国一致原则
侵略国的改造
民族自决……

战争、革命
↓
和平、发展

（四）核心素养水平划分

水平1：能够知道二战的阶段变化；能够从多种类型的史料中提取有关信息，

说明二战爆发的背景和二战后建立的国际秩序;能够知道二战后国际秩序的变动,热爱和平。

水平2:能够运用准确的时间术语描述二战的进程;能够利用大事年表、历史地图描述二战的爆发及二战的重要史事;能够从多种类型的史料中提取有关信息,分析二战爆发的背景和二战后建立的国际秩序的特点;能够知道二战后国际秩序的变动,热爱和平。

水平3:能够利用不同类型的史料,分析二战爆发的背景和二战后建立的国际秩序的特点;能够知道二战后国际秩序的变动,理解二战后国际秩序体现的时代特征和人类的团结合作在历史发展中的重要作用,确立维护世界和平与发展的志向和意识。

水平4:能够比较、分析不同来源、不同观点的史料,分析二战的起源和二战后国际秩序的变动;能够理解二战后国际秩序体现的时代特征和人类的团结合作在历史发展中的重要作用,确立维护世界和平与发展的志向和意识。

第18课

冷战与国际格局的演变

一、课标要求

通过了解冷战时期的典型事件，认识冷战的基本特征，理解冷战的发生、发展与世界格局变化之间的相互影响。

二、教材分析

本课主要叙述了从20世纪40年代中后期冷战拉开序幕到20世纪90年代冷战结束这一阶段的史实，由三目内容构成：冷战与两极格局、冷战的发展与多极力量的成长、两极格局的瓦解。本课内容是对20世纪下半期国际关系的总体论述，其后的资本主义国家的新变化、社会主义国家的发展和变化以及世界殖民体系的瓦解与新兴国家的发展，都是在冷战这一总体环境下发生、发展的历史事件，而这些又对冷战的发生与发展以及国际格局的演变产生了重要影响。因此，冷战既是一种相互作用的政策，又是这种政策的实施所造成的国际关系状态。美苏冷战持续数十年，其间双方及其阵营之间既有激烈对抗，也有相对缓和的妥协状态。“战”与“冷”这一相互矛盾的两个方面都表现得十分突出，但又彼此制约。在相对稳定的两极格局中，其他力量在吸收、借鉴中得以发展，使两极格局中又孕育着不可逆转的世界多极化趋势。

三、学情分析

学生在初中已经学习了冷战、战后资本主义国家的新变化、社会主义国家的改革与演变、亚非拉国家的独立和振兴等内容，对二战后资本主义国家和社会主义国家的发展与变化已有了初步的认识，对冷战时期的典型事件也有初步了解，建立了相对完整的知识结构。本课的难点在于认识冷战发生与发展的过程中各方力量的角力与互动，以及这些力量内部的发展与相互之间的角逐给国际关系带来的深层影响；在于如何引导学生在复杂的历史事实中做出合理的历史解释。

四、教学目标

1. 在梳理和概括杜鲁门主义、马歇尔计划、古巴导弹危机等冷战发生、发展过程中关键事件的基础上，分析这些事件之间的因果关系以及这些事件对国际格局所产生的影响。

2. 分析古巴导弹危机发生的原因及结果，理解冷战在20世纪50年代中期后发展的特点；认识在冷战环境下，西欧、日本、包括中国在内的第三世界等政治力量的崛起与发展对国际格局产生的影响。

3. 结合教材，简要叙述两极格局瓦解的历史事实；理解美苏关系走向缓和主要是以苏联的退让与妥协为前提的；认识苏联解体对国际格局产生的影响。

4. 学习冷战发生、发展过程中的典型事件，认识国际关系中大国应该要有责任意识和外交理性，感受国际关系朝着多极化趋势发展的进步性；体会多元、理性认识和分析问题的价值。

教学重点：分析冷战的基本特征。

教学难点：分析认识在冷战发生与发展中各方力量的角力与互动给国际关系带来的深层影响。

五、教学过程

（一）教学主题

从对冷战历程关键事件的解读中，认识冷战的基本特征及其对国际格局的影响，理性看待历史与现实问题。

（二）教学过程

导入

呈现欧洲世纪寒潮的材料：

材料1　1946年的冬天，是自1893年以来欧洲最冷的冬天。

——魏承毓《人类近百年重大灾难事件的回顾与反思》

教师活动：那是1946年的冬天，欧洲遭遇了百年来最冷的冬天。与此同时，国际关系也很冷。为什么这么说？

学习任务1：国际关系为什么冷？

材料2　一幅横贯欧洲大陆的铁幕已经降落下来……我们要考虑的是……尽

速在一切国家为自由和民主创造条件的问题。

——丘吉尔“富尔顿演说”(1946年3月)

材料3

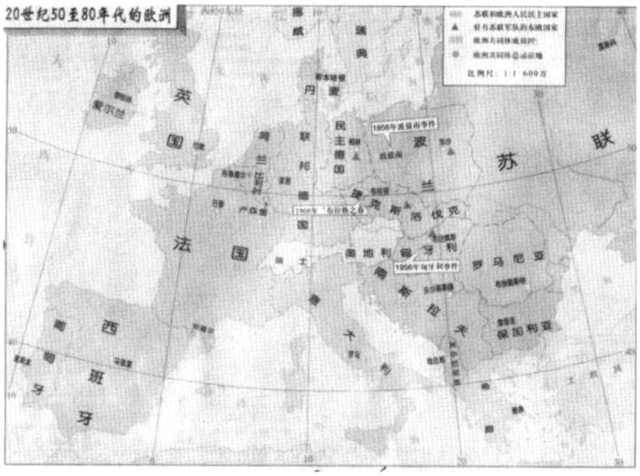

图1　二战后欧洲形势图

教师活动：引导学生从形势图中看出“铁幕”的“地理界线”，由此认识“铁幕”的含义。

学生活动：根据形势图及材料，指出丘吉尔判断“横贯欧洲大陆的铁幕已经降落下来”的依据是什么。

材料4　在世界历史的现阶段，几乎每一个民族都必须在两种生活方式之中选择其一……我们必须帮助自由民族通过他们自己的方式分别来安排自己的命运……

——杜鲁门演说(1947年3月)

教师活动：引导学生提取材料4中的关键信息，如“每一个民族都必须在两种生活方式之中选择其一……”“帮助……”，明确指出两种生活方式指资本主义与社会主义，引导学生思考美国如何“帮助”自由民族。

学生活动：认识杜鲁门主义的内涵，理解马歇尔计划的提出与杜鲁门主义之间的关系。

材料5　我们的政策不是反对任何国家或主义……我们的目的是在世界唤起合理经济的再生，为自由制度创造赖以生存的政治社会环境。

——马歇尔哈佛大学演讲(1947年6月5日)

问题设计：马歇尔提出了什么计划？欧洲国家是否会参加这一计划？苏联呢？

材料6　英国：“这是世界历史上最伟大的演说。”法国：“毫无迟疑”地加入欧洲经济计划。

英法：邀请苏联开会讨论马歇尔计划。

莫洛托夫："应当同意这个建议，可以去试一试。"

6月22日，苏联同意波兰等东欧国家参加。

6月24日，苏联驻美大使诺维科夫："这一计划就是要建立西欧集团作为实施美国政策的工具。"

6月24日，克莱顿同英国外长协调对苏对策，"如果计划的实施从西欧开始，美国政府会感到满意"。

6月27日—7月2日，会议期间，英法与苏联僵持不下，莫洛托夫宣布退出会议。

7月7日，苏联严令东欧国家不得参加会议。

7月9日，捷克斯洛伐克等国表示仍想参加会议，斯大林："不能参加。"

7月—8月，苏联与东欧六国签订贸易协定。

9月，共产党和工人党情报局成立。

——据张盛发《苏联对马歇尔计划的判断和对策》整理

问题设计：

（1）苏联愿意"试一试"的经济原因是什么？

（2）在诺维科夫看来，马歇尔计划的实质是什么？苏联一面同意试一试，另一面却派人调查，可见苏联对美国是一种什么态度？

（3）纵观整个过程，苏联对马歇尔计划的态度经历了哪些变化？

（4）从这样的事实中，可见东欧和苏联是一种怎样的关系？捷克斯洛伐克仍想参加，又说明了什么？

学生活动：战后，苏俄同样面临着恢复经济的需要。在诺维科夫看来，马歇尔计划是美国控制西欧的一大工具，可见苏联仍持怀疑态度。苏联对马歇尔计划经历了从愿意尝试到怀疑再到拒绝的一系列变化。东欧仍想参加，但苏联不允许，可见东欧是被苏联控制的。捷克斯洛伐克仍想参加，说明恢复经济的需求仍很强烈。在回答以上问题时，认识马歇尔计划提出后，美苏以及西欧、东欧之间的互动以及由此带来的国际关系的变化与发展。

设计意图：解读史料，理解杜鲁门主义的提出标志着冷战正式开始；选择马歇尔计划作为典型事件，创设历史情境，设置问题，使学生理解美苏以及东西欧之间的互动关系，认识美国的全球扩张战略与苏联保障国家安全战略的碰撞是冷战发生的重要原因。

学习任务2：两极格局有何特点？

材料7

图2 “北约”与“华约”对峙示意图

问题设计:

(1) 根据示意图,指出美苏双方的实力对比,并结合史实说明理由。

(2) 根据古巴所在的位置,从地理角度分别说明它对美、苏的作用及影响。

(3) 从示意图中,你还有哪些发现?

在力量对比上,美国及其盟国总体实力强于苏联及其盟国。古巴距离美国本土极近,是苏联遏制美国的绝佳抓手。从示意图上看,两极格局并未完全囊括所有的国家和地区,说明两极格局是不对称和不完全的。

材料8 苏联要在古巴配置中程和中远程导弹,是想同时达到两大目的。一个是阻遏他们所担心的美国对古巴的入侵,以捍卫西半球这一唯一的社会主义政权。另一个是加强当时仍然很弱的苏联核威慑力量,以阻遏美国对苏联自身的可能袭击。

——雷蒙德·加特霍夫《冷战史:遏制与共存备忘录》

问题设计:根据图2及材料8,分析苏联在古巴部署导弹的原因。

二战后,欧洲出现了8个社会主义国家,亚洲则有4个,而在美洲只有古巴一个社会主义国家,这是古巴的特殊性。二战后,美国先在土耳其部署核弹,由于土耳其距离莫斯科只有数千千米,核弹可以直接威胁整个苏联,所以赫鲁晓夫对美国这一行为极为恼怒。古巴距离美国迈阿密只有300多千米,在此部署导弹,将对美国构成直接威胁,所以苏联试图在此建立导弹发射场。古巴在地理上离美国极近,具有既能推进苏联的社会主义事业又能威慑美国的双重战略意义。

设计意图：引导学生仔细观察地图提取信息、解读文字材料，使学生能够从地缘政治角度分析古巴的特殊性，培养时空观念和历史解释素养。

学习任务3：冷战的发展与两极格局的瓦解。

材料9 核战争对大家都是危险的，这一因素对危机局势的克制潜力超过了军事力量的对比和威慑力量对比的任何计算标准。肯尼迪总统宁愿做出某些让步以求达成谈判解决，也不愿利用当时的压倒性优势发动一起核战争。

——雷蒙德·加特霍夫《冷战史：遏制与共存备忘录》

材料10 10月25日，最高苏维埃主席团一致同意，这场危机不应当朝着一个“沸点”发展……我们双方应当采取谨慎且节制的态度，为这场危机寻求一个理智的解决方案。赫鲁晓夫希望能够以苏联从古巴撤出导弹为交易筹码，换取美国从土耳其的基地中撤离木星导弹。

我想，总统先生，您不免也会对世界的命运存有一丝忧虑吧？（赫鲁晓夫1961年10月26日给肯尼迪的信）

——梅尔文·P.莱弗勒《人心之争：美国、苏联与冷战》

问题设计：结合材料9、10，分析古巴导弹危机和平解决的原因。

古巴导弹危机是冷战期间美苏之间的一次核危机事件，整个世界都为之屏息，而古巴导弹危机的和平解决又呈现出多种因素合力的影响。

材料11 古巴导弹危机和平解决后到20世纪八九十年代美苏重大事件年表

1963年，美苏签署《限制核试验条约》；

1979年，苏联入侵阿富汗，美国再次加强对苏联的遏制；

1987年，美苏签署《关于消除两国中程和中短程导弹条约》；

1988年，苏联宣布从阿富汗撤军；

1991年，美苏签署《美苏关于削减和限制进攻性战略武器条约》。

——据本课教材内容整理

问题设计：结合大事年表及所学知识，分析美苏关系发生了哪些变化。

教师活动：讲述引导。古巴导弹危机的和平解决给当时美苏对峙的紧张状态带来了一定程度的缓和，双方在解决危机过程中所建立的谈判机制得以延续。从大事年表和教材中，除了能看到双方关系的缓和外，还能看到双方较量之下，美苏双方也呈现退让与妥协的态势。

材料12 呈现世界地图，标注20世纪50年代后世界崛起与发展的政治力量。

教师活动：即使在冷战最高潮的年代里，两极格局也未能完全囊括所有的国家和地区；同时，在两大阵营内部，新兴力量也正在壮大。

学生活动：认识并理解两极格局中孕育着多极化趋势，两极格局中出现的世界多极化趋势不可逆转。

设计意图：选择古巴导弹危机的和平解决来观照20世纪50年代后冷战发展的特征，使学生认识到核战争没有赢家，理解两极格局的不稳定性和世界多极化趋势的不可逆转。

学习任务4：冷战发生，谁之责？

材料13　冷战发生过程中重要事件的大事年表。

- 1946年3月，丘吉尔“铁幕演说”。
- 1947年3月，“杜鲁门主义”提出。
- 1947年6月，马歇尔计划提出。
- 1947年7月，苏联与东欧六国签订贸易协定。
- 1947年9月，共产党和工人党情报局成立。
- 1949年1月，苏联同东欧国家成立经济互助委员会。
- 1949年4月，美国和加拿大等国建立“北约”。
- 1955年5月9日，联邦德国加入“北约”。
- 1955年5月15日，苏联和东欧七国建立“华约”。

问题设计：世界处在两极对峙格局下，延续半个多世纪。虽然美苏势均力敌，在一定程度上避免了世界大战，但很多问题也是冷战导致的。那么冷战的发生，到底是谁的责任？

材料14　不同学者对“冷战发生，谁之责”这一问题的解释。

A：“（斯大林）的初衷并不是单方面地、不受限制地推行扩张政策……相形之下，美国的积极进取政策是导致斯大林作出反应并进而促使冷战形成的重要原因。”

B：“冷战不是由一个或两个国家形成的，而是由多个国家合力形成的。”

C：“苏联的侵略和扩张，是战后紧张局势的根本原因。”

D：“美国为了维持自己的世界霸权，竭力制造各种冲突，促使国际局势紧张化。”

1. ［美］詹姆士·伯纳姆，深受50年代美国狂热反共浪潮影响。

2. ［美］弗莱明，由于60年代越南战争造成的困境，对美国政策进行再思考。

3. ［苏］祖博克，阅读大量苏联档案资料。

4. ［挪威］文安立，冷战结束后，各国档案揭秘，获得各方史料。

问题设计：

（1）将观点与学者一一对应，并说明理由。

（2）针对同一问题，这些学者的解释为什么不同呢？

（3）为何要去了解这些不同、多元的解释？

设计意图：依托冷战过程中的关键事件，使学生形成自己对“冷战发生，谁之责”的历史解释；创设学术情境，展示学术界对这一问题的不同解释，让学生分辨不同的历史解释，培育历史解释素养。

小结：英国历史学家E.H.卡尔认为，历史是历史学家和历史事实之间连续不断的、互为作用的过程，就是现在与过去之间永无休止的对话。从不同学者对冷战发生原因不同的解释中，我们看到了历史解释与解释者的身份、时代等都有着密切的关系。任何历史解释没有唯一，无法终结，这恰恰就是历史的魅力。

（三）板书设计

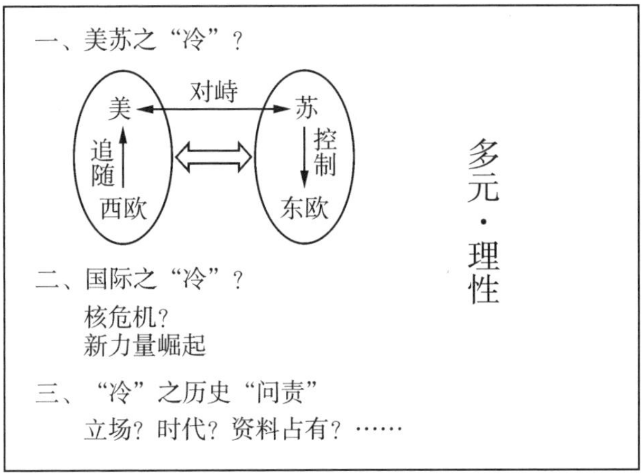

（四）核心素养水平划分

水平1：能够知道冷战发生、发展中的典型事件，认识美苏由战时盟友转变为战后对手的原因及历程；能够在典型事件的发生历程中，认识美苏之间的互动关系，认识冷战对国际关系的影响。

水平2：能够把典型事件，如马歇尔计划、古巴导弹危机放在冷战的大背景下加以认识，从而理解冷战发生与发展的特征；能够认识在冷战环境下，西欧、日本、包括中国在内的第三世界等政治力量的崛起与发展及其对国际格局产生的影响；能够选择、组织和运用相关材料与相关历史术语，对“冷战发生，谁之责”提出自己的解释，在叙述过程中能将史实陈述与历史解释结合起来。

水平3:能够运用地图、文字材料,分析冷战发生、发展中典型事件的因果关系,综合理解这些事件对国际关系产生的影响;能够分辨材料中对“冷战发生,谁之责”的不同历史解释,并能从多方面说明导致这些不同解释的原因并加以评析。

水平4:能够理解冷战对20世纪后半叶乃至今天的深远、全面的影响,认识多元、理性地认识和分析问题的价值;能够在正确历史观和方法论的指导下,分析多元解释的原因,理性、客观、全面地分析历史与现实问题。

第19课

资本主义国家的新变化

一、课标要求

通过了解第二次世界大战后资本主义国家的变化,认识其发展中的成就与问题。

二、教材分析

第二次世界大战后,世界发生了深刻变化。就资本主义国家而言,其新变化主要体现在五个方面:一是国家宏观调控的强化,第二次世界大战后,资本主义国家不断在市场主导和政府调节之间寻求平衡,既强调市场机制,也主张国家适度调控与国际协调,保持经济社会发展;二是第三次科技革命的兴起,第三次科技革命使人类社会进入信息时代,极大地提升了社会生产力;三是阶级关系的新变化,二战后发达国家出现的阶级结构多层次化现象,是资本主义生产力发展在生产关系上的反映;四是“福利国家”的建立,它是人民长期斗争的结果,也是资本主义制度生存和稳定的重要基石;五是社会运动发展,二战后的社会运动形成了人民民主斗争的高潮,迫使资本主义国家改善公民的民主权利。通过这些变化来说明资本主义国家形成了一定的自我调节机制,经济在高科技推动下迅速发展,社会矛盾有所缓和,但资本主义制度的基本矛盾依然存在。

三、学情分析

学生在初中已学习了二战后欧洲联合的趋势、美国的发展、日本的崛起、资本主义国家社会保障制度的部分史实,对本课内容有初步的感性了解。本课教材讲述史实多、涉及专业概念多,教师需要创设情境,在引导学生习得基本史实的基础上,深入理解资本主义国家的五方面新变化之间的关系。

四、教学目标

1. 运用唯物史观，辩证看待资本主义国家的新变化，正视当代资本主义国家的新变化。

2. 了解资本主义国家的新变化，理解资本主义国家新变化取得的成就和可借鉴之处。

3. 分析资本主义国家的新变化，理解其存在的问题，提高对社会变化的解释水平。

教学重点：了解资本主义国家的新变化，理解资本主义国家新变化取得的成就和可借鉴之处。

教学难点：辩证分析资本主义国家新变化之间的联系；透过资本主义国家的新变化来认识其成就与问题。

五、教学过程

（一）教学主题

围绕“新变化”与“旧矛盾”展开，认识、了解并辩证分析二战后资本主义国家的新变化。

（二）教学过程

导入

问题设计：指出教材的单元导言从哪几个角度表述二战后世界发生的深刻变化。

学生活动：资本主义国家、社会主义国家、独立后的发展中国家和战后国际关系四个角度。

教师活动：强调本课的时空定位于20世纪下半叶美、英、法、德、日等资本主义国家的新变化。斯大林对于二战后资本主义国家是否有新变化，有自己的看法，引入学习任务1。

设计意图：通过导言引入并分析，使学生认识到资本主义国家的新变化只是第二次世界大战后世界发生了深刻变化的一个方面；联系单元标题，强调“20世纪下半叶”，体现时空观念核心素养。

学习任务1：认识二战后资本主义国家是“有变化”的。

材料1 “第二次世界大战及其经济影响在经济方面的最重要的结果，应当认为是统一的无所不包的世界市场的瓦解。这个情况决定了世界资本主义体系总危机的进一步加深”，（其表现是）“各主要资本主义国家（美、英、法）夺取世界资源的范围将不会扩大而会缩小；世界销售市场的条件对于这些国家将会恶化，而这些国家的企业开工不足的现象将会增大；两个平行的也是互相对立的世界市场将会形成”。

——斯大林《苏联社会主义经济问题》（1952年）

问题设计：斯大林是否认为资本主义国家发生了什么新变化？

学生活动：分析材料1可知，斯大林认为资本主义国家是没有发生什么新变化的，并认为资本主义危机将进一步加深，资本主义国家将走向灭亡。

教师活动：材料1中“统一的无所不包的世界市场的瓦解”，意指出现了“社会主义世界市场”，原先的资本主义世界市场缩小，这就是斯大林的“平行的也是互相对立的世界市场论”。

材料2　从20世纪50年代起，美国经济进入高速发展的“黄金时代”。1955—1968年，美国国民生产总值以每年4%的速度增长。这一速度虽然慢于同期的西欧和日本，但其增长基本上是稳步健康的。到1970年，美国拥有世界煤产量的25%、原油产量的21%、钢产量的25%，农产品比1950年增加了2倍，一个农民能养活47.1个人。1971年，美国拥有1.11亿辆汽车，83%的家庭至少有一辆汽车。

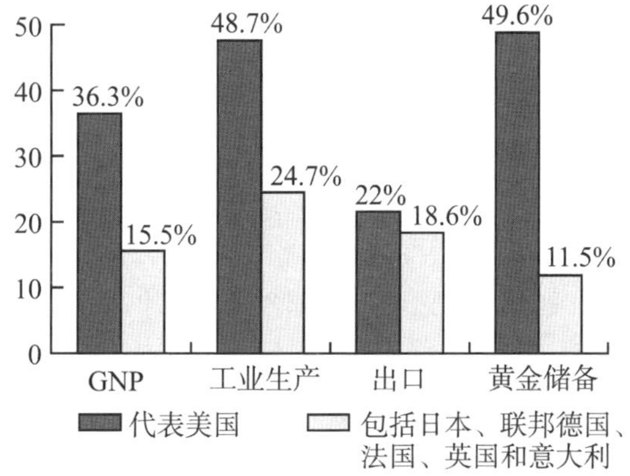

图1　1950年美国与其他发达国家经济指标占同期世界总量的比率

——人民版普通高中历史教科书必修第二册

问题设计：材料2反映了什么？

学生活动：二战后，资本主义国家非但没有走向灭亡，反而还高速发展。

教师活动：补充，引导。材料2从事实上反驳了“资本主义国家没有发生什么新变化的”观点，说明斯大林“平行的也是互相对立的世界市场论”是错误的，在实践中只能导致社会主义国家与资本主义国家联系的断裂，使社会主义国家自己把自己封闭起来，导致其在世界科技革命的浪潮中与发达资本主义国家在科技、经济方面的差距越拉越大。所以我们应当认识到二战后资本主义国家经济高速发展，正视当代资本主义的新变化。

设计意图：教材并未提到二战后资本主义国家是否有新变化这个问题，但这个问题不仅涉及在新的历史条件下资本主义制度发生了什么样的新变化、其现状和前途，而且涉及这些新变化对人们思想活动的影响。只有首先认识到二战后资本主义国家是“有变化”的，学生才会有动力去探究资本主义国家有哪些“新变化”。

学习任务2：了解并辩证分析二战后资本主义国家发生的“新变化”。

历史学习笔记单

第19课　资本主义国家的新变化

班级：________　姓名：________

（一）知识梳理：

1. 国家的宏观调控（加强）
   主要措施包括：
   背景：
   基础：
   核心：
   目的：

2. 第三次科技革命（兴起）
   时间：
   主要内容：
   作用：
   原因：

3. 阶级关系的新变化（阶级关系多层次化现象的出现）
   表现：

4. “福利国家”（建立）
   含义：
   作用：

5. 社会运动（此起彼伏、类型多样）
   表现：

6. 谈谈联系：

问题设计：二战后资本主义国家主要发生了哪些新变化？请补充历史学习笔记单中的内容。

学生活动：分组交流探讨3—5分钟，梳理各变化的知识要点。

教师活动：要求学生拿出已经完成的笔记单，四人一组交流、补充、完善。

学生活动：小组代表1，展示新变化之国家的宏观调控加强（主要措施、背景、基础、核心、目的）。

教师活动：补充、强调，第二次世界大战后，资本主义国家不断在市场主导和政府调节之间寻求平衡，既强调市场机制，也主张国家适度调控与国际协调，保持经济社会发展。

学生活动:小组代表4,小组代表2,展示新变化之第三次科技革命兴起(时间、主要内容、作用、原因)。

教师活动:补充、强调,第三次科技革命使人类社会进入信息时代,极大地提升了社会生产力。

学生活动:小组代表3,展示新变化之阶级关系的新变化,即阶级关系多层次化现象的出现(表现)。

教师活动:补充、强调,阶级结构多层次化现象是资本主义生产力发展在生产关系上的反映。

学生活动:小组代表4,展示新变化之"福利国家"的建立(含义、作用)。

教师活动:补充、强调,"福利国家"的建立是人民长期斗争的结果,也是资本主义制度生存和稳定的重要基石。福利国家的实质是一种国民收入再分配形式。

学生活动:小组代表5,展示新变化之社会运动此起彼伏、类型多样(表现)。

教师活动:补充、强调,二战后的社会运动形成了人民民主斗争的高潮,迫使资本主义国家改善公民的民主权利。

学生活动:整理教材"学习聚焦",进一步梳理战后资本主义的新变化。

教师活动:在学生整理、梳理的基础上,板书二战后资本主义国家五方面新变化,即①国家的宏观调控加强,②第三次科技革命兴起,③阶级关系多层次化现象的出现,④"福利国家"的建立,⑤社会运动此起彼伏、类型多样。

问题设计:结合"学习聚焦"观点,说说板书中各变化之间的联系。

学生活动:分组交流探讨2—3分钟后,黑板展示。

教师活动:点评学生展示,归纳。二战后资本主义国家的宏观调控加强和第三次科技革命兴起推动了生产力的发展,而阶级关系多层次化现象的出现、"福利国家"的建立和此起彼伏、类型多样社会运动是资本主义生产力发展在生产关系上的反映。

设计意图:通过教师提示,学生课前预习和小组交流,完成"学习笔记单",梳理清楚二战后资本主义国家的新变化;辩证分析资本主义国家新变化之间的联系是本课学习难点,对知识点进行结构化处理,形成联系,学生能够更好地理解与掌握。

学习任务3:深入认识"不能夸大当代资本主义的新变化"。

材料3　在1989年11月发表的《社会主义思想与革命性变革》一文中,戈尔巴乔夫说:"马克思对资本主义自我发展的可能性估计不足","没有推测出两种社会制度在庞大的国家集团中长期共存","促进资本主义的自我完善"。现在,"资本主义的性质发生了重大变化","生产已经国际化,整个资本主义经营跨国化",所以

“首先必须排除两大社会体系的对抗性，抽象的形而上学的对立”。在1990年4月发表的《未来世界与社会主义》一文中，戈尔巴乔夫说：“资本主义现在远不是从前那种资本主义了”，“社会主义的一些特征诸如公有制、计划、社会保障，在某种程度和范围内已经成了先进的西方社会生活习以为常的部分。现代的民主和法律制度在很大程度上也是社会主义思想和行动的成果”。

——徐崇温《当代资本主义新变化》

问题设计：材料3反映了戈尔巴乔夫对当代资本主义的新变化有何认识？

学生活动：戈尔巴乔夫夸大了当代资本主义的新变化。

教师活动：为何说戈尔巴乔夫夸大了当代资本主义的新变化呢？因为在世界社会主义运动中，戈尔巴乔夫把当代资本主义的新变化竭力夸大为资本主义已经从根本上改变性质，抹杀社会主义与资本主义的原则界限，造成思想混乱。在当今世界，资本主义制度固有的基本矛盾依然存在。

材料4

图2　法国五月风暴

图3　2008年经济危机中雷曼兄弟破产

问题设计：教材中美国黑人民权运动、妇女运动、学生运动和反越战运动图文以及材料4中的图1、图2，共同说明了什么观点？

学生活动：当今世界，资本主义制度固有的基本矛盾依然存在。

教师活动：当代资本主义出现了一些新变化，我们要予以正视，但不要夸大，因为资本主义在本质上并没有发生根本改变。

设计意图：呼应学习任务1，使学生认识到虽然二战后资本主义国家是“有变化”的，但资本主义在本质上并没有改变，培养唯物史观。

小结：二战后资本主义国家是“有变化”的，经济在第三次科技革命的推动下迅速发展，阶级关系出现新变化，“福利国家”的建立与此起彼伏的各类社会运动使社会矛盾有所缓和，但是，在当今世界，资本主义制度固有的基本矛盾依然存在，随着贫富两极分化继续不断扩大，不可避免地会加剧资本主义的基本矛盾，会在新的基础上积累和加深资本主义的基本矛盾。

（三）板书设计

第19课　资本主义国家的新变化

一、时空定位：20世纪下半叶　美、英、法、德、日等资本主义国家

二、辩证认识

- 有新变化
  - ①国家的宏观调控加强
  - ②第三次科技革命兴起
  - （①②）推动⟹生产力发展
  - ③阶级关系多层次化现象的出现
  - ④“福利国家”的建立
- 不能夸大
  - ⑤社会运动此起彼伏、类型多样
  - （③④⑤）体现⟹生产关系变革
  - ⑥不平等和贫富两极分化现象严重
  - ⑦2008年金融危机
  - （⑤⑥⑦）说明⟹资本主义制度的基本矛盾依然存在（存在问题）
- 生产关系变革 反映⟹生产力发展

三、存在问题也取得成就：经济在高科技推动下迅速发展，社会矛盾有所缓和

（四）核心素养水平划分

水平1：能够说出资本主义国家新变化的表现；在叙述资本主义国家新变化时，能够运用恰当的时间和空间表达方式；能够对资本主义国家新变化加以简要分析；能够表述资本主义国家新变化所体现出的成就和存在的问题，认识本课的学习价值。

水平2：能够从生产力与生产关系、经济基础与上层建筑的辩证关系来理解资本主义国家新变化的表现及其联系；能够把握相关史事的时间、空间联系，并用特定的时间和空间术语对较长时段的史事加以描述和概括，如二战后初期资本主义国家宏观调控加强所取得的成就；能够判明资本主义国家新变化的价值取向，增强对中国特色社会主义的自信。

水平3：能够从生产力与生产关系、经济基础与上层建筑的辩证关系来理解资本主义国家新变化的表现及其联系；能够利用不同类型史料的长处，对所探究的问题进行互证，形成对该问题更全面、丰富的解释；能够分辨材料中对资本主义国家新变化的不同历史解释，如“福利国家”的建立是人民长期斗争的结果，也是资本主义制度生存和稳定的重要基石。

水平4：能够从生产力与生产关系、经济基础与上层建筑的辩证关系来理解资本主义国家新变化的表现及其联系；能够把握相关史事的时间、空间联系，并用特定的时间和空间术语对较长时段的史事加以描述和概括；能够将这些历史解释与自己的课前认识相比较；能够辨别资本主义国家新变化的历史解释；能够在学习过程中表现出对资本主义国家新变化的反思，从历史中汲取经验教训，更全面、客观地认识现实社会问题；能够在历史叙述中体现出正确的历史观。

第20课

社会主义国家的发展与变化

一、课标要求

通过了解第二次世界大战后社会主义国家的变化，认识其发展中的成就与问题。

二、教材分析

本课主要叙述了二战后社会主义国家经历快速发展与艰难曲折改革的相关史实。主要由三目内容构成：苏联的发展、改革与解体，东欧的社会主义建设、改革和剧变，中国特色社会主义的新发展。二战后，社会主义一度获得大发展，形成了社会主义阵营，成为推动世界历史发展的伟大力量。苏联的国民经济得到了恢复和发展，但其建立的高度集中的计划经济体制为日后剧变埋下了祸根。赫鲁晓夫、勃列日涅夫、戈尔巴乔夫等人的改革始终没有突破这一体制，从而使苏联一步步走向解体。东欧国家在社会主义建设过程中，大多采取了苏联模式。尽管一些国家的领导人希望通过改革走上独立发展的道路，如南斯拉夫，但各国最终以不同的形式发生剧变。中国的社会主义建设同样经历了曲折过程，但中国开辟了一条崭新的中国特色社会主义道路，并取得举世瞩目的成就，证明了社会主义的强大生机与活力。

三、学情分析

经过初中阶段的学习，学生对赫鲁晓夫改革、勃列日涅夫改革、戈尔巴乔夫改革、中国改革开放等史实有基本的了解，一定程度上掌握了苏联解体的原因，但对东欧国家在二战后的发展缺少认识，在深层分析苏联解体的原因、认识社会主义发展方面也存在困难，教师需要在课堂中补充必要的史料，设计得当的问题，引导学生完成本课的学习任务。

四、教学目标

1. 解读教材，概括二战后苏联、东欧国家、中国在社会主义建设中的成就与问题。

2. 借助史料分析，探讨东欧剧变、苏联解体的原因。

3. 通过分析二战后社会主义国家的发展状况，提升对社会主义内涵的认识，增强对中国特色社会主义的认同，立志为中华民族伟大复兴作贡献。

教学重点：认识二战后社会主义发展中的成就与问题。

教学难点：理解苏联解体的原因。

五、教学过程

（一）教学主题

从二战后社会主义国家发展历程中，理解社会主义，深化对新时代中国特色社会主义的认同。

（二）教学过程

导入

教师活动：《共产党宣言》既是马克思主义诞生的标志，也是我们认识社会主义的经典著作。

材料1　共产党人的最近目的是和其他一切无产阶级政党的最近目的一样的：使无产阶级形成为阶级，推翻资产阶级的统治，由无产阶级夺取政权。

……

无产阶级将利用自己的政治统治，一步一步地夺取资产阶级的全部资本，把一切生产工具集中在国家即组织成为统治阶级的无产阶级手里，并且尽可能快地增加生产力的总量。

……

代替那存在着阶级和阶级对立的资产阶级旧社会的，将是这样一个联合体，在那里，每个人的自由发展是一切人的自由发展的条件。

——马克思、恩格斯《共产党宣言》

问题设计：根据材料1，概括建设社会主义的途径及其目标。

学生活动：从材料中提炼出关键信息，用自己的语言组织答案。

教师活动：为实现社会主义，马克思和恩格斯认为应当推翻资产阶级的统治，建立无产阶级政权，再消灭私有制，以达到实现一切人自由发展的目标。1917年，俄国通过十月革命，建立了世界上第一个社会主义国家。其建立后的发展状况如何？与马克思、恩格斯的构想有何出入？其他社会主义国家又是如何发展的？带着这些问题来学习社会主义国家的发展与变化。

设计意图：通过解读《共产党宣言》片段，了解马克思和恩格斯对社会主义的最初构想，引出社会主义国家的发展与变化，也为加深对社会主义的认识做好铺垫。

学习任务1：了解二战后苏联、东欧国家、中国的社会主义建设。

	初期成就	问题	应对措施	结果
苏联				
东欧国家	/			
中国				

学生活动：阅读教材，分小组梳理二战后苏联、东欧国家、中国等社会主义国家在建设中取得的成就、存在的问题、应对措施及结果。

教师活动：苏德战场是二战中的主战场，苏联经济因此经历了重创。战后苏联的国民经济得到了恢复和发展，相继爆炸了原子弹和氢弹，1957年成功发射了世界上第一颗人造地球卫星，人民的教育和生活水平也有很大提高。但因为固守优先发展重工业的政策，苏联农业、轻工业落后的局面没有改观。

为解决这一问题，自20世纪60年代起，苏联开始改革。改革皆是对传统体制的修修补补，并未突破，效果有限。最终改革发生了根本方向性错误，局势失控，苏联解体。

材料2

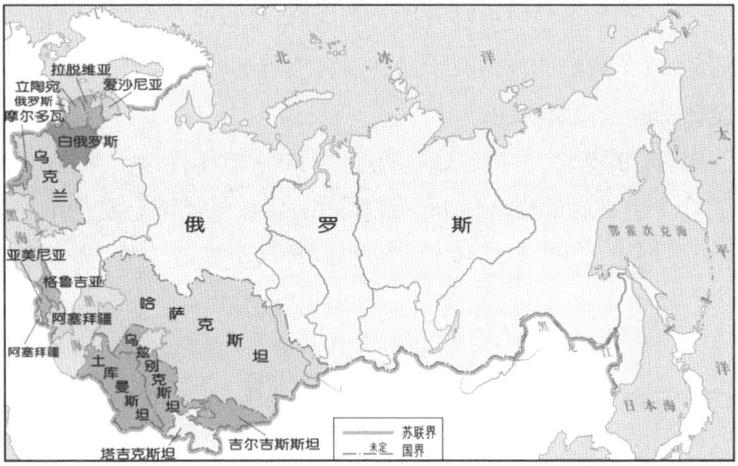

图1　苏联境内各独立国家（1990年3月11日—1991年12月14日）

教师活动：二战后，社会主义从一国扩展到多国。东欧各国在苏联的帮助下建立了一系列人民民主国家。但各国大多采取苏联模式，因此国民经济比重失调，国民收入下降问题凸显。一些领导人希望通过改革，走独立发展的道路，如南斯拉夫改革、捷克斯洛伐克改革。最终，或因没有突破苏联模式束缚，经济陷入困境失败，或因引发民族问题，导致政局动荡、国家分裂，从而发生制度剧变。

中国在战后巩固了政权，平稳过渡到社会主义初级阶段。尽管出现"大跃进"、人民公社、"文化大革命"等曲折，但中国共产党做出了改革开放的伟大决策，使中国取得举世瞩目的成就，主要表现有国民生产总值稳居世界第二位、外汇储备稳居世界前列、基础设施建设走在世界前列、农业现代化稳步推进等。

设计意图：以表格的形式整合教材内容，锻炼学生从文本中提取有效信息的能力。

学习任务2：探讨东欧剧变、苏联解体的原因。

	初期成就	问题	应对措施	结果
苏联	取得了恢复和发展国民经济的巨大成就	农业、轻工业落后的局面没有改观	改革	解体
东欧国家	/	国民经济比重失调，国民收入下降	改革	制度剧变
中国	巩固政权 社会主义制度基本建立	"大跃进"、人民公社化运动、"文化大革命"等曲折探索	改革开放	取得举世瞩目的成就

问题设计：根据表格，结合教材，分析苏联和东欧国家革新体制的尝试为何失败。

学生活动：仔细阅读教材中涉及的改革内容，分析改革失败的原因。

教师活动：改革失败的原因在于始终没有突破苏联模式。

问题设计：何为苏联模式？

学生活动：苏联模式，是指苏联在20世纪20—50年代斯大林执政时期形成的高度集中的社会主义政治经济体制。该模式的特点是经济上实行单一公有制、排斥市场、优先发展重工业（尤其是军事工业）；政治上党政不分、高度集权、个人专断、缺乏民主；思想文化上个人崇拜、行政干预、思想单一。

教师活动：补充，分析。经济领域建立社会主义公有制与《共产党宣言》提出的"消灭私有制"符合，但为何没有实现"一切人自由发展"的目标呢？问题在于国民经济比重是否平衡。苏联、东欧国家长期优先发展重工业，导致农业、轻工业落后，国民经济比例严重失调。尽管赫鲁晓夫、勃列日涅夫的改革关注到了农业、工业的管理体制，但都只是修修补补，没有根本突破。而戈尔巴乔夫执政时期，将改革重点转向政治领域，意识形态上抛弃马克思主义，直接动摇了苏联共产党的领导地位，导致苏联解体。

材料3 历史是这样创造的：最终的结果总是从许多单个的意志的相互冲突中产生出来的，而其中每一个意志，又是由于许多特殊的生活条件，才成为它所成为的那样。这样就有无数相互交错的力量，有无数个力的平行四边形，由此就产生出一个合力，即历史结果。

——恩格斯《恩格斯致约瑟夫·布洛赫》(1890年9月21日—22日)

材料4 西方的苏联问题专家曾经提出了各种有关苏联垮台的解释，但占上风的解释只有两种。一种解释是，苏联垮台是经济体制缺乏生机造成的；另一种解释强调民众对该体制自下而上的反对。一些苏联官员抱怨说，外来压力动摇了苏联。旧政权的其他拥护者提到了苏联内部高层的背叛。

——整理自大卫·科兹、弗雷德·威尔《来自上层的革命——苏联体制的终结》

问题设计：根据材料3、4，分析造成东欧剧变、苏联解体的多种因素。

学生活动：小组讨论，可选择某一种观点并说明理由。

教师活动：上述观点都有其正确之处。苏联在斯大林时代所采用的、在改革前一直未受根本触动的、独特的经济管理形式，确实有着严重的缺陷，而且时间越长就越严重；苏联人民要求自由和民主的呼声，确实也在体制终结中起过重要作用；西方“和平演变”战略的影响也至关重要；苏联一些高层官员放弃了社会主义的信仰，而那时他们仍然有不小的影响力。

材料5 20世纪70年代中期，苏联经济状况就已经严重地恶化了。在微小的调整未能改善经济状况之后，以米哈伊尔·谢尔盖耶维奇·戈尔巴乔夫为首的新的领导层开创了一条重大的结构改革之路，目标就是民主化和复兴苏联社会主义。然而，让戈尔巴乔夫和他的改革派始料未及的是，他们所实行的经济的、政治的和文化的改革，其结果是创造了一个新的集团和阶级联盟，这个联盟喜欢的，却是用资本主义取代社会主义。

——摘编自大卫·科兹、弗雷德·威尔《来自上层的革命——苏联体制的终结》

问题设计：阅读材料5，概括材料的主要观点。

学生活动：阅读、思考。苏联社会主义建设陷入困境，戈尔巴乔夫进行民主化和复兴苏联社会主义的改革，结果产生的新集团和阶级联盟以资本主义取代了社会主义。

教师活动：补充、引导。我们称这个联盟为亲资本主义联盟。在20世纪80年代，绝大多数的党国精英都是追求名利和地位的人，他们开始离开自己的职位而变成了资本家——也就是说，他们建设的或者说为之奋斗的是新的私人企业。各种各样的国有企业、社会主义经济被他们的管理者不动声色地、偷偷摸摸地转变成了私人的、有利可图的企业。这一做法在进行了好几年之后，又变成了官方的政策。在这一转变中，党国精英声称他们对社会主义和马克思主义有了新的觉悟，他们认为私有财产和自由市场是俄罗斯唯一的出路。

教师活动：历史是合力的结果，苏联模式的弊端，赫鲁晓夫、勃列日涅夫、戈尔巴乔夫失败的改革，西方社会的“和平演变”战略等，这多种力的结果最终导致了苏联的解体。当然，苏联模式的弊端及其僵化始终是最大的原因。

设计意图：调动、迁移学生的知识储备，探讨苏联解体的多种因素，培养学生历史解释素养；适当补充新的学术观点，激发学生思维，拓宽视野。

学习任务3：从战后社会主义的发展理解社会主义的内涵。

	初期成就	问题	应对措施	结果
苏联	取得了恢复和发展国民经济的巨大成就	农业、轻工业落后的局面没有改观	改革	解体
东欧国家	/	国民经济比重失调，国民收入下降	改革	制度剧变
中国	巩固政权 社会主义制度基本建立	“大跃进”、人民公社化运动、“文化大革命”等曲折探索	改革开放	取得举世瞩目的成就

问题设计：根据表格，思考中国改革的结果为何能与苏联、东欧国家不同。

学生活动：联系已学知识，分析问题。

教师活动：中国作出改革开放的伟大决策，逐步建立社会主义市场经济体制，找到了一条符合中国国情和世界历史发展大势的中国特色社会主义道路。中国的社会主义事业同样经历了重大挫折，但中国共产党及时纠正“左”倾错误，重新确立解放思想、实事求是的指导思想，进而对政治路线和组织路线也进行了拨乱反正，并作出改革开放的伟大决策。自此之后，中国走上了中国特色社会主义道路。政治上，发展完善社会主义民主与法治。经济上，不断深化改革，确立了经济体制改革的目标是建立社会主义市场经济体制，改革开放步入一个新的发展阶段。思想上，坚持以马克思列宁主义、毛泽东思想、邓小平理论、“三个代表”重要思想及习近平新时代中国特色社会主义思想的领导。

改革开放四十年多来，“我们用几十年时间走完了发达国家几百年走过的工业化历程。在中国人民手中,不可能成为可能”。这些成就的取得,归根到底在于我们始终坚持中国特色社会主义,坚持将科学社会主义基本原则与中国实际、中国国情、中国社会历史相结合,不断创新和发展马克思主义,并以理论的创新推动实践的创新,以思想的飞跃引领时代的飞跃。

习近平总书记指出,“历史和现实都告诉我们,只有社会主义才能救中国,只有中国特色社会主义才能发展中国,这是历史的结论、人民的选择”。这一重要论断充分肯定了中国特色社会主义的优越性。

材料6 封建社会代替奴隶社会,资本主义代替封建主义,社会主义经历一个长过程发展后必然代替资本主义。这是社会历史发展不可逆转的总趋势,但道路是曲折的。资本主义代替封建主义的几百年间,发生过多少次王朝复辟?所以,从一定意义上说,某种暂时复辟也是难以完全避免的规律性现象。一些国家出现严重曲折,社会主义好像被削弱了,但人民经受锻炼,从中吸收教训,将促使社会主义向着更加健康的方向发展。

——邓小平《在武昌、深圳、珠海、上海等地的谈话要点》

材料7 代替那存在着阶级和阶级对立的资产阶级旧社会的,将是这样一个联合体,在那里,每个人的自由发展是一切人的自由发展的条件。

——马克思、恩格斯《共产党宣言》

材料8 邓小平指出:“社会主义的本质,是解放生产力,发展生产力,消灭剥削,消除两极分化,最终达到共同富裕。”

——《邓小平文选》第三卷

材料9 习近平总书记指出:“人民对美好生活的向往,就是我们的奋斗目标。”

——《人民对美好生活的向往,就是我们奋斗的目标》(2012年11月15日)

问题设计:纵观二战后社会主义国家的发展和变化,谈谈你对社会主义的理解。

学生活动:从建设社会主义的途径和目标角度思考。

教师活动:苏联经验以及苏联体制走到尽头的历程,为未来兴起的任何一种可行的社会主义体制的形成,提供了重要的教训。因此,建设社会主义的途径不是唯一的,是可以根据具体国情不断变化的,但建设社会主义的目标始终如一,是我们坚定的方向。

设计意图:通过对比中国社会主义建设与苏联、东欧国家的不同结果,进一步理解社会主义的内涵,提升学生历史解释素养,涵养家国情怀,增强国家、民族、社会认同。

（三）板书设计

		理论	实践
建设社会主义	途径	推翻资产阶级统治 建立无产阶级政权 消灭私有制	变
	目标	一切人自由发展	不变

（四）核心素养水平划分

水平1：在叙述二战后社会主义国家的发展和变化时，能够运用恰当的时间和空间表达方式；能够从所获得的材料中提取有关信息，说明苏联、东欧国家改革失败的原因；能够知道中国改革开放后取得的举世瞩目的成就，具有对祖国和人民的深情大爱。

水平2：能够利用地图对苏联解体带来的版图变化加以描述；能够从所获得的材料中提取有关信息，分析苏联解体的多种因素；能够知道中国改革开放后取得的举世瞩目的成就，培养家国情怀。

水平3：在探究苏联解体的多种因素时，能够对史料进行整理和辨析；能够理解中国共产党领导人民开辟中国特色社会主义道路的意义和人民群众在历史发展中的重要作用，确立为人民服务、为社会贡献的志向和意识。

水平4：能够比较、分析不同来源、不同观点的史料，分析苏联解体的多种因素；能够理解中国共产党领导人民开辟中国特色社会主义道路的意义，认同社会主义核心价值观，确立为人民服务、为社会贡献的志向和意识。

第21课

世界殖民体系的瓦解与新兴国家的发展

一、课标要求

通过了解第三世界国家的变化,认识其发展中的成就与问题。

二、教材分析

本课介绍了二战后亚洲的印度、巴基斯坦等国,非洲埃及、阿尔及利亚等国,拉丁美洲的古巴、巴拿马等国为了争取民族独立而抗争的史实。二战后,民族解放运动掀起了新的高潮,亚非拉一系列国家取得了民族独立,捍卫了国家主权,使数百年来的殖民体系土崩瓦解,这是人类发展史的重大进步。本课还介绍了新加坡、韩国、沙特阿拉伯、科威特等亚洲国家,非洲和拉丁美洲不同的发展成就、面临的挑战等,展示了独立后的发展中国家为维护国家主权、促进社会发展所进行的不懈的努力。

三、学情分析

经过第六单元和第七单元的学习,学生已基本掌握了世界殖民体系的形成过程和亚非拉民族民主运动的相关史实。通过本课教学,教师应引导学生在已有史实的基础上,形成历史发展的整体观念。

四、教学目标

1. 通过展示各区域地图,了解二战后亚非拉民族独立与世界殖民体系瓦解的时空史实。

2. 通过史料,了解二战后亚非拉国家经济发展的道路、状况及面临的问题。

3. 通过整体把握亚非拉国家发展历史,结合世界格局发展趋势,探索并感受亚非拉等新兴国家的未来发展趋势是曲折前进的。

教学重点:掌握二战后亚非拉国家民族独立和发展的相关史实。

教学难点:理解亚非拉国家在发展过程中遭遇的各种挑战及未来的应对策略。

五、教学过程

(一)教学主题

以第三世界国家的独立、发展、挑战、前途为主线,结合不同时期的地图变化,理解二战后第三世界国家发展中的成就和问题。

(二)教学过程

导入

问题设计:根据所学知识,回顾并复述世界殖民体系在亚洲、非洲、拉丁美洲的建立时间及过程。

学生活动:复习旧知。

18世纪晚期,拉丁美洲已完全处于欧洲列强的殖民统治之下。

19世纪70年代以前,欧洲殖民国家只侵占了10%左右的非洲土地;19世纪晚期,它们侵占了几乎整个非洲。

19世纪末20世纪初,亚洲的绝大多数地区已经沦为殖民地或半殖民地,非洲的绝大部分地区成为殖民地,独立的拉丁美洲国家实际也成为依附于欧美国家的半殖民地。资本主义世界殖民体系最终形成。

教师活动:发展中国家,又称第三世界,是指原来的殖民地半殖民地国家取得独立后建立的拥有完整主权的新兴民族国家。这些原本被殖民的亚非拉国家是怎样赢得独立的?独立之后又有怎样的发展轨迹呢?

设计意图:设计问题,引导学生回顾旧知;同时建立本节课的学习背景,即19世纪末20世纪初,资本主义世界殖民体系最终形成,引发学生探讨殖民体系如何崩溃的兴趣。

学习任务1:了解发展中国家二战后的发展第一步。

教师活动:2006年11月,《时代》周刊评选出“60年亚洲英雄”,其中的政治家部分,来自印度半岛的有三位,分别是甘地、尼赫鲁、真纳。他们正是印度独立史上至关重要的三位政治家。

问题设计:阅读教材,结合所学知识,简要阐述三位政治家对印度独立做出的贡献。

学生活动:印度国大党领袖甘地、尼赫鲁等人为争取民族独立,领导人民继续对英国殖民者采取“不合作”态度。穆斯林联盟在真纳的领导下,积极争取印度独立。士兵和工农斗争风起云涌。在印度人民反抗斗争的压力下，英国被迫同意印度独立，1947年印度和巴基斯坦分别成为独立的自治领。20世纪50年代，印度和巴基斯坦都成为共和国。

材料1　从20年代初至40年代初，甘地凭其这套理论和策略（非暴力不合作斗争策略），先后发动了四次大规模的反英斗争。这就是1920—1922年非暴力不合作运动，1930—1934年食盐进军和文明不服从运动，1940—1941年个人文明不服从运动，1942年“退出印度”运动。这些斗争起到了发动和组织群众的作用，给予英国殖民统治很大的打击。

国大党主要领导人下狱后，穆斯林联盟的力量有了重大发展，它团结了广大中下层伊斯兰教徒，把一个涣散的缺乏战斗力的组织发展成为一个能与国大党平起平坐的政党。在甘地提出“退出印度”口号的第二年，真纳向英国提出了“分而退出”的要求。这是穆斯林联盟1940年在拉合尔大会上通过的《巴基斯坦决议》的进一步发展，在一定程度上也是给予英国的一种压力。

——袁传伟《国大党在1939—1947年争取印度独立斗争中的策略》

材料2

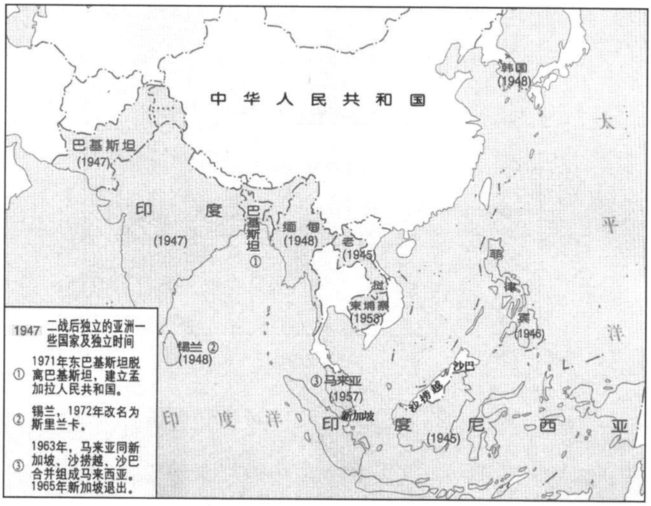

图1　二战后亚洲部分国家独立形势图

问题设计：结合图1，谈谈印度和巴基斯坦对殖民主义的抗争是否只是亚洲的一个特例。

学生活动：结合地图可知，印度和巴基斯坦并非是特例。印度独立前后，印度尼西亚、老挝、菲律宾、缅甸、锡兰、柬埔寨、马来亚、新加坡等也纷纷独立。帝国主义在亚洲的殖民体系瓦解。

材料3

图3　《时代》周刊封面人物——纳赛尔

问题设计：纳赛尔为何会成为《时代》周刊封面人物？

学生活动：20世纪50年代，非洲大陆也掀起民族独立风暴。1952年，埃及中下层军官发动武装起义，废黜国王，成立埃及共和国。1956年，埃及总统纳赛尔宣布收回苏伊士运河主权，英军撤离运河区。

教师活动：在非洲，民族独立的斗争如同亚洲一般形成了一股浪潮。

问题设计：为什么1960年被称为“非洲年”？“非洲年”代表着什么？

学生活动：1960年有17个非洲国家独立，这一年被称为“非洲年”。到20世纪60年代末，非洲的独立国家已达41个，约占非洲总面积的84%，总人口的88%。英、法、比、葡等在非洲的殖民帝国彻底崩溃。

教师活动：“非洲年”是非洲民族独立运动的一个高潮，在此前后非洲的独立运动一直在进行中，不断发展直至整个非洲殖民体系彻底崩溃。

材料4

图4　拉丁美洲独立运动形势图

问题设计：结合图4和教材，了解地图中尚未独立的古巴是如何独立的。

学生活动：结合地图了解古巴独立的史实，并感知整个拉美的独立过程。

问题设计：对照当今世界亚洲、非洲、拉丁美洲的变化，认识殖民体系瓦解给世界带来的变化。

学生活动：世界殖民体系的崩溃是20世纪的伟大变化之一，是人类历史的巨大进步。

设计意图：以地图为载体，设计问题链，引导学生掌握亚非拉殖民地半殖民地国家争取独立的斗争历程，落实时空观念核心素养。

学习任务2：了解发展中国家的经济发展成就。

材料5 1965年独立之初，新加坡政府采取了走“工业化道路”的发展路线，并提出“出口主导”战略，其经济发展由劳动密集型工业，逐步过渡到资本、技术密集型工业和高科技产业，进而发展到目前的信息产业。国家走向富裕，人民生活水平迅速提高。

——陈执中《亚洲四小龙经济的崛起与面临的问题》

材料6 从1962年开始在不到40年之中，韩国取得了被誉为“汉江奇迹”的经济成就。韩国政府提出“出口第一主义”“先工业化后农业现代化”的策略。至2002年韩国的国民总收入由23亿美元增加到4770亿美元，人均国民收入由87美元增加到10013美元。

——陈执中《亚洲四小龙经济的崛起与面临的问题》

问题设计：材料5、6说明此时亚洲出现了怎样的现象？

学生活动：新加坡和韩国取得了巨大的经济成就。

教师活动：经济取得巨大成就的还有中国香港、中国台湾，与新加坡、韩国并称“亚洲四小龙”。“亚洲四小龙”利用丰富的劳动力资源吸引外资，发展劳动密集型产业，实现了经济的高速增长。

问题设计：所有的发展中国家都是按照这样的道路发展的吗？

学生活动：并非如此。沙特、科威特等国依靠石油发展起来，非洲国家重点发展工农业，拉丁美洲国家大力发展民族工业。

问题设计：发展中国家在经济建设方面都取得了显著的成就，原因是什么？

学生活动：发展中国家在取得独立后，努力探索适合本国国情的经济发展道路，掀起了现代化建设浪潮，使得经济高速发展。

设计意图：通过解读新加坡、韩国的发展模式，引导学生对比思考发展中国家的不同发展模式，感受政治独立后，发展中国家走出了自己不同的道路，取得了显著的现代化建设成就。

学习任务3:探索发展中面临的种种问题。

材料7　1991年拉美外债达4260亿美元左右。因为基数过大,即使以后外债增长率年均只有1%,每年也要增加数十亿美元新债。拉美各国存在着许多严重的社会问题,例如政府官员贪污腐败,分配制度极不合理,贫富悬殊日益加剧,贫困人口有增无减,失业率上升,毒品走私蔓延。

——黄文登《战后拉丁美洲经济的发展及其九十年代的前景》

问题设计:材料7反映拉美国家发展过程中面临着哪些问题?

学生活动:负担着巨额外债,政府官员贪污腐败,社会贫富悬殊等。

材料8　1997年7月以来,东亚遭到金融风暴的洗劫,几乎所有国家和地区都有不同程度的损失。一年以来,印尼盾贬值83%,泰铢、韩元、马来西亚林吉特和菲律宾比索贬值2/5。经济基础比较好的新加坡和中国台湾,本币对美元的汇率下跌1/7以上。

——胡兆量《亚洲金融危机与中国》

问题设计:结合新加坡在发展阶段的史实,思考为什么亚洲金融危机会对新加坡造成如此大的影响。

学生活动:过分依赖国际资本与国际市场,承受风险的能力较差。

材料9

图5

问题设计:漫画表现出怎样的现象?为什么会出现漫画中的现象?是什么因素正在阻碍发展中国家的发展?

学生活动:全球资本在分配中集中于发达国家手中,形成不平等的国际经济旧秩序。

材料10　英国的殖民统治及推行的“分而治之”殖民政策是克什米尔问题产生的根源。印巴分治的政策表示——“蒙巴顿方案”中英国殖民当局有意设置的自我冲突的条款,是印巴争夺克什米尔归属的重要诱因。以“蒙巴顿方案”为基础的印巴分治是英国“分而治之”政策的延续,本质上是一种宗教分治。克什米尔问题的产生是这种宗教分治的产物。在克什米尔问题产生伊始,印巴双方曾尝试通过和平手段(联合国调解、公民投票)解决该问题,但由于冷战背景下,印巴双方被牵扯进两大军事集团的对抗而最终归于失败。宗教因素始终是影响克什米尔问题的关键因素。

——汪长明《印巴分治与英国在克什米尔问题上的角色》

问题设计:材料10反映印巴在发展过程中面临着哪些问题?

学生活动:殖民主义遗留的边界冲突和民族矛盾。

教师总结并补充:综合上述材料和分析,可知,发展中国家在发展过程中面临着如下问题:①负担着巨额外债,政府官员贪污腐败,社会贫富悬殊;②过分依赖国际资本与国际市场,承受风险的能力较差;③不平等的国际经济旧秩序;④殖民主义遗留的边界冲突和民族矛盾;⑤政策失误、人口过快增长;等等。

问题设计:哪一问题是影响发展中国家发展最核心的因素?

学生活动:通过小组讨论,分析这些问题哪个是最核心的因素,并说明理由。

材料11　在古巴前领导人菲德尔·卡斯特罗看来,全球化目前所带来或加剧的种种问题,其根源并不在于作为客观历史进程的全球化本身……卡斯特罗为此做了一个形象的比喻:“全球化是客观现实,它显示了在这个大家居住的星球上我们都是同一条船上的乘客。然而,乘客们旅行的条件是极其不平等的。一小撮乘客居住在豪华的客舱,内有互联网、移动电话和可进入全球通信网的设备;他们有丰盛而营养均衡的食品,饮用干净水,享受先进的医疗,并能受教育。……乘客拥挤在不卫生的船舱里,他们挨饿,患病,绝望了……很显然,这艘船上不公正的事太多了,它很难浮在水面上。它的航程是如此不合理和荒唐,以致它不可能抵达安全的港口。”

——刘金源等《全球化进程中的反全球化运动》

教师活动:材料11说明,影响发展中国家发展的最核心要素是不平等的国际经济旧秩序。在当今经济全球化的趋势下,由发达国家主导的资本在全球范围内开展新一轮扩张,对发展中国家的发展极为不利。

设计意图:解读史料,引导学生深入了解影响发展中国家发展的各项因素。在探讨其中最关键的影响因素过程中,加强对学生唯物史观核心素养的培育。

学习任务4:发展中国家的发展前景如何?

问题设计:学习本课内容后,结合对这一时期其他国家发展史实的了解,你能够预测发展中国家你的发展前景如何吗?

学生活动:自由讨论回答,开放性答案,言之有理即可。

材料12　经济全球化是一把“双刃剑”,虽然存在着各种各样的问题,但总体上说,经济全球化有利于世界经济的发展。只要推行可持续发展战略,建立起公正、合理的国际政治、经济新秩序，各国人民同心协力，构建人类命运共同体，就能达到世界各国的共同繁荣与稳定。

——人民版普通高中历史教科书必修第二册

小结：二战后，亚非拉国家经过艰苦的抗争，先后赢得了民族独立，摧毁了世界殖民体系，推动了人类历史的巨大进步。新兴的民族国家努力探索适合本国国情的发展道路，经济建设取得了巨大的成就。在发展过程中，发展中国家仍面临着一系列问题和挑战，发展之路任重道远。但在经济全球化的大格局中，只要发展中国家坚持推行正确的发展战略，努力构建人类命运同体，一定能够更加繁荣富强。

（三）板书设计

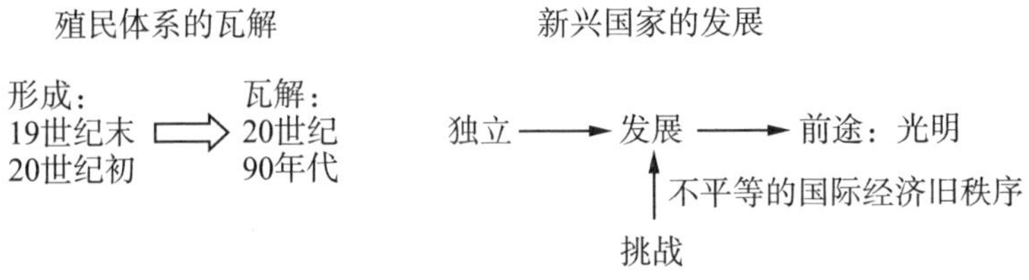

（四）核心素养水平划分

水平1：能够认识到发展中国家政治独立推动了经济发展；通过地图了解19世纪末到20世纪90年代的亚非拉民族独立国家位置及其国家性质变化；能够从地图和文字史料获取有效信息；能够通过课堂学习，得出教材中三个重要的“学习聚焦”结论。

水平2：能够在地图中感知亚非拉民族国家在不同时间段的发展变化历程；能够区分地图史料和文字史料的优势，学会运用不同史料；能够掌握第三世界国家、不平等国际经济秩序等相关专业术语；能够认识发展中国家的发展轨迹，感受人类文明发展的进程。

水平3：能够把握亚非拉国家在殖民体系瓦解大背景下各自不同时空的发展变化；能够运用教师补充的史料与教材史料，印证历史结论的真实性；通过对发展中国家发展过程的反思，能够联系我国民族独立的相关史实，认识我国民族独立的艰巨性和伟大意义。

水平4：能够从发展中国家的发展轨迹中得知，经济的不断发展使得独立的机会出现，独立又促使经济发展的唯物史观观点；能够对比探究同一时间内，亚非拉不同国家由于其特定的地理位置与国情产生不同发展轨迹的原因；能够运用已学知识和掌握的史料，提出基于史料的合理的历史结论；通过对发展中国家现状的了解和展望，能够联系本国国情，关注国家发展命运。

第22课

世界多极化与经济全球化

一、课标要求

通过了解冷战结束后世界多极化、经济全球化、社会信息化、文化多样化的发展特点,以及出现的全球问题,认识人类社会面临的机遇与挑战。

二、教材分析

本课主要讲述冷战结束后,当今世界正处于大发展大变革大调整时期,世界多极化、经济全球化、社会信息化、文化多样化成为当代世界发展的主要趋势,成为当今世界发展的显著特征。本课教材对于世界多极化和经济全球化的叙述相对丰富和充实,而对于社会信息化和文化多样化的表述相对简单。教材指出在这些发展趋势下,世界经济、政治、社会、科技、文化等各方面都获得了惊人的发展,极大地改变了世界的面貌,各国相互联系和依存日益加深,国际力量对比更趋平衡,但世界面临的不稳定性、不确定性突出,全球性问题也日益突出,人类面临许多共同的挑战。如何应对机遇与挑战,这是本课教材留下的延伸性思考,为下节课内容学习埋下伏笔,呈启下作用。

三、学情分析

现行初中历史教材已涉及世界多极化和经济全球化的相关内容,但对于社会信息化和文化多样化的叙述不多,所以学生学习本课既具备一定的知识基础,也可能会存在一定的理解偏差。本课内容的逻辑线索清晰,紧贴当今时代,学生理解难度相对较小。但是,本课内容的时政性较强,容易上成政治课,教师需给予必要的史料补充和适切的问题设计,体现历史学科味道,引导学生完成相关学习任务,落实历史学科核心素养。

四、教学目标

1. 通过大事年表及史料解读,定位历史时空,了解世界多极化趋势的过程;通过解读漫画,知道世界多极化趋势加强的具体表现,认识世界多极化发展趋势不可逆转。

2. 通过史料解读和图表运用,了解经济全球化和经济区域集团化的发展过程及两者之间的关系,理解经济全球化使各国经济相互依存度剧增,使人类社会的交往与联系发展到前所未有高度。

3. 通过史料解读,了解社会信息化和文化多样化的具体表现,理解社会信息化使世界各国更加相互依存、互相影响,认识文化多样化是人类文明进步的重要动力。

4. 了解多极化和全球化对于世界挑战的具体事例,分析与理解全球性问题也日益突出,人类面临许多共同的挑战,需要各国携手解决。

教学重点:了解世界多极化、经济全球化、社会信息化、文化多样化的发展特点。

教学难点:通过了解世界变化发展的主要趋势,理解人类社会所面临的“机遇”与“挑战”是并存的。

五、教学过程

(一) 教学主题

围绕“当代世界发展变化”,了解“世界在变化,趋势是什么?”“世界在变化,挑战有哪些?”“世界在变化,我们怎么办?”,认识当代世界发展的特点和主要趋势,深化合作共赢、构建人类命运共同体意识。

(二) 教学过程

导入

材料1　放眼世界,我们面对的是百年未有之大变局。新世纪以来一大批新兴市场国家和发展中国家快速发展,世界多极化加速发展,国际格局日趋均衡,国际潮流大势不可逆转。

——习近平总书记接见2017年度驻外使节工作会议重要讲话

问题设计:为何说当今世界是“百年未有之大变局”? 不可逆转的国际潮流大势有哪些?

学生活动:阅读教材,参考教材子目标题,概括梳理当今世界的变化和潮流趋势。

设计意图：引入习近平总书记的重要讲话，既引起学生的课堂兴趣，培养学生的问题意识，又有利于切入本课的教学主题。

学习任务1：认识世界变化的整体趋势。

材料1 世界正处于大发展大变革大调整时期，和平与发展仍然是时代主题。世界多极化、经济全球化、社会信息化、文化多样化深入发展，全球治理体系和国际秩序变革加速推进，各国相互联系和依存日益加深，国际力量对比更趋平衡，和平发展大势不可逆转。

——习近平《决胜全面建成小康社会 夺取新时代中国特色社会主义伟大胜利——在中国共产党第十九次全国代表大会上的报告》

问题设计：阅读材料1，结合教材，概括当今世界发展主要趋势的表现和特点。

学生活动：世界多极化、经济全球化、社会信息化、文化多样化。

教师活动：引导学生通读教材，思考这些趋势是如何深入发展的，呈现怎样的特点。

◎世界多极化发展的趋势

材料2 二战后世界大事记。

1946年3月，英国首相丘吉尔发表“铁幕”演说，揭开冷战序幕。

1947年3月，美国提出“杜鲁门主义”，冷战正式开始。

1951年4月，欧洲煤钢共同体成立。

20世纪50年代中期，日本经济开始高速发展。

1961年，亚非拉国家不结盟运动正式诞生。

1967年，欧洲共同体建立。

1978年，中国共产党召开十一届三中全会，实行改革开放。

1987年，日本成为世界第二经济大国。

1991年，苏联解体，冷战结束。

问题设计：二战后，世界政治格局发展呈现怎样的特点？

学生活动：二战后，两极格局形成。

教师活动：二战后美国挑起冷战，使世界进入两极格局时代。在冷战之下有哪些新兴力量崛起？这些力量的崛起说明了什么？

学生活动：西欧、日本、中国和第三世界国家作为新兴力量崛起。这些力量的崛起证明了多极化趋势开始于冷战时期。

材料3 1989年起，东欧局势发生了激烈的动荡，美国《时代》周刊曾用几个

“十”概括东欧六国的事态：“波兰变化用了十年，匈牙利用了十个月，民主德国用了十周，捷克斯洛伐克用了十天，而罗马尼亚仅用了十个小时。”

材料4

图1　苏联解体

问题设计：指出材料3、4所对应的历史事件，分析其对世界形势产生了怎样的影响。

学生活动：材料3、4分别指的是东欧剧变和苏联解体，其标志着冷战的结束和两局格局的消失。

问题设计：冷战后的世界何去何从呢？美国前总统克林顿在阐述美国21世纪外交政策时，曾说：“世界必须有一个领导，而且只能有一个，美国最具有领导这个世界的能力。”从这句话可以看出，美国想建立什么样的世界格局？如愿了吗？(举例说明)

学生活动：初步讨论。冷战结束后，美国希望建立单极世界，但是“9·11”事件的发生，阿富汗战争和伊拉克战争的结局，说明美国并未如愿。世界多极化趋势仍在继续发展。

材料5

图2　欧洲“拼图”

图3　“一超多强”

问题设计：结合图片，谈谈世界多极化发展趋势。

学生活动：讨论图片的寓意，说出世界多极化趋势加强的表现。

教师活动：欧洲在欧共体基础上成立欧洲联盟，继续向经济和政治一体化迈进,在国际舞台上发挥独特作用;俄罗斯继承苏联的政治和军事大国地位,推进多极化外交;日本保持经济大国地位,但企图谋求政治和军事大国地位;中国通过改革开放,国力增强,坚持和平发展,开展多边外交,推动建设新型国际关系,正在发挥并将继续发挥负责任大国的作用。总之,进入21世纪,国际力量的对比趋于平衡。

◎经济全球化进程加快

材料6 在2014年4月德国汉诺威举行的工业博览会上,全球65个国家和地区的5000多家厂商参展。中国以近600家参展商的规模成为东道主德国以外的最大参展国。在为期五天的展会中,“工业4.0”概念受到关注。人们认为,这次博览会对推动“第四次工业革命”发挥了重要作用,第四次工业革命——绿色工业革命,已经悄然到来。

——《普通高中教科书 历史 必修 中外历史纲要 下》

问题设计:材料6反映了世界经济发展的哪一趋势?

学生活动:经济全球化。

教师活动:引导学生认识经济全球化是一个历史的发展过程。要求学生结合教材内容,完成表格内容。

阶段	全球化1.0	全球化2.0	全球化3.0	全球化4.0
开启时间	15世纪末	二战后	20世纪70年代	21世纪
推动因素	新航路开辟、工业革命	国际货币基金组织、世界银行、关贸总协定建立	第三次科技革命、世贸组织的建立	互联网+人工智能
特点	资本主义经济扩展,世界市场不断扩大	西方国家(美国)主导	贸易、投资和服务的国际化提高到新水平	经济全球化成为强劲的时代潮流

教师活动:在经济全球化趋势加强的同时,区域经济集团化也在发展。要求学生在《世界经济区域组织图》上指出说所熟知的经济区域集团(组织),指导学生在表格中填写它们的特点。

经济区与集团(组织)	特点
欧盟	经济一体化程度最高
北美自由贸易区	由发达国家和发展中国家组成
东南亚国家联盟	以经济合作为基础的政治、经济、安全一体化合作组织
亚太经合组织	经济合作的官方论坛和磋商机构

教师活动：第二次世界大战后，全球经济发展有两个明显的趋势：一是经济区域集团化，二是世界经济全球化。世界经济区域集团化是实现经济全球化的重要步骤和途径，经济全球化则是经济区域集团化的最终归宿。

◎社会信息化和文化多样化

材料7　今天，积累知识的速度是空前的、爆炸性的。仅世界各地每24小时公布的科学信息，其量之多，即可填满7套24卷一套的《大不列颠百科全书》。同样空前的、爆炸性的是用计算机储存和检索信息的速度，还有以光速——尤其是通过卫星——向全世界发送信息的速度。任何国家中的任何人都能通过报纸、杂志、收音机、电视机或计算机得到这种信息。

——斯塔夫里阿诺斯《全球通史》

问题设计：材料7反映现在的社会呈现什么样的特点？

学生活动：现在是一个信息时代，社会朝着信息化方向发展。

问题设计：什么是社会信息化？

学生活动：社会信息化指发展以计算机为主的智能化工具为代表的新生产力，建立有组织的信息网络体系，促进信息交流和知识共享，提高经济增长质量，推动经济社会向高效、优质发展转型的历史进程。

教师活动：补充，引导。21世纪的社会生活因信息化发生了翻天覆地的变化，社会信息化已成为不可逆转的潮流。“秀才不出门，能知天下事”，已经是再平常不过的生活体验。

材料8　在5月21日世界文化多样性促进对话和发展日这一天，教科文组织鼓励世界各地的人们一道礼赞文化多样性，在各自的社群中倡导用各种方式保护和促进文化多样性。让我们努力做到人人参与，不让任何人掉队。

——教科文组织总干事奥德蕾·阿祖莱在世界文化多样性促进对话和发展日的致辞(2018年5月21日)

问题设计：材料8反映世界文化的基本特征是什么？

学生活动：不同国家的文化应当是不一样的，要有自己国家、民族特色，这就是“文化多样性”的基本内涵。

教师活动：引导学生阅读教材联合国教科文组织《保护和促进文化表现形式多样性公约》内容，提出“如何看待文化多样性”的问题，进而使学生认识不同历史文化背景的人们共同创造了丰富多彩的世界，人们应该维护自己的文化特征，维系自己的文化根脉，“和而不同，兼收并蓄”。

设计意图：通过解读丰富的文字和图片史料，引导学生基于特定的时空背景下，厘清世界多极化产生的背景，理解世界多极化趋势的不可逆转；了解经济全球化和经济区域集团化的发展过程及特点，加深对经济全球化和经济区域集团化两者之间关系的理解；了解社会信息化和文化多样化的具体表现，理解社会信息化使世界各国更加相互依存、互相影响，认识文化多样化是人类文明进步的重要动力。

学习任务2：认识世界变化所带来的全球性的问题及挑战。

材料9 “这是最好的时代，也是最坏的时代”，英国文学家狄更斯曾这样描述工业革命发生后的世界。……今天，我们也生活在一个矛盾的世界之中。

——习近平主席在世界经济论坛2017年年会开幕式上的主旨演讲

问题设计：为什么说“我们也生活在一个矛盾的世界之中”？

学生活动：初步分析，世界多极化、经济全球化、社会信息化、文化多样化在推动着人类社会不断前进的过程中，也出现了一些全球性的问题和挑战。

教师活动：引导学生初步讨论在世界发展过程中出现的全球性问题和挑战，补充全球性问题的相关图片资料。

“退群”

2017年
1月：美国宣布退出《跨太平洋战略经济伙伴协定》(TPP)；
6月：美国宣布退出应对全球气候变化的《巴黎协定》；
10月：美国宣布退出联合国教科文组织；
12月：美国决定不再参与联合国主导的《移民问题全球契约》制订进程。

“逆全球化”

学生活动：解读图片资料信息，指出全球性问题和挑战的具体表现。

教师活动：补充，小结。我们正处在一个挑战层出不穷、风险日益增多的时代，世界经济增长乏力，金融危机阴云不散，发展鸿沟日益突出，兵戎相见时有发生，冷战思维和强权政治阴魂不散，恐怖主义、难民危机、重大传染性疾病、气候变化等非传统安全威胁持续蔓延。

设计意图：通过解读图片资料，了解当代世界发展趋势之下日益突出的全球性问题，认识人类面临许多共同的挑战，培养辩证分析历史的能力，落实唯物史观核心素养。

学习任务3：探讨针对世界变化趋势和挑战的应对措施。

问题设计：面对“百年未有之变局”和诸多全球性问题，你认为该如何应对？

学生活动：分组讨论，选派代表回答。

教师活动：补充2016、2017、2018年三届G20峰会的徽标和释义，让学生进一步加深认识。

G20 2016 中国 CHINA

用20根线条，描绘出一个桥形轮廓，桥梁寓意着G20已成为全球经济增长之桥、国际社会合作之桥、面向未来的共赢之桥。同时桥梁线条形似光纤，寓意信息时代的互联互通。图案中G20的“0”体现了各国团结协作的精神。

G20 GERMANY 2017
HAMBURG

用包含德国国旗颜色的线条，打成“平结”的绳结图案，象征世界的相互关联。

G20
ARGENTINA 2018
BUILDING CONSENSUS FOR FAIR AND SUSTAINABLE DEVELOPMENT

主体是一个色彩斑斓的圆形调色板，代表着世界的多样性和应对全球问题建立共识的挑战。外轮廓20个不同颜色的点象征20个成员聚在一起，五个同心圆环代表五大洲，最后由100个圆点组成一个这个会徽图标，象征整个世界。

材料10　坚持对话协商，建设一个持久和平的世界。……国家之间要构建对话不对抗、结伴不结盟的伙伴关系。大国要尊重彼此核心利益和重大关切，管控矛盾分歧，努力构建不冲突不对抗、相互尊重、合作共赢的新型关系。……坚持共建共享，建设一个普遍安全的世界。……各方应该树立共同、综合、合作、可持续的安全观。……坚持合作共赢，建设一个共同繁荣的世界……要维护世界贸易组织规则，支持开放、透明、包容、非歧视性的多边贸易体制，构建开放型世界经济。……坚持交流互鉴，建设一个开放包容的世界。……不同文明要取长补短、共同进步，让文明交流互鉴成为推动人类社会进步的动力、维护世界和平的纽带。坚持绿色低碳，建设一个清洁美丽的世界。……我们应该遵循天人合一、道法自然的理念，寻求永续发展之路。

——习近平《共同构建人类命运共同体——在联合国日内瓦总部的演讲》

教师活动：课堂小结。冷战结束后，和平与发展成为时代主题，世界多极化、经济全球化、社会信息化、文化多样化成为当代世界发展的主要趋势。世界的面貌获得了极大改变,与此同时,全球性问题也日益突出,人类面临许多共同的挑战,需要各国携手解决,中国倡导并坚持推动人类命运共同体,是中国对世界和平与发展、对全球治理体系改革和建设提供的中国方案、中国智慧和中国力量。

设计意图:通过补充材料,课堂首尾呼应,使学生加深理解在“百年未有之大变局下”,特别是当人类面临共同的挑战时,应树立合作共赢、人类命运共同体意识,实现史料实证、历史解释、家国情怀等核心素养的落地。

（三）板书设计

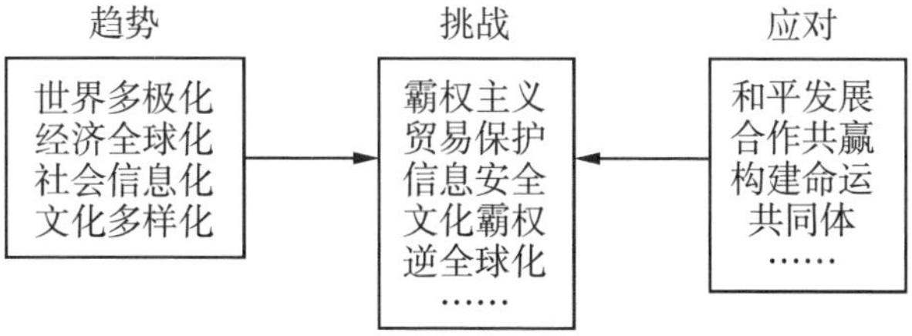

（四）核心素养水平划分

水平1:能够知道当今世界发展的特点与主要趋势;能够从多种类型的史料中提取有效信息,了解当今世界发展所带来的问题与挑战;能够知道应对机遇与挑战,人类应携手合作。

水平2:能够利用大事年表、历史地图,定位于特定历史时空,描述世界多极化和经济全球化的进程;能够从多种类型的史料中提取有效信息,分析世界多极化和经济全球化所带来的影响;能够知道当代世界发展趋势所带来的弊端,具有合作共赢、人类命运共同体的意识。

水平3:能够利用不同类型的史料,定位于特定历史时空,分析世界多极化和经济全球化的背景和特点;能够辩证理解分析世界多极化和经济全球化的意义及影响,理解它们是大势所趋、不可逆转,确立和平发展、合作共赢、构建人类命运共同体的意识。

水平4:能够比较、分析不同来源、不同观点的史料,分析当今世界发展的特点及主要趋势之间的关系;能够从唯物史观角度,辩证分析当今世界发展主要趋势所带来的影响,确立和平发展、合作共赢意识。

第23课

和平发展合作共赢的时代潮流

一、课标要求

理解和平、发展、合作、共赢成为时代潮流;牢固树立构建人类命运共同体意识,共同担当,同舟共济,共促全球的和平与发展。

二、教材分析

本课内容主要讲述第二次世界大战后,尽管发生了冷战和多次局部战争,但是半个多世纪以来,没有发生过新的世界大战,一些局部冲突也得到政治解决。和平与发展成为时代的主题。但是,世界并不安定,在和平与发展方面都存在一系列问题,世界面临的不稳定性、不确定性突出,人类面临许多共同的挑战,需要各国携手解决。面对各种全球性问题,各主要国际组织加强国际协调,改革原有的全球治理机制,发挥着积极作用。中国倡导并坚持推动构建人类命运共同体,是中国对世界和平与发展、对全球治理体系改革和建设提供的中国方案、中国智慧和中国力量。

三、学情分析

"和平发展合作共赢的时代潮流"这一内容在现行初中教材中没有专门涉及,此外本专题的时政性较强,内容相对比较枯燥,加之学生对国内外的一些时事热点了解不充分,这些是学生学习本课的劣势。但是,学生在时政生活,在新闻报道中对本课知识内容的接触较多,加之本课线索清晰,概念清楚,这对学生学习本课内容而言有一定的优势。

四、教学目标

1. 运用时空定位,了解当今世界发展的主要趋势及主要表现,实现时空观念核心素养的落地。

2. 通过引入、分析大量报刊的内容和时政热点，了解和平与发展的时代主题出现的背景以及所面临的问题，理解和平与发展的关系，实现历史解释、史料实证两大核心素养的落地。

3. 通过对分析上海合作组织、"一带一路"等时政热点，认识合作共赢、构建人类命运共同体的重要性，涵养家国情怀。

教学重点：理解和平、发展、合作、共赢成为时代潮流。

教学难点：理解为何要牢固树立共同担当，同舟共济，构建人类命运共同体的意识。

五、教学过程

（一）教学主题

通过"何为和平与发展""为何和平与发展会成为时代潮流""当今世界和平与发展面临怎样的挑战""如何在合作共赢中促进全球共同发展" "理解中国在和平发展、合作共赢中的独特建设性作用"五个主要教学环节的层层推进，突破教学目标和重难点。

（二）教学过程

导入

材料1　党的十八大明确提出，"中国将继续高举和平、发展、合作、共赢的旗帜，坚定不移致力于维护世界和平、促进共同发展"。这面旗帜……顺应当今时代发展潮流，超越传统国际关系思维，凝聚了党中央对时代问题和世界形势的深邃理论思考，阐发了新时期中国外交的基本理念和重要方向。

——中共中央对外联络部理论中心组《坚持和平发展，促进合作共赢》

问题设计：指出材料1要表达的核心观点是什么。据此指出中国为何要高举"和平、发展、合作、共赢"这面旗帜。

学生活动：根据材料1概括核心观点并分析问题。

设计意图：引入《求是》杂志上《坚持和平发展，促进合作共赢》的文章，与本课主题相对应，激发学习兴趣。

学习任务1：何为和平与发展？

问题设计：何为"和平"？何为"发展"？二者有何关系？

学生活动：通读教材，厘清"和平"与"发展"两个核心概念的含义和二者的关系。

设计意图：引导学生厘清本课核心概念，落实历史解释核心素养。

学习任务2:为何和平与发展会成为时代潮流?

材料2

时代主题论述大事年表

时间	人物及主张
20世纪初	列宁提出,无产阶级革命和帝国主义战争是这一时期的主要任务。
1940年	毛泽东指出,现在的世界,是处在革命和战争的新时代。
1985年	邓小平提出,和平与发展已经取代战争与革命,成为时代主题。
1992年	江泽民在党的十四大报告中指出,和平与发展仍然是当今世界两大主题。发展需要和平,和平离不开发展。
2007年	胡锦涛在党的十七大报告中指出,当今世界正处在大变革大调整之中,和平与发展仍然是时代主题,求和平、谋发展、促合作已经成为不可阻挡的时代潮流。
2012年	习近平总书记在党的十八大报告中指出,这个世界,和平、发展、合作、共赢成为时代潮流。在和平发展基础上进一步提出合作共赢问题,特别强调共赢的特殊重要性。

——摘编自中共中央对外联络部理论中心组《坚持和平发展,促进合作共赢》

问题设计:根据大事年表,概括指出20世纪以来有关时代主题的论述经历了哪几个大的阶段。结合时代背景,讨论说明这些论述是否符合当时的时代特征。

学生活动:20世纪以来有关时代主题的论述主要经历了三个大的阶段,是随着时代的变化而不断发展变化的。

设计意图:解读史料,了解不同时代主题论述的提出,理解时代主题是随着时代的变化而不断发展变化的,培养时空观念、史料实证、历史解释等核心素养。

学习任务3:当今世界和平与发展面临怎样的挑战?

材料3　将我们这个时代的主题界定为和平与发展,是指我们这个时代从总体上讲实现了和平,没有爆发新的世界大战;从主流上看大家都在致力于搞建设、图发展。但它不意味着当今世界已经完全实现了和平与发展,应该说,世界和平与发展还面临一系列新挑战。

——中共中央对外联络部理论中心组《坚持和平发展,促进合作共赢》

学生活动:阅读教材,结合材料3,梳理完成“世界和平与发展面临一系列新挑战”表格。

世界和平与发展面临一系列新挑战

领域	挑战表现
发展方面	世界经济增长的动力依然不足，南北差距和贫富分化日益严重。
和平与安全方面	地区热点问题此起彼伏，核扩散、恐怖主义、网络安全、重大传染性疾病、跨国刑事犯罪、气候变化等安全威胁持续蔓延，海洋权益和极地资源争夺等日趋激烈，霸权主义和强权政治依然存在，等等。

教师活动：补充，引导。针对人类面临的一系列新挑战，中国特别提出了“合作共赢”，强调在“合作共赢中促进全球共同发展”。

设计意图：解读史料，使学生了解今天的世界并不安宁，和平与发展面临很多挑战，为人类该如何应对作铺垫。

学习任务4：如何在合作共赢中促进全球共同发展？

材料4　部分重要国际组织会徽。

问题设计：根据材料4并结合所学知识，分析如何在合作共赢中促进全球共同发展。

教师活动：以当今世界重要国际组织会徽为切入点，引导学生分析，应继续发挥二战后建立的主要国际组织的作用；除此之外，还可通过改革原有全球治理机制，加强国际协调，建立一些新的国际治理组织和机制，这些都有利于在合作共赢中促进全球共同发展。引导学生阅读教材，知道中国在国际组织中的积极作用，理解中国是全球合作和治理的积极参与者。

设计意图：以当今世界部分重要国际组织会徽的图片材料为切入点，让学生知道中国是全球合作和治理的积极参与者，实现史料实证、家国情怀核心素养的落地。

学习活动5:理解中国在和平发展、合作共赢中的独特建设性作用。

教师活动1:播放《命运共同体1》视频,借助材料5、6、7,引导学生分析。

材料5　2013年3月,国家主席习近平在莫斯科国际关系学院的演讲上,清晰而明确地向世界传递了这一理念:"这个世界,各国相互联系、相互依存的程度空前加深,人类生活在同一个地球村里,生活在历史和现实交汇的同一个时空里,越来越成为你中有我、我中有你的命运共同体。"

——赵银平《命运共同体——习近平"和"的境界》

材料6　上海合作组织是实践"人类命运共同体"的试验区。

——中国社科院俄罗斯东欧中亚研究所《上海合作组织发展报告(2018)》

材料7　2017年,上海合作组织6个成员国国内生产总值总额约为12.63万亿美元,比2001年的1.67万亿美元增长了7.56倍。2017年,中、俄、哈、乌、吉、塔6国国内生产总值比2001年分别增长9.1倍、4.8倍、7.1倍、7.2倍、4.7倍、6.58倍,均实现跨越式增长,增幅皆高于同期全球经济增长速度。

——中国社科院俄罗斯东欧中亚研究所《上海合作组织发展报告(2018)》

问题设计1:根据视频和材料5、6、7,指出面对全球合作和治理,中国提出了怎样的方案?何为"命运共同体"?该方案由谁最早于什么时候提出?上海合作组织是如何体现实践人类命运共同体的呢?

学生活动:根据视频和材料,并结合所学知识,知道并理解相关问题。

问题设计2:在努力构建人类命运共同体方面,中国还做出了哪些具体的努力?

教师活动:播放《命运共同体2》视频,投影《"一带一路"示意图》《亚投行意向创始成员国分布图》《丝路基金标志图》等图片材料,借助材料,引导学生分析。

学生活动:根据视频和相关材料,知道人类面临共同的挑战。针对这些挑战,习近平总书记在"和平发展"基础上进一步提出"合作共赢"的主张和"构建人类命运共同体"的中国方案。上海合作组织青岛峰会、"一带一路"等实践,说明中国倡导并坚持推动构建人类命运共同体,是中国对世界和平与发展、对全球治理体系改革和建设提供的中国方案、中国智慧和中国力量,中国已经实现从全球合作和治理的"参与者"到"倡导者"的角色转变。

设计意图:通过相关视频和材料的分析,使学生知道中国除了提出"构建人类命运共同体"的中国方案外,还积极倡导并参与上海合作组织青岛峰会、"一带一路"等活动,积极推动构建人类命运共同体,实现史料实证、历史解释、家国情怀核心素养的落地。

小结：当今世界，和平是发展的前提条件，发展又是和平的重要保障。在和平中求发展，在发展中促和平，是人类社会走向美好未来的必由之路。与此同时，随着国家间关系日益紧密，合作是共赢的必然途径，共赢是合作的共同目标。在合作中创共赢，在共赢中促合作，同时努力构建人类命运共同体，这是国家间关系健康发展的理性抉择，也是当今世界的潮流。

（三）板书设计

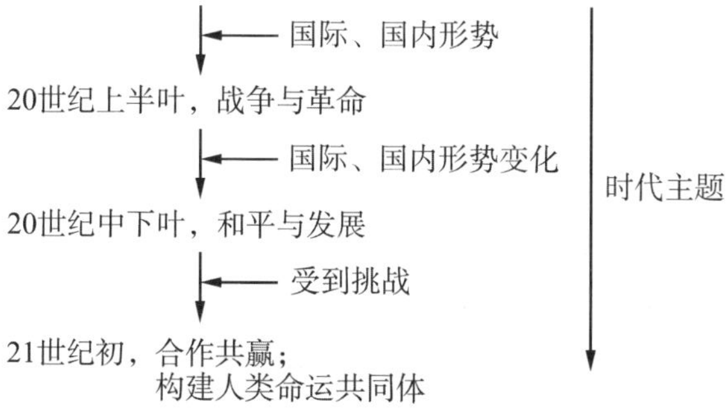

（四）核心素养水平划分

水平1：能够知道20世纪以来有关时代主题论述的阶段变化，知道和平、发展、合作、共赢已成为当今时代潮流；能够有条理地讲述和平与发展的含义；能够从多种类型的史料中提取有效信息，说明当今世界威胁和平发展的因素；能够知道当今世界对全球治理体系起重大作用的国际组织。

水平2：能够利用大事年表对20世纪以来有关时代主题论述的阶段变化加以描述；能够运用准确的术语有条理地讲述和平与发展的含义；能够从多种类型的史料中提取有效信息，分析和平与发展时代主题提出的背景、影响，以及当今世界威胁和平发展的因素等。

水平3：能够利用所学知识解读报刊和时政热点；能够利用不同类型的史料分析当今世界威胁和平发展的因素，进而理解当和平与发展受到挑战时，我们应该牢固树立构建人类命运共同体意识。

水平4：能够比较、分析不同来源、不同观点的史料，分析和平与发展时代主题提出的背景、影响，以及当今世界威胁和平发展的因素等；能够在正确历史观和方法论的指导下，分析之所以要合作共赢、构建人类命运共同体的原因，以及理解中国为构建人类命运共同体所做的努力，理性、客观、全面地分析历史与现实问题。

活动课

放眼世界，推动构建人类命运共同体

一、教材解读

本课是一节活动课，要求学生通过知识回顾、问题解决和活动探究等方式，从世界历史整体发展的角度思考人类命运共同体提出的时代背景、具体内涵以及时代价值。学习本课，学生既能够在已有世界史内容学习的基础上更好地把握世界历史发展的进步历程，从而认识当今世界的发展趋势及问题，理解“人类命运共同体”既是中国政府为完善全球治理所提供的理性可行的中国方案，又有利于树立构建人类命运共同体意识，增强承担中华民族伟大复兴和人类发展历史使命的动力与信心。

二、学情分析

学习本课前，学生已经学习了中国历史和世界历史的基本史实，这为学生认识人类命运共同体提出的时代背景奠定了基础。本课要求学生在全球历史发展的整体脉络下把握当今世界出现的全球性问题与挑战，理解中国在人类社会面临的共同机遇与挑战中，本着追求和平、发展、合作、共赢的诉求所提出的完善全球治理的中国方案——构建人类命运共同体。要求学生将已有的历史学习与国家和世界的发展联系起来，更加理性地认识和分析历史与现实问题，感悟人类命运共同体的理论与现实意义，这些都对学生的核心素养提出了更高的要求。

三、教学目标

1. 通过梳理世界历史发展进程和学习中共十九大报告精神，理解构建人类命运共同体提出的时代背景、人类命运共同体的具体内容，更深刻地感受时代对历史事物发展的影响，提升时空观念，培养用唯物史观来解释历史现象的意识。

2. 通过学习与研讨，分析理解人类命运共同体的重大时代意义，理解感悟中国所承担的大国责任，提升对国家、民族的自信心，进一步树立正确的国际视野和世界关怀，关注全人类的历史命运，确立为世界和平、发展、合作、共赢作贡献的人生理想。

3. 通过查阅资料、分析论证、专题研讨、成果展览等活动方式，提出自己对这一研究主题的独到见解，全面提升历史学科核心素养。

教学重点：理解构建人类命运共同体提出的时代背景。

教学难点：理解、感悟构建人类命运共同体的时代价值。

四、教学过程

（一）教学主题

理解在全球问题层出不穷的现实下，和平崛起的中国提出人类命运共同体理念，为全球治理贡献了中国智慧。

（二）教学过程

学习任务1：课前准备，个人自学——回顾世界历史，思考人类命运。

材料1　在世界市场普遍形成的时代，加上信息网络时代的来临，世界各国已经成为一个利益共存共依的整体。中国共产党人提出人类命运共同体这一理论，正是牢牢把握了这一历史发展大势，顺应时代发展的潮流。在现行条件下，旧秩序、旧格局尚未消失，新的矛盾和冲突又不断出现。各种形式的霸权主义、强权政治、冷战思维与新自由主义、新干涉主义等相互碰撞和冲击，国际局势风云变幻、动荡不安，整个世界仍不安宁。化解这些问题唯一的通道，就是要增强利益共同体意识，让那些唯我独尊、狂妄自大者看到零和博弈的弊端，真切感受到共同体所带来的福祉，进而共同投身于人类命运共同体的建设中来。

——张雷生《唯物史观视野中的人类命运共同体》

学生活动：阅读课前材料，以个人自学的方式，回顾世界历史的学习内容，并查找相关资料，从世界历史发展进程的角度思考和解决问题：自新航路开辟后，世界逐步连接为一个整体，经济全球化的趋势也在不断发展，但为什么在过去不能提出和构建人类命运共同体？历史上，人类在构建世界秩序上曾经有过哪些尝试与实践？其结果及带来的影响如何？当今世界面临着哪些具体问题？为何中国在当下提出构建人类命运共同体的理念？

设计意图：通过对世界历史学习内容的梳理和回顾，把握世界历史发展的进步历程，从而更全面、深刻地认识与理解人类命运共同体提出的时代背景，并能够将这一理念的构建与实践放到人类历史发展的长时段去理解，尝试从历史的角度解释现实问题。

学习任务2:主题设置,分组探究——理解认识人类命运共同体。

◎第一组

研究主题:推动构建人类命运共同体的时代背景。

学生活动:

(1)通过回顾所学知识,分析总结当今国际政治和经济发展的总体特征是什么。

(2)通过查找资料,理解当前人类面临的共同挑战是什么。

(3)探讨世界上大多数国家普遍期待的国际社会秩序和普遍追求的共同利益是什么。

◎第二组

研究主题:构建人类命运共同体与实现中国梦的关系。

学生活动:

(1)通过回顾中国历史和世界历史,分析实现中华民族伟大复兴中国梦需要什么样的国际环境和国际秩序。

(2)在当今世界环境下,中国要推动建设什么样的新型国际关系?

(3)查找相关资料,分析中国能够在世界舞台上贡献什么样的中国智慧和力量。

◎第三组

研究主题:构建人类命运共同体的内涵。

学生活动:

(1)推动构建人类命运共同体的总体思路是什么?

(2)解读文件,认识人类命运共同体包含的具体内容,理解其中反映出的中国新外交观、新安全观、新发展观、新文明观和新生态观。

◎第四组

探究主题:构建人类命运共同体的意义。

学生活动:

(1)回顾历史,谈谈在构建世界秩序上,人类曾有过哪些尝试与实践,其结果及带来的影响如何。

(2)结合中共十九大报告内容及相关材料,通过理解人类命运共同体的具体内涵,认识人类命运共同体的意义。

(3)结合现实问题,分析理解构建人类命运共同体的时代价值。

设计意图：通过分组探究的形式，引导学生理解认识构建人类命运共同体的时代背景、具体内涵以及对中国和世界发展的意义与价值。通过设置不同的探究主题，引导学生认识到，构建人类命运共同体是我国在当前世界处于大发展、大变革时期，顺应和平、发展、合作共赢的时代潮流所作出的解决全球问题的中国方案，这一构想已被写入联合国决议，表明中国方案在国际社会形成共识，并对解决一系列实际问题提供了方向性的指导。

学习任务3：小组研讨——整理分析资料，形成研究报告。

活动过程：

（1）小组集体研讨确定本组研究计划，明确组员具体分工，确定本组研究成果的呈现方式。

（2）学习领会中共十九大报告精神，结合历史学习内容，搜集、整理相关资料，为论证本组研究主题做准备。

（3）结合组员掌握的资料，小组讨论，形成解决小组主题研究问题的基本思路与内容。

（4）结合小组成员的研究成果，完成本组的研究报告，并制作报告的相关资料。

设计意图：引导学生通过解读资料，理性地认识分析构建人类命运共同体与国家发展、人类发展的关系，从而更深刻地认识在特定时空下，构建人类命运共同体的意义与价值。通过对材料的分析，引导学生能够站在历史与现实的角度感悟我国对人类命运的关切与担当，形成对国家、对民族的认同感与自豪感，承担民族复兴与人类发展的时代使命。

学习任务4：专题论坛——阐述与交流。

论坛主题：放眼世界，推动建立人类命运共同体。

活动环节：

（1）各组派一名代表发表主题演讲，介绍本组的研究成果。

（2）其他小组成员现场提问、点评、交流。

（3）学生自主发表感想。

（4）汇总形成班级成果汇报材料。

设计意图：通过组织班级论坛的形式，各组派代表讲述本组对构建人类命运共同体相关问题的见解，通过交流与阐述，让学生对这一问题形成更为全面的认识；通过互动与点评，让学生进一步完善自己的认识与理解。

学习任务5:课堂总结与延伸。

课后活动:以“中国智慧”为主题,撰写一篇关于“推动建立人类命运共同体”的文章。

设计意图:撰写文章可让学生再次全面梳理对构建人类命运共同体的认识,以“中国智慧”为主题,更为深入地感悟认识我国在全球问题解决中所作出的贡献,全面提升历史学科核心素养。

（三）板书设计

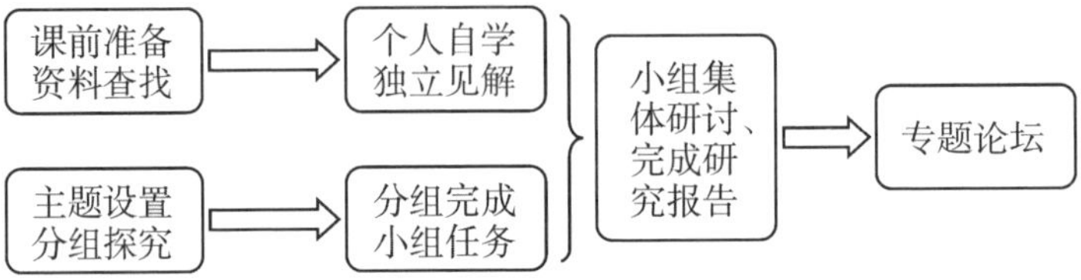

（四）核心素养水平划分

水平1:能够有条理地叙述全球历史发展进程,认识人类命运共同体提出的基本背景;能够从所获得的材料中提出有关信息,形成自己对人类命运共同体这一问题的基本认识。

水平2:能够认识人类命运共同体提出及完善发展的历程;在对分组探究的问题进行论述时,能够尝试用所找到的史料论证自己的观点,将史实描述与历史解释结合起来;能够理解认同“推动构建人类命运共同体”这一思想是新时代坚持和发展中国特色社会主义的一条基本方略。

水平3:能够运用特定的时间和空间对近现代世界发展的史事加以概括和说明,全面理解和认识人类命运共同体提出的时代背景和历史价值;能够整理和辨析不同史料,并对探究问题进行互证,使用相关历史术语,阐述人类命运共同体的具体内涵和时代价值。

水平4:能够将唯物史观运用于历史探究中,恰当地运用史料独立认识和解决历史和现实问题;深刻理解感悟构建人类命运共同体是针对全球问题所提出的充满中国智慧的中国方案,从而增强对国家、民族的自信心和责任感,立志为新时代中国特色社会主义建设和人类整体发展作出贡献。